海商法精品文库 | 总主编 司玉琢

辽宁省社会科学规划基金资助（项目编号：L23CFX004）

港口安全保障立法体系研究

陆海相接处的法治守望

邢厚群 著

法律出版社
LAW PRESS·CHINA
北京

图书在版编目（CIP）数据

港口安全保障立法体系研究 ：陆海相接处的法治守望 / 邢厚群著. -- 北京 ：法律出版社，2025. -- ISBN 978 - 7 - 5197 - 9939 - 7

Ⅰ. D922.296.4

中国国家版本馆 CIP 数据核字第 2025LG1300 号

港口安全保障立法体系研究
——陆海相接处的法治守望
GANGKOU ANQUAN BAOZHANG LIFA TIXI YANJIU
—LU HAI XIANGJIECHU DE FAZHI SHOUWANG

邢厚群 著

责任编辑 郑怡萍
装帧设计 贾丹丹

出版发行 法律出版社
编辑统筹 法律教育出版分社
责任校对 王语童
责任印制 刘晓伟
经　　销 新华书店

开本 A5
印张 7.875　　**字数** 215 千
版本 2025 年 1 月第 1 版
印次 2025 年 1 月第 1 次印刷
印刷 北京新生代彩印制版有限公司

地址：北京市丰台区莲花池西里 7 号（100073）
网址：www.lawpress.com.cn
投稿邮箱：info@lawpress.com.cn
举报盗版邮箱：jbwq@lawpress.com.cn
销售电话：010 - 83938349
客服电话：010 - 83938350
咨询电话：010 - 63939796

书号：ISBN 978 - 7 - 5197 - 9939 - 7
定价：42.00 元

总　序

“海商法博士精品文库”自 2007 年与读者见面以来，已先后出版了一系列具有较高学术价值和实践意义的海商法博士生的著作，推动了海商法学的繁荣发展。

面对已经到来的“海洋世纪”，我们一直在不断深入地走涉海法学特色发展之路。现行法律中虽有不少涉海规范，但这些规范多以部门立法形式存在，呈现的是分领域、分事务、分行业的“碎片化”特点，缺乏统筹和明确的整体目标的指导，相互间衔接不畅，调整范围存在缺失，无法形成完善的海洋权益法律保障网，制约了海洋立法功能的发挥。同时，海洋经济发展日趋多样化，以海洋法律规范的分散形式规制海洋经济发展，显然难以完全适应这一实践需求。因此，我们提出并论证了“海法”体系，并经报备自主设置了海商法学二级法学学科，从传统海商法向海法拓展，以全面推进深化涉海法律的综合研究。

研究表明，任何碎片化的法律，必须经理性梳理并将其建构起系统化的秩序，才能显示出法律的力量。构建中国海法体系是在尊重海洋法律自体性特征的客观规律的基础上，将相关海洋法律规范归置到海法体系下，以统一、明确的立法目的协调各海洋法律规范，并以一定的法律逻辑进行规制。层次分明、条理明晰的海法体系在确立海法框架的同时，也将海法调整范围拓展到得以涵盖所有与海相关的事务，并对潜在的与海相关的未来事项持开放式的调整态度,以利于多元化的海洋经济发展的需求。构建中国海法体系,将海洋法律纳入独立于陆法的统一体系内,有利于凸显和发挥海法的体系优势,同时也将提升中国海法在国际上的影响力,并更好地服务于中国在国际上的海洋权益主张。

新形势下海法的创新,在于最大限度地实现对海洋权益的公私法保障。海法的创新完善,针对的是调整围绕海洋活动所发生的国家间关系、行政关系、刑事关系和民事关系的法律规范,将这些法律规范进行逻辑梳理和体系升华,有利于提升其法律保障力度和广度,进而实现"21 世纪海上丝绸之路""海洋强国"等国家战略目标。通过构建海法体系创新,进一步推进海洋司法的顶层设计,改革海洋司法体制,提升司法保障力,有利于在司法层面上实现依法治国、维护海洋权益。

随着研究的深入,海法体系概念得到了社会各界越来越多的关注与支持。国家社科基金将海洋法律体系列为重大研究课题;中国法学会正式组建了海法研究方阵,并每年举办一次海法论坛;最高人民法院在海事司法改革中,开始逐步实行"三审合一"[1]的审判制度。

对于大连海事大学法学院来说,由于天然的"大海基因",以及航海、航运、海洋等学科的支撑优势,走涉海法学特色发展之路,不仅是我校法学学科建设的现实要求,也是国家推进"一流大学、一流学科"建设的客观要求。

基于此,我们决定将"海商法博士精品文库"改为"海商法精品文库"。文库的范围,在我们 2011 年向国家主管部门报备自主设置海商法学二级学科的含义的基础上,向海法体系全面扩展。因此,出版范围既包括海商法专业优秀的博士后出站报告、博士论文,也包括其他海商法优秀著作,还包括海法学的相关优秀著作。

---

〔1〕"三审合一"是指特定范围的涉海民事、行政、刑事案件统由海事法院审理的审判制度。目前,海事法院已经审理特定范围的涉海民事、行政案件,审理涉海刑事案件已经在少数海事法院开始试点。

在我国改革开放不断深入和中华民族伟大复兴的历史进程中，经略海洋的意义、海洋法治的重要性已不言而喻；建设海洋强国、共建“一带一路”倡议，直接给海法发展带来了历史机遇和重要挑战。“猛志逸四海，骞翮思远翥”〔1〕，海商法学、海法学要为发展海洋经济、保护海洋环境、维护海洋权益、伸张海洋正义不断做出具有长远战略意义、紧扣历史时代脉搏的研究成果，“海商法精品文库”希望为这些研究成果提供一个良好的交流平台。

司玉琢

2016年9月于大连

〔1〕 这是陶渊明《杂诗十二首》之五的一句诗。意为：壮志超越四海，要像鸟儿一样展翅远飞。比喻志向远大，并要有所作为。逸：超越，超过。骞翮（qiān hé）：展翅。骞，举。翮，鸟翼。翥（zhù）：鸟向上飞。

目 录

引 言 1

第一章 港口安全的基本范畴 17

第一节 安全概念界定 17

第二节 港口安全概念界定 27

第三节 法律的安全保障作用诠释 45

第二章 我国港口安全保障立法的体系审视 52

第一节 我国港口安全保障立法体系的基本架构 52

第二节 对我国港口安全保障立法体系架构的反思 62

第三节 我国港口安全保障立法体系性缺失的主要表现 70

第三章 我国港口安全保障立法体系重构的基本设想 86

第一节 体系重构的理论基础 86

第二节 我国港口安全保障立法价值体系融贯 101

第三节 我国港口安全保障立法内容体系分布 113

第四节 我国港口安全保障立法路径方法体系选择 125

第四章　体系重构对立法协调性缺陷的回应 134
第一节　港口生产安全事故风险治理立法的协调 135
第二节　港口应急管理与补偿赔偿立法的协调 146
第三节　港口航行安全视域下中央与地方立法的协调 159

第五章　体系重构对立法周延性缺陷的回应 167
第一节　港口破坏活动风险治理与网络安全规则补充 167
第二节　港口公共卫生风险治理与特别法规则创设 175
第三节　港口安全软法治理与规范性文件的法治容纳 190

第六章　我国港口安全保障立法体系重构的实现进路 202
第一节　完善我国港口安全保障立法的整体思路 202
第二节　我国港口安全保障立法的总体布局 207
第三节　我国港口安全保障特别法修订的具体设想 218

结　论 228

参考文献 231

引 言

一、选题的背景与意义

港口作为海运贸易的枢纽，对于人类沟通交往具有重要意义。经济全球化引起了时空跨越和压缩，催生了全球物流环路，这些环路层叠交错并通过港口等枢纽连接起来。据统计，目前全球约80%的货物贸易量是依靠港口间海运贸易实现的。[1] 随着港口的发展，其对所在区域的辐射带动作用也在不断增强。一些知名港口的影响力早已超出航运业，成为所在区域内人员、资金、信息等要素汇聚的中心，支撑着区域经济的蓬勃发展，正所谓"以港立市，港兴城荣"。如今，中国港口业一方面搭乘"一带一路"倡议东风走出国门，突破自身发展的地域局限，成为"海上丝绸之路"的一张亮眼名片；另一方面也在不断经历数字化、智能化转型升级，蜕变为支撑国际物流供应链体系乃至中国经济未来发展的"新型基础设施"，成为践行可持续交通的重要支柱。

但是，随着港口业的现代化发展，安全问题也一直如影随形：1944年、1947年，美国芝加哥港、得克萨斯港先后发生爆炸事故，导致数千人伤亡；2010年，我国大连新港油库码头发生"7·16"输油管道爆炸事

[1] United Nations General Assembly, *Ocean and the Law of the Sea*, *Report of the Secretary - General*, A/71/74/add. 1, 2016, Sec. 20, p. 7.

故,造成消防员 1 人牺牲、1 人重伤,直接财产损失超过 2 亿元;2015 年,我国天津港发生“8・12”瑞海公司危险品仓库特别重大火灾爆炸事故(以下简称天津港“8・12”爆炸事故),造成数百人伤亡,直接经济损失近 70 亿元;2020 年,黎巴嫩贝鲁特港发生爆炸事故,近 200 人死亡,黎巴嫩国家经济遭受重创……据统计,近年来我国每年所发生的港口事故数量在 10 起左右,并且随着港口对周边地区的辐射影响能力不断提升,港口安全事件的波及范围也越来越广。正因为如此,2016 年 12 月中共中央、国务院《关于推进安全生产领域改革发展的意见》(以下简称《安全生产改革意见》)中特别指出,要深化码头等领域安全整治工作。“开展船舶港口的隐患排查治理和风险防控”“以港口客运和危险货物作业为重点,强化港口安全管理”“大力提升港口企业本质安全水平”等内容也被写入 2020 年国务院安全生产委员会发布的《全国安全生产专项整治三年行动计划》中。另外,2001 年“9・11”事件后,港口作为一国对外开放的门户,逐渐成为恐怖袭击等破坏活动的目标,引发世界对港口保安问题的高度重视。2020 年至 2022 年新冠疫情防控期间,港口又成为抗击病毒输入的前线,不少地区疫情的暴发、扩散均与港口作业相关。由此可见,港口安全已不再是一个传统的安全生产问题,而被赋予了国家安全、国家权益等诸多时代属性,成为关乎国家供应链体系稳定安全的关键环节。因此,我国港口业发展必须将安全观念贯彻始终。这并不仅仅是港口行业自身的理性选择,更是我国相关产业在新发展格局下的前进方向。在 2021 年 10 月召开的第二届联合国全球可持续交通大会上,安全被视为可持续交通的核心内涵之一,受到高度关注。

当今世界正经历百年未有之大变局,有必要重新统筹安全和发展,以总体国家安全观引领各行业安全保障工作,完善国家安全治理体系,提升安全保障能力,坚决守住重大安全底线。2020 年 7 月 30 日召开的中共中央政治局会议首次提出了“更为安全的发展”目标,对我国高质量发展阶段安全与发展的辩证关系加以论述;在 2021 年 3 月发布的“十四五”规划中,安全问题更是被置于突出位置,强调“把安全发展贯穿国家发展各领域和全过程,防范和化解影响我国现代化进程的各种风险”。因此,各行各业、各个领域都要探索建立适合自身特点的安全分支治理体系,研究港口安全保障问题的意义正在于此。

二、国内外研究综述

(一)国内研究综述

1. 现有研究

目前已知国内对于港口安全法律保障问题的研究起始于 20 世纪八九十年代。周元江先后发表文章(1987、1992)[1],介绍了青岛港运用法律保障手段加强港口安全生产工作的先进经验,这在港口法制尚不完善的历史背景下是难能可贵的。陈忠法(1996)[2]提出,港口安全监督的目标是消除人的不安全行为以及物和环境的不安全状态。这一观点符合现代安全科学理论,反映出我国对港口安全问题的研究开始从经验层面上升到理论层面。但总的来说,这一时期的文献主要集中于探讨港口安全工作先进经验,对相关法律规定多为简单介绍陈述,研究水平较为初级。

自 2002 年、2004 年两部港口安全领域最重要的法律规范——《安全生产法》《港口法》相继实施后,国内研究港口安全法律保障方面的文献数量显著增多。按照研究领域,相关文献可以划分为以下两类。

对港口安全法治情况的整体研究,包括魏国兴文章(2008)[3],范冠峰文章(2009)[4],这是国内少数直接以港口安全法治整体状况为研究对象的学术成果,其研究视角与研究思路给予本书写作极大的启发。但是,上述研究较为概括原则,虽提出问题但缺乏充分论证,解决方案较为理想化,未能充分考虑港口实际,并且文献年代久远。此外,叶红

[1] 周元江:《增强法制观念　促进港口安全生产》,载《交通企业管理》1987 年第 5 期;周元江:《港口安全生产中的法制教育和依法管理》,载《工业安全与防尘》1992 年第 1 期。

[2] 陈忠法:《港口安全监督机制改革初探》,载《港口装卸》1996 年第 3 期。

[3] 魏国兴:《港口行业安全法规体系现状及发展》,载《中国港口》2008 年第 3 期。

[4] 范冠峰:《中国港口安全法律制度探析》,载《山东广播电视大学学报》2009 年第 1 期。

军所撰写专著(2003)[1]、李光春著作(2021)[2]是国内《港口法》领域最具代表性的学术著作,但主要关注港口法治整体情况,缺乏对安全法律实践的深入探讨。

对港口各安全领域的专门研究。由于港口生产作业点多、线长、面广、货杂,各生产环节的安全性都关系港口总体安全态势,其中潜藏着一些较为突出的法律问题,研究此类问题的文献较为丰富。例如,针对港口危险货物,洪明(2014)[3]与高东华(2015)[4]分别撰文,阐述了当前我国港口危险货物安全监管法律及主要漏洞;针对港口作业,叶红军、翁笑冰出版著作(2000)[5],对《港口货物作业规则》予以全面解读;针对港口引航,张丽、王秀芬文章(2012)[6],其中涉及引航管理体制模式、引航机构和引航员资质管理等与港口安全相关的问题;针对港口设施保安,叶红军文章(2006)[7]阐述了国际海事组织《国际船舶和港口设施保安规则》的制定背景、主要内容及其在我国的实施情况;针对港口突发事件,邵宏慧撰文(2008)[8],以《突发事件应对法》生效为背景论述了港口突发事件的应对措施;针对新冠疫情下港口所面临的公共卫生安全保障法律挑战,戴瑛、吴邦华论文(2021)[9],李晓玉文章(2021)[10],分别从平衡国际海上运输自由与沿海国公共卫生安全利益、《国际卫生条例(2005)》在港口行业的有效实施等角度加以论述;针对港口对公众安全问题,周诚友、张伟文章(2018)[11]从司法实践角

[1] 叶红军:《港口法解析》,人民交通出版社、大连海事大学出版社 2003 年版。
[2] 李光春:《港口法概论》,人民交通出版社 2021 年版。
[3] 洪明:《危险货物管理的法律法规在港口生产中的应用》,载《港口经济》2014 年第 6 期。
[4] 高东华:《用法理打破港口危险物品安全监管怪圈》,载《中国水运》2015 年第 10 期。
[5] 叶红军、翁笑冰:《国内水路货物运输规则、港口货物作业规则条文释义》,人民交通出版社 2000 年版。
[6] 张丽、王秀芬:《我国引航法律制度研究》,载《法学杂志》2012 年第 1 期。
[7] 叶红军:《港口设施保安及其在中国的实施》,载《中国海商法年刊》2006 年。
[8] 邵宏慧:《贯彻突发事件应对法 落实港口应急工作》,载《中国港口》2008 年第 2 期。
[9] 戴瑛、吴邦华:《港口防疫的法理分析与国际合作》,载《行政与法》2021 年第 7 期。
[10] 李晓玉:《新冠肺炎疫情下我国海港卫生防控机制的完善》,载《中国海事》2021 年第 1 期。
[11] 周诚友、张伟:《港口企业对非经营业务相对人的安全保障义务》,载《人民司法》2018 年第 8 期。

度论述了港口对于社会公众的安全保障义务等。

在港口安全法律保障研究之外，随着《安全生产法》的颁布，诞生了一批有关安全生产法一般性、普遍性问题的研究成果。一部分立足于《安全生产法》的条文解读和改进，如刘超捷博士学位论文(2012)[1]及与李明霞合作文章(2014)[2]，詹瑜璞等系列文章(2009)[3]，张文杰博士学位论文(2013)[4]等；另一部分研究成果致力于将《安全生产法》等法律中所蕴含的理论共识、研究方法、性质特点等予以提炼总结，提出"安全法"概念，并就安全法的含义、结构、体系、功能等基本问题展开研究，如于群文章(2007)[5]，朱燕、王猛文章(2011)[6]，苗金明著作(2014)[7]，栗继祖等主编教材(2016)[8]，石少华主编教材(2017)[9]，冬牛文章(2018)[10]，杨炳霖论文(2019)[11]，等等。从对个别问题的研究论文发表到综合性学术专著、教材问世，再到近年来理论创新学术文献的出现，预示着国内安全法学的研究逐渐走向成熟。

与此同时，对安全法各个分支的研究也蓬勃发展起来，这些研究虽不直接关涉港口安全，但揭示了安全法的一些共通的研究方法以及问

〔1〕刘超捷：《〈安全生产法〉改进的理论与应用研究》，中国矿业大学2012年博士学位论文。

〔2〕刘超捷、李明霞：《新〈安全生产法〉立法目的评析》，载《学海》2014年第5期。

〔3〕詹瑜璞、孔繁燕：《基层安全生产监管体制研究——关于安全生产法律制度实施与完善的研究(一)》，载《中国安全科学学报》2009年第10期；詹瑜璞、刘凤亭：《安全生产法律制度改革与完善的研究——关于安全生产法律制度实施与完善的研究(二)》，载《中国安全科学学报》2009年第11期。

〔4〕张文杰：《论安全生产的法治化》，武汉大学2013年博士学位论文。

〔5〕于群：《论安全法学理论基础研究的必要性及主要框架内容》，载《甘肃政法学院学报》2007年第3期。

〔6〕朱燕、王猛：《论安全法学科建立的几个基本问题》，载《华北科技学院学报》2011年第2期。

〔7〕苗金明：《安全法学导论：风险、理性与安全》，清华大学出版社2014年版。

〔8〕栗继祖、赵耀江主编：《安全法学》(第3版)，机械工业出版社2016年版。

〔9〕石少华主编：《安全法学》，中国劳动社会保障出版社2010年版。

〔10〕冬牛：《安全生产法治体系及其构建逻辑》，载《社会治理》2018年第9期。

〔11〕杨炳霖：《后设监管的中国探索：以落实生产经营单位安全生产主体责任为例》，载《华中师范大学学报(人文社会科学版)》2019年第5期。

题分析思路,其中不少值得参考借鉴。如胡帮达等系列文章(2014)[1](2014)[2],系统论证了核安全法的立法定位、立法模式与主要制度构建,这一思路对于本书阐述安全立法的体系构造具有重要借鉴意义。彭飞荣文章(2008)[3]探讨了传统立法的风险分配逻辑在风险社会所面临的困境,提出安全立法的责任分配应遵循预防原则。宋亚辉论文(2021)[4]探讨了风险立法具有单行法、公私法融合等形式外观,应从立足于特定行业领域的风险立法角度进行解读,并以"跨部门的行业法"对其重新定位,上述内容印证了本书对港口安全保障立法具有安全行业法属性的学术观点。林鸿潮专著(2009)[5]突破了以控权为核心的应急法治传统理论,提出构建高效、有力回应应急需要的新型应急法治体系。杨海坤、马迅合作文章(2014)[6],提出应当重视突发事件的层次性、融贯性和复杂性,发挥政府在突发事件应对中的主导作用,着力塑造整体联动的应急治理机制,完善行政应急法律体系。丁延龄撰文(2015)[7],从法社会学角度提出不能仅凭社会系统的内部理性解决安全生产治理问题,须通过反思理性加强系统内部的结构控制,实现不同系统之间的理性调和。

行政法同样关注安全问题。安全法在贯彻执行的过程中会应用大量行政法律手段和方法,因此行政法学研究方法、行政体制改革与行政法治完善方面的研究文献同样有重要参考价值。李光春著作

---

〔1〕 胡帮达:《中国核安全法制度构建的定位》,载《重庆大学学报(社会科学版)》2014 年第 4 期。

〔2〕 胡帮达、汪劲、吴岳雷:《中国核安全法律制度的构建与完善:初步分析》,载《中国科学:技术科学》2014 年第 3 期。

〔3〕 彭飞荣:《风险与法律:食品安全责任的分配如何可能》,载《西南政法大学学报》2008 年第 2 期。

〔4〕 宋亚辉:《风险立法的公私法融合与体系化构造》,载《法商研究》2021 年第 3 期。

〔5〕 林鸿潮:《公共应急管理机制的法治化》,华中科技大学出版社 2009 年版。

〔6〕 杨海坤、马迅:《总体国家安全观下的应急法治新视野——以社会安全事件为视角》,载《行政法学研究》2014 年第 4 期。

〔7〕 丁延龄:《社会治理创新的反思理性法模式——以反思环境法为例》,载《政法论丛》2015 年第 4 期。

(2017)[1]是国内少数对港口行政执法进行系统性研究的学术成果，揭示了港口立法从“纸面上的法”到“行动中的法”过程中的困难。吴丽珊论文(2008)[2]提出应当从加强行政立法、合理设置机构、科学配置职能、健全保障体系等方面构建综合性港口海事执法体系。雷伟宗文章(2017)[3]揭示了目前港口安全生产应急预案、应急救援组织所存在的主要问题。上述研究表明，与安全法学关注如何运用行政管理等手段促进安全生产、合理预防安全事故不同，行政法学对于安全的研究侧重于探讨国家公权力如何介入安全生产监管，强调对行政权力的法律控制。

此外，还有一些行政权配置、行政体制改革等行政法学研究成果具有较强的参考价值。例如，王麟文章(2005)[4]认为行政协助制度是克服科层化行政体制导致行政冲突的有效策略；金国坤专著(2010)[5]系统分析了行政权实施过程中的冲突现象，从行政协助、行政协调、行政争议解决机制等角度探讨了法律解决路径；任广浩著作(2012)[6]揭示了行政权力配置中的纵向结构与横向结构差异，探索了国家权力纵向配置方案；康琳娜文章(2019)[7]，立足于近年来国家实施行政清单制度这一整体背景，探讨了行政权力清单的法律属性、理论基础，并与政府信息公开、行政监督等相关制度进行比较，充分探究了行政权力清单制度的法律内涵。

另外，安全科学领域还存在大量非法学类研究文献，这些文献对于科学、全面地研究港口安全问题，提升安全立法的科学性也具有重要作

〔1〕 李光春：《港口行政执法研究》，人民交通出版社 2017 年版。
〔2〕 吴丽珊：《构建综合性港口水上交通安全行政模式执法新模式》，载《中外企业家》2008 年第 7 期。
〔3〕 雷伟宗：《港口安全生产应急行政管理体系和制度研究》，载《当代化工研究》2017 年第 11 期。
〔4〕 王麟：《比较行政协助制度研究》，载《法律科学（西北政法学院学报）》2005 年第 5 期。
〔5〕 金国坤：《行政权限冲突解决机制研究——部门协调的法制化路径探寻》，北京大学出版社 2010 年版。
〔6〕 任广浩：《当代中国国家权力纵向配置问题研究》，中国政法大学出版社 2012 年版。
〔7〕 康琳娜：《行政权力清单制度新探》，载《北方法学》2019 年第 2 期。

用。例如,傅贵专著(2013)[1],阐述了事故各阶段行为原因的控制方法;田水承、景国勋主编教材(2016)[2],以安全管理学科领域的理论研究成果与实践经验为基础,介绍了安全管理的基本原理和方法等。一些文献从制度史角度对我国港口行政管理体制进行了回溯与梳理,而安全管理体制正是港口行政体制的重要内容,从而揭示了我国港口安全执法权的变迁历程,如《交通部行政史》(2008)[3],章强、王学锋系列论文(2015、2016)[4],徐杏、郝军论文(2014)[5],等等。

2. 研究评述

通过分析以上文献可以发现,国内对港口安全法律保障问题的研究整体起步较早,且在危险货物作业、港口设施保安等部分领域积累了较为丰富的理论研究成果。此外,近年来对安全法学的研究也能够为港口安全法治研究提供一定的理论支持,行政法学、安全科学亦有不少成果可资借鉴。但是,现有研究也呈现出以下问题:

第一,对港口安全保障立法与港口安全执法体制间关系缺乏研究。我国港口立法与港口体制始终保持着密切的联系,以体制改革促进立法建设,又以立法建设巩固体制改革成果。现有国内研究主要从安全立法与安全执法体制的孤立角度进行,未能站在法治视角关注立法与执法体制间的互动问题,在研究港口安全保障立法时也缺乏对法律实施情况的充分考察。这使相关法学研究往往停留在法律规则层面,制约了研究的深度与实践价值。

第二,港口安全保障立法整体性研究缺失。现有研究多着眼于对某一具体安全法律规范或法律制度的完善,较少审视整个立法体系的结构缺陷。这影响了研究的全面性,未能对港口安全风险状况做系统

[1] 傅贵:《安全管理学——事故预防的行为控制方法》,科学出版社 2013 年版。

[2] 田水承、景国勋主编:《安全管理学》,机械工业出版社 2009 年版。

[3] 《交通部行政史》编委会编:《交通部行政史》,人民交通出版社 2008 年版。

[4] 章强、王学锋:《中国港口行政管理体制改革的回溯性研究》,载《中国航海》2015 年第 4 期;章强、王学锋:《治理理论视域下中国港口行政管理体制研究》,载《西安电子科技大学学报(社会科学版)》2016 年第 1 期。

[5] 徐杏、郝军:《我国沿海港口管理体制深化改革的思考》,载《中国港口》2014 年第 2 期。

性评估梳理,未对现行立法进行整体归纳审视,从中观、宏观角度发现立法间的疏漏与不协调。现有研究虽然在某些安全重点领域著述较丰,但尚未实现由点及面的深入研究。

第三,忽视对《安全生产法》等综合性安全立法理论的研究借鉴。虽然近年来安全法治领域诞生了不少基础性研究成果,却未能充分应用于港口法治中。现有港口安全研究集中在《港口法》等安全特别法方面,重视港口个性问题,忽略对安全共性问题的容纳贯通,在安全法律内部形成了一定的研究壁垒。安全法律的普遍性原理、基本原则难以有效传导至港口安全领域,一定程度上导致港口安全问题研究丧失了理论支撑。

第四,缺乏对港口公共卫生安全问题的深入研究。新冠疫情对我国港口业务带来了全新的挑战,港口传统业务模式、经营活动亟须适应公共卫生安全需求,扩展港口法治的安全保障作用。一些研究尝试从法益平衡、相关国际公约实施等角度进行初步探讨,但尚未深入安全保障特别法与一般法关系、港口防疫经验做法对港口立法的借鉴意义等方面。

(二)国外研究综述

1. 现有研究

有关港口安全法律保障方面的外文文献主要分为以下几类:

对港口法治整体情况的研究文献。一些学者将港口法治问题转换成一般理论层面,进行综合性研究。例如,作为欧盟港口立法的主要起草人之一,霍伊顿克(Eric Van Hooydonk)教授出版了一系列欧盟港口法治著作。其专著(2019)[1]是对欧盟港口基础性法律——2017 年第 352 号《关于构建港口服务与金融透明统一规则的法律框架》的解读评述;著作(2010)[2]阐述了港口法的起源、港口法与海商法的关系以及

---

[1] Eric Van Hooydonk, *The EU Seaports Regulation*, Portius Publishing, 2019.

[2] Eric Van Hooydonk, *Law Ends Where the Port Area Begins: On the Anomalies of Port Law*, Maklu, 2010.

港口法律的未来发展方向。此外还有马可·卡萨格兰(Marco Casagrande)著作(2017)[1],对国际法中港口的法律地位加以研究。但是,这些著作中大多缺乏与港口安全有关的研究成果。

船舶港口准入法律规则相关研究文献。港口向外国船舶开放曾一度被认为是一项国际习惯法规则,近年来随着各港口国对环境安全、公共卫生安全等的重视,对外国船舶港口准入的国内法限制逐渐增多。塔司奇(Vasilio Tasikas)发表文章(2007)[2],对比了美国法与国际法中港口准入规则设置的异同。怀特黑德(Lena E. Whitehead)论文(2009)[3],霍伊顿克教授专著(2010)[4],分析了国际习惯法船舶紧急入港避险权利在当代所遭遇的国际法和国内法挑战。

港口保安立法相关研究文献。"9·11"事件后,港口保安问题受到各国普遍重视,成为港口安全研究的热点领域。塔利(Wayne K. Talley)专著(2008)[5],分为船舶保安与港口保安两部分,对相关立法及执法情况、所存在的法律问题与解决方案进行了分析研究。此外还有考克斯(L. Stephen Cox)论文(2013)[6]以及门萨(Thomas A. Mensah)论文(2004)[7]等文献,分析了国际海事组织《船舶和港口设施保安规则》的制定背景、实施情况、主要法律困境等内容。

集装箱安全倡议实施相关研究文献。为强化境外港口保安水平,2002 年美国开始实施"集装箱安全倡议"(Container Security Initiative),在主要贸易伙伴港口进行集装箱预检以提高自身港口安全性。

---

[1] Marco Casagrande, *Seaports in International Law*, Springer, 2017.

[2] Tasikas, *The Regime of Maritime Port Access: A Relook at Contemporary International and United States Law*, 5 Loyola Maritime Law Journal 1 (2007).

[3] Lena E. Whitehead, *No Port in a Storm—A Review of Recent History and Legal Concepts Resulting in the Extinction of Ports of Refuge*, 58 Naval Law Review 65 (2009).

[4] Eric Van Hooydonk, *Places of Refuge*, Informa Law from Routledge, 2010.

[5] Wayne K. Talley, *Maritime Safety, Security and Piracy*, Informa Law, 2008.

[6] L. Stephen Cox, *The Advent and Future of International Port Security Law*, 1 National Security Law Journal 77 (2013).

[7] Thomas A. Mensah, *The Place of the ISPS Code in the Legal International Regime for the Security of International Shipping*, 3 Wmu Journal of Maritime Affairs 17 (2004).

美国国土安全部阿什利・罗奇(Ashley Roach)上校为此撰文(2003)[1],阐述了集装箱安全倡议的主要内容,分析了欧盟多个国家、亚洲等国国内法以及国际法对其的接受程度。张栩凡与迈克尔・罗伊(Michael Roe)撰文(2019)[2],揭示了美国集装箱安全倡议对欧盟法律的潜在影响。蕾贝卡・科鲁兹(Rebecca J. Cruise)与厄尔曼(Valerie J. D' Erman)发表文章(2016)[3],运用法律实证研究方法探讨了国际知名港口对该倡议的实施情况。

港口反走私、反偷渡相关研究文献。预防和打击走私、偷渡等港口犯罪活动也是港口保安的应有之义。埃斯基(Yarin Eski)专著(2016)[4]讨论了港口各项刑事犯罪活动的成因、危害、法律打击方法以及不足之处。美国国会研究部发布报告(2015)[5],跟踪研究了美国港口针对非法移民的执法情况。埃斯基与布吉特(Romano Buijt)出版专著(2016)[6],通过对鹿特丹港刑事犯罪活动的实证调查,分析了当前港口破坏活动风险治理立法的主要缺陷。

港口网络安全立法相关研究文献。近年来,港口在网络化、无人化转型过程中的安全保障问题逐渐成为新的港口安全研究热点。休・博伊斯(Hugh Boyes)与罗伊・伊斯贝(Roy Isbell)等共同撰写研究报告(2017)[7],对港口网络安全方面的关键概念加以解释澄清。霍伊顿克

---

〔1〕 Ashley Roach, *Container and Port Security: A Bilateral Perspective*, 18 The International Journal of Marine and Coastal Law 341 (2003).

〔2〕 Zhang Xufan & Michael Roe, *Maritime Container Port Security: USA and European Perspectives*, Palgrave Macmillan, 2019.

〔3〕 Suzette R. Grillot, Rebecca J. Cruise & Valerie J. D' Erman, *Protecting Our Ports: Domestic and International Politics of Containerized Freight Security*, Ashgate, 2010.

〔4〕 Yarin Eski, *Policing, Port Security and Crime Control: An Ethnography of the Port Securityscape*, Routledge, 2016.

〔5〕 Congressional Research Service, *Border Security: Immigration Enforcement Between Ports of Entry*, CreateSpace Independent Publishing Platform, 2015.

〔6〕 Yarin Eski & Romano Buijt, *Dockers in Drugs: Policing the Illegal Drug Trade and Port Employee Corruption in the Port of Rotterdam*, Policing, 2016.

〔7〕 Jenna Ahokas & Tuomas Kiiski, *Cybersecurity in Ports: A Conceptual Approach*, HAZARD Project, 2020, p. 7 – 12.

论文(2020)[1],提出了无人航运背景下的“无人港口”(botport)概念,探讨了其在港口准入、引航、装卸货等方面与现行规则的适应性问题。除了来自学者的研究,面对信息网络技术所带来的港口安全形势变化,一些官方或民间机构组织也开始关注港口网络安全问题,并发布各种报告以指导港航业实践。例如,受英国交通部委托,英国工程技术学会(The Institution of Engineering and Technology)先后发布两版网络安全指南(2016,2018)[2],从建立网络安全评估计划,应对安全漏洞以及改善网络安全治理结构等方面给出了具体操作建议。欧盟网络安全局报告(2019)[3],从港口网络运作、网络安全风险分类、应对风险的政策技术管理措施等方面详细阐述了现有研究成果。

港口劳动安全立法相关研究文献。港口劳动法律及发生安全事故后的工伤赔偿问题在一些国家和地区有着较为特殊的法律制度设计。霍伊顿克教授出版专著(2013)[4],比较了欧盟不同国家港口劳动立法的异同。斯默德尔(Scott Szymendera)撰文(2010)[5],回顾了美国《港口和码头工人补偿法》的历史和现状,并讨论了该法律在近年来的修改动向及其中的主要法律问题。吉莉安·戴维斯(Gillian S. Davies)

---

〔1〕 Eric Van Hooydonk, *Botport Law: The Regulatory Agenda for the Transition to Smart Ports*, in New technologies, artificial intelligence and shipping in the 21st century, Informa, 2020, p. 90 – 104.

〔2〕 Hugh Boyes, Roy Isbell & Alexandra Luck, *Code of Practice Cyber Security for Ports and Port Systems*, Institution of Engineering and Technology, 2016; Hugh Boyes, Roy Isbell & Alexandra Luck, *Good Practice Guide: Cyber Security for Ports and Port Systems*, Institution of Engineering and Technology, 2020.

〔3〕 Dr. Athanasios Drougkas & Anna Sarri et al., *Good Practices for Cybersecurity in the Maritime Sector*, The European Union Agency for Cybersecurity, 2019.

〔4〕 Eric Van Hooydonk, *Port Labour in the EU*, Portius, 2013.

〔5〕 Scott Szymendera, *The Longshore and Harbor Workers' Compensation Act (LHWCA): Overview of Workers' Compensation for Certain Private – Sector Maritime Workers*, Congressional Research Service Reports, 2010.

撰文(2014)[1],从《港口和码头工人补偿法》的立法目的入手,探究了相关法律在调整范围上的局限性。可见,受到人权、公共福利等传统议题的影响,欧美国家港口行业的劳动安全问题逐渐形成了较为独立的研究领域。

在法学研究之外,管理学同样关注港口安全问题,相关研究成果可供参考。肯尼思·克里斯托弗(Kenneth Christopher)著作(2009)[2],详细阐述了"9·11"事件后美国在港口保安管理方面的先进经验和创新做法。多纳休(John D. Donahue)与马克·摩尔(Mark H. Moore)著作(2012)[3],探究了在复杂港口系统中各种公共管理手段在维护安全方面的有效性和差异性。美国港口协会(American Association of Port Authorities)撰写报告(2012)[4],欧洲海港组织(European Sea Ports Organisation)出版报告(2011)[5],分别讨论了美洲、欧洲港口的不同管理组织形态。此外,联合国贸易和发展会议秘书处报告(1993)[6],研究了常见港口管理手段所具有的法律风险,但文献年代较久远一定程度上影响了其学术价值。

港口业务有着复杂的操作规则,大多散见于劳动立法、劳工公约、行政命令、安全标准之中,一些国际组织、国家劳动部门、民间智库会定期进行整理编纂。例如,国际劳工组织定期出版操作规程(2018)[7],为各国的港口安全保障立法、港口安全管理工作、港口安全标准提供指

---

〔1〕 Gillian S. Davies, *The Stormy Seas of Situs: Reevaluating the Situs Requirement of the Longshore and Harbor Workers' Compensation Act*, 63 American University Law Review 1902 (2014).

〔2〕 Kenneth Christopher, *Port Security Management*, Auerbach Publications, 2009.

〔3〕 John D. Donahue & Mark H. Moore, *Ports in a Storm: Public Management in a Turbulent World*, Brookings Institution Press, 2012.

〔4〕 Rexford B. Sherman, *Seaport Governance in the United States and Canada*, American Association of Port Authorities, 2012.

〔5〕 Patrick Verhoeven, *European Port Governance*, European Sea Ports Organisation, 2011.

〔6〕 The UNCTAD Secretariat, *Legal Aspects of Port Management*, 1993.

〔7〕 International Labour Office, *ILO Code of Practice: Safety and Health in Ports (Revised 2016)*, 2018.

引,同时还出版了相关指南(2008)[1]进行详细解释。另外还有英国健康与安全执行局(UK Health and Safety Executive)发布的指南(2011)[2]以及英国保守党律师协会(Society of Conservative Lawyers)出版报告(1974)[3]等,对本国港口行业执行安全法律给出了具体操作建议。上述文献多立足于港口业实践,面向港口从业者提供指导,其中所涉及法律问题多为应用层面,未能触及理论深层。

在更为普遍的安全管理领域,国外研究由于起步较早,积淀较为雄厚。格林伍德(Major Greenwood)与伍兹(Hilda M. Woods)论文(1919)[4]揭示了个人特质与生产事故的关系,被认为是安全科学的奠基之作。小弗莱明·詹姆斯(Fleming Jr. James)与约翰·J. 狄金森(John J. Dickinson)合作撰写文章(1950)[5],试图从侵权法角度揭示安全事故中的个人特质问题。被誉为"工业安全之父"的海因里希(Herbert William Heinrich)著作(1931)[6]创造性地提出了事故致因理论。斯图尔特(James Melville Stewart)著作(2002)[7]则在海因里希理论的基础上提出了现代事故致因理论。胡德(Christopher Hood)等学者著作(2004)[8]对风险规制理论予以探讨,阐述了风险特质与规制体制的对应关系。

---

[1] International Labour Office, *The Inspection of Occupational Safety and Health in Ports: A Review of Existing Guidance and Practice*, 2008.

[2] Health and Safety Executive, *A Quick Guide to Health and Safety in Ports*, 2011.

[3] Bob Patten, *Safety in British Ports: Report of an Investigation into the Present Position and Some Recommendations*, Conservative Political Centre, 1974.

[4] Major Greenwood & Hilda M. Woods, *The Incidence of Industrial Accidents upon Individuals with Special Reference to Multiple Accidents*, Her Majesty's Stationery Office, 1919.

[5] Fleming Jr. James & John J. Dickinson, *Accident Proneness and Accident Law*, 63 Harvard Law Review 770 (1950).

[6] Herbert William Heinrich, *Industrial Accident Prevention*, McGraw - Hill, 1931.

[7] James Melville Stewart, *Managing for World Class Safety*, A Wiley Interscience Publication, 2002.

[8] Christopher Hood, Henry Rothstein & Robert Baldwin, *The Government of Risk: Understanding Risk Regulation Regime*, Oxford University Press, 2004.

2. 研究评述

国外对安全保障理论的探索历史已超百年,在风险规制、安全法律监管等方面积累了丰富的研究成果。而在 2001 年“9·11”事件后,非传统安全问题更是成为航运业焦点议题。具体到港口领域,国外对港口安全法律保障问题的研究具有如下特点。

第一,生产安全并非港口立法研究重点。当前国外对港口立法的研究主要集中在港口融资、港口竞争与反垄断、港口劳动者权益保护等领域,极少涉及港口日常生产经营活动中的安全保障问题。虽然也诞生了一些港口生产安全研究成果,但主要面向实务部门,侧重于对业务操作的分析阐释,缺乏对安全生产立法的关注,也未能充分借鉴普遍性的安全保障理论成果。

第二,高度重视港口非传统安全保障研究。与对生产安全研究缺乏关注的状况不同,国外高度重视港口等交通运输行业的非传统安全保障问题,在港口保安、网络安全、预防走私偷渡活动等领域出现了大量法学类研究成果。这些成果多立足于国际公约以及各国国内法,不仅对法律文本加以阐述评析,还密切结合港口实践,探讨了法律的实施效果以及存在的问题。

第三,缺乏对港口安全保障立法的体系化研究。与国内港口安全法律保障研究状况类似,国外研究以对单行法的应用性研究为主,极少运用体系化方法全面研讨分析,对于不同风险领域的研究成果未能加以整合提炼。此外,国外研究往往会对“港口安全”(port safety)与“港口安保”(port security)进行区分,将生产安全等传统安全问题归入“port safety”范畴,将网络袭击、恐怖袭击等非传统安全问题划归“port security”范畴,两者的研究内容相对独立、互不交叉。

最后需要说明的是,从国际法角度看,港口多位于一国内水,各国对港口具有排他性的管辖权,因而港口事务传统上受一国国内法的调整。由于除 1923 年《国际海港制度公约》(Convention on the International Regime of Maritimes Ports)以及《港口设施保安规则》外,港口事务并不具备有影响力的国际公约,使得各国港口立法差异极大,而港口安全问题所依附的港口管理体制、航运发展状况更是千差万别。这些因素导致各国学者的研究多立足于本国法律，较少上升到比较法层面，也在一定程度上影响了国外文献资料的参考价值，需要在研究过程中有所甄别。

第一章　港口安全的基本范畴

概念是反映事物本质属性与共同特征并借助词语表达出来的一种思维形式。借助概念相对确定的内涵和外延,法律获得了自身的明确性和确定性,避免了歧义的发生;概念作为法律思维和法律推理的起点,节省了定式化的思维过程,减轻了思维负担。[1] 从语法角度看,“港口安全”并非一个意思和结构相对确定的短语,因而对这一概念的理解主要取决于其组成部分的语义叠加,而“安全”与“港口”的含义本身并不易把握。本章试图在清楚界定两者的基础上,揭示出本书核心概念“港口安全”的内涵与外延,以此厘清文章所讨论问题的基本范畴。

第一节　安全概念界定

“安全”是当代社会的重要主题之一。工业革命后生产力得到蓬勃发展,安全一度被视为发展的阻碍而遭到忽略。但是,频繁发生的安全事故及其因生产力解放而获得的骇人破坏力加成,不仅使得发展无

〔1〕 参见公丕祥主编:《法理学》(第3版),复旦大学出版社2016年版,第228页。

从谈起,更严重威胁人类的生存,于是安全重获重视。乌尔里希·贝克(Ulrich Beck)在其“风险社会”理论中甚至将安全作为区分工业时代与后工业时代的标志。[1] 但是,安全的含义本身又极为抽象,有学者称之为“模糊而又充满价值”[2]的概念,也是“最为棘手的研究对象”[3]。时至今日,国内外学界对“安全”的含义仍莫衷一是。有学者认为安全是“获得价值时威胁的不存在”[4];有学者将安全描述为“各种事物对人不产生危害、不导致危险、不造成损失、不发生事故,运行正常、进展顺利的状态”[5];也有学者认为安全是一种“使人的身心免受外界(不利)因素影响的存在状态(包括健康状态)及其保障条件”[6]。为此本节首先结合具体研究语境,为文中的安全概念做一个大致清晰的界定。

一、安全的基本含义

之所以对安全的认识难以达成统一,很大程度上是因为安全概念的多义性,在不同情境下安全的含义会发生变化。

(一)安全含义揭示

人类自诞生以来与疾病、饥荒、战乱、灾害斗争的历史表明,安全是一种不以人主观意志为转移的客观社会现象。社会实在论据此认为,安全描述了一种平安、不存在危险的客观世界状态,人类的安全感受不过是对这种客观实在的反映。[7] 但是,这一理论并不能解释安全领域人类主观安全需求与客观安全状况相背离的现象。例如,2020 年新冠

---

〔1〕 参见[德]乌尔里希·贝克:《风险社会》,何博闻译,译林出版社 2004 年版,第 19 页。

〔2〕 D. A. Baldwin, H. V. Milner, *Economics and National Security*, in Henry Bienen, Power Economics and Security, Westview Press, 1992, p.29.

〔3〕 Barry Buzan, *People, State and Fear: An Agenda for International Security Studies in the Post-Cold War*, Harvester Wheatsheaf, 1991, p.3-12.

〔4〕 Terry Terriff, *Security Studies Today*, Polity Press, 1991, p.2.

〔5〕 苗金明:《安全法学导论——风险、理性与安全》,清华大学出版社 2014 年版,第 8 页。

〔6〕 田水承、景国勋主编:《安全管理学》,机械工业出版社 2009 年版,第 4 页。

〔7〕 参见颜烨:《安全社会学》(第 2 版),中国政法大学出版社 2013 年版,第 9 页。

疫情在国内外暴发,尽管科学研究证实病毒死亡率较低,但人类的恐慌情绪却是前所未有的。可见,对安全的追求根植于人类天性中,在客观的安全状态外尚存在主观的心理安全需求,决定安全认知的往往是主体建立在价值判断和思考分析之上的主观体验,而非客观状态。由此产生了关于安全的主客观二重论。沃尔弗斯(Arnold Wolfers)认为,安全在客观上表示为对所获得的价值不存在威胁,在主观上表示为不存在对价值遭到攻击的恐惧。〔1〕 另外,近年来"人类安全共同体""总体国家安全观"等概念出现,揭示出在个体的主客观安全外,尚存在社会学意义上的安全概念。哥本哈根学派认为,安全是一种主体间的社会认知,是"一个共享的、对某种威胁的集体反映和认识过程"〔2〕。这种存在于社会主体间的安全认知在很大程度上塑造并维系着人类的行动秩序。

上述三种学说均揭示了安全的某些特征。漫长的人类历史中自然灾害和战祸频繁,人们很容易接受安全是一种客观上不存在威胁的外在处境与物质状态。在此基础上,安全又关乎人的心理状态,是基于对现实安全状态理解的一种主观心理需求。这也是我国新发展理念重视和关注人民群众安全感的主要原因。除此以外,安全还有着日渐丰富的社会学内涵,影响并决定着各主体间的沟通、交往、行动模式与社会认同,从而形成一种关乎安全的社会构建。因此,安全可以被表述为一种主客观统一并包含社会建构的综合社会现象,即一种客观上不存在威胁(安全性),主观上不存在恐惧(安全感),主体间不存在冲突(安全化)的社会现象。〔3〕 这一概念能够较为全面地揭示本书语境下的安全含义。

(二)安全与对立概念比较

在从正面揭示了安全概念的基本含义后,有必要深入到安全的对

---

〔1〕 参见[美]阿诺德·沃尔弗斯:《纷争与协作:国际政治论集》,于铁军译,世界知识出版社2006年版,第133页。

〔2〕 [英]巴瑞·布赞等:《新安全论》,朱宁译,浙江人民出版社2003年版,第37页。

〔3〕 参见余潇枫主编:《非传统安全概论》(第2版),北京大学出版社2015年版,第34页。

立面。这不仅是因为研究对立概念可以进一步勾勒安全的完整轮廓，也因为“危险”“风险”等与“安全”含义互斥的词语在法律语境中往往更为常见。

危险是安全的反义词。安全系统工程学研究表明，绝对的安全并不存在，安全是一种相对的状态，与危险相伴而生。如果将系统的安全量化为安全度，则安全度 = 1 - 危险度，安全度与危险度呈互补关系。[1] 但是，安全与危险的衡量并不仅仅是数值大小上的比较。安全的主客观二重论表明，安全除了反映客观上的概率大小，也代表了人类主观上对安全或者危险的接受程度。当危险度低于某种程度时，人们就认为系统是安全的；反之当系统中发生不期望后果的可能性超过这种程度时，即使此时安全概率仍高于危险概率，人们也认为危险存在。这一接受程度取决于人类的生理和心理承受能力、科技发展水平和政治经济状况、社会伦理道德和法律观念、物质和精神文明程度等因素。[2]

对危险的量化就是风险，风险描述了系统中不期望后果发生的概率与严重程度的综合作用结果。一般认为风险具有三项基本特征：客观性、损失性和不确定性。[3] 第一，客观性是指风险是一种客观存在的状态，即无论人们是否意识到，风险都是客观存在的。风险不以人的意志为转移，与人的期望无关，与人的认识无关，人们只能降低风险发生的概率，或降低其造成的损失，而无法从根本上消灭风险。第二，损失性是指尽管从过程中看，风险所产生的不仅仅是损失，也可能伴随着利益，但从结果上看，获取的利益无法弥补遭受的损失，风险最终一定会造成损失。第三，不确定性是指风险事故发生与否、事故发生时间、事故发生所致后果通常是不能确定的。[4] 从这个意义上说，风险表示

---

〔1〕 参见罗云等：《安全经济学》，化学工业出版社 2010 年版，第 49 页。

〔2〕 参见苗金明：《安全法学导论——风险、理性与安全》，清华大学出版社 2014 年版，第 6 - 11 页。

〔3〕 参见孙祁祥：《保险学》（第 5 版），北京大学出版社 2013 年版，第 3 页。

〔4〕 参见曹兴权：《保险法学》，台北，元照出版有限公司 2015 年版，第 17 页。

的是一种不安全状态发生的概率,其与最终损害之间仍有不确定性,而危险则是已经发生或者已经高度现实化的不安全状态。[1]

正如安全概念一直与人类历史进程如影随形,风险也一直伴随着人类的发展。在传统农耕社会,自然风险是风险的主要表现形式,国家的建立、政权的组织以及政府的运作都以有效回应自然风险为目标,以此帮助个体驱逐来自自然风险的恐惧和压力。[2] 而到了现代社会,社会生活的方方面面更是被风险裹挟,乌尔里希·贝克将这种现象描述为"风险社会"。吉登斯(Anthony Gidden)认为:"在全球化的时代里,风险的影响被普遍化了。我们生活在'风险文化'之中,解释这一点的是现代社会特征的彻底化和普遍化。各种变革引导或迫使我们越来越多地从风险角度考虑问题。"[3] 这种社会风险既包括传统上由于人类对自然力量缺乏控制所产生的自然风险,也包括现代社会中技术的高度发展以及人力建构所带来的社会风险,如技术失控所导致的技术异化、制度失灵所造成的制度风险等。

二、安全的法学含义

除了社会学意义上的安全,安全一直以来也是法学研究的对象。如果从社会建构角度将安全解释为一种主体间的认知,那么凝结着社会共同认知的法律就成为安全的理想栖身之所。在人类社会早期,面对凶暴的外部侵害以及难以预料的自然灾害、饥饿困苦等风险,人类产生了对安全的强烈需求,这种需求孕育了社会合作。庞德(Roscoe Pound)指出,正常人的社会本能会驱使他同别人联合起来以达到永久的安全,但这种安全不仅是对别人的,也包含对他自己扩张性本能的防

〔1〕 参见赵鹏:《风险社会的自由与安全——风险规制的兴起及其对传统行政法原理的挑战》,载《交大法学》2011年第1期。

〔2〕 参见杨春福:《风险社会的法理解读》,载《法制与社会发展》2011年第6期。

〔3〕 [英]安东尼·吉登斯、[英]克里斯多弗·皮尔森:《现代性——吉登斯访谈录》,尹宏毅译,新华出版社2001年版,第77页。

止,因此,历史上普遍安全是法律首先承认和保障的社会利益。[1] 而法学将安全纳入自身视野,是通过凝练法律价值、设定权利义务等多种形式实现的。

(一)安全的法律价值含义

安全出现在法律中,首先表现为法的一种价值追求。价值揭示了人类实践活动的动机和目的。[2] 法律的价值追求具有超越法条的形而上特征,是对法律本源的揭示和法律宗旨的概括,并指明了法律的理想境界和评价标准。而在秩序、自由、平等、公平正义等公认的法律价值外,法律还具有对安全的价值追求。将安全作为法的价值源于生命权的极端重要性。卢梭(Jean – Jacques Rousseau)认为:"人性的首要法则,是维护自身的生存,人性的首要关怀,是对于其自身所应有的关怀。"[3]同时安全价值又不仅仅局限于生命的范畴。财产是个人生存和发展的基础,对人身安全的保障自然会引申出对财产安全的重视。同时,集体安全又建立在由人身安全与财产安全所构成的个体安全基础上,某种意义上是个体安全的集合,从而产生了社会安全。[4] 因此,安全并不仅仅具有个体层面的意义,更是社会赖以维系的基础价值。"安全有助于使人们享有诸如生命、财产、自由、和平等等其他价值的状况稳定化并尽可能地维持下去。"[5]

如果承认安全具有社会层面的意义,那么安全便很自然地与秩序、自由、平等、公平正义等社会属性的法律价值发生了联系。安全价值的存在为实施并巩固其他法律价值创造了可能。"维持社会和平是实现其他法律价值的先决条件。如果某个公民无论是在自己家中还是在家

---

〔1〕 参见[美]庞德:《通过法律的社会控制·法律的任务》,沈宗灵、董世忠译,商务印书馆1984年版,第88页。

〔2〕 参见张文显:《部门法哲学》,法律出版社2011年版,第14页。

〔3〕 [法]卢梭:《社会契约论》,何兆武译,商务印书馆2009年版,第5页。

〔4〕 参见卓泽渊:《法的价值论》(第3版),法律出版社2018年版,第217页。

〔5〕 [美]E.博登海默:《法理学:法律哲学与法律方法》,邓正来译,中国政法大学出版社2017年版,第319页。

庭以外,都无法相信自己是安全的、可以不受他人的攻击和伤害,那么,对他奢谈什么公平、自由,都是毫无意义的。"[1] 正是这种联系决定了安全与其他法律价值不是非此即彼,而呈现出一种和谐共生的关系:

第一,秩序在很多情况下被认为是安全的一种外在表现。秩序意味着"在社会中存在着某种程度的关系的稳定性、进程的连续性、行为的归责性,以及财产和心理的安全性"[2]。而在突发事件等安全遭遇严重危机的情况下,秩序价值更会取得超越其他所有价值的优先性。[3]

第二,安全塑造了自由价值的边界。洛克(John Lock)认为,自由是在所受约束的法律许可范围内,随其所欲地处置或安排他的人身、行动、财富。[4] 而他人以及社会的安全诉求,正是法律对自由施加限制的主要考虑因素之一。

第三,平等价值是安全的重要保障。安全是最能接纳平等的价值之一,因为安全源自对生命权的尊重,而生命权对每一个个体都是平等的。人只有在平等的观念下才可能尊重他人及社会的安全,没有平等的安全将沦为特权。

第四,安全是最基本的公平和正义。法律以维护公平和正义为宗旨,但如果人的自身安全得不到保障,那么法律本身就是不公平、不正义的。[5]

（二）安全价值在法律中的具体表现

除了凝结为应然层面的法律价值,"安全"在实然层面还高频次地出现在法律文本中。通过对我国法律文本数据库的检索,包含"安全"

---

〔1〕 [英]彼得·斯坦、[英]约翰·香德:《西方社会的法律价值》,王献平译,中国法制出版社2004年版,第47页。

〔2〕 张文显主编:《法理学》(第5版),高等教育出版社2018年版,第324页。

〔3〕 参见林鸿潮:《公共应急管理机制的法治化》,华中科技大学出版社2009年版,第72-73页。

〔4〕 参见任成印:《民法方法论》,中国检察出版社2005年版,第47页。

〔5〕 参见卓泽渊:《法的价值论》(第3版),法律出版社2018年版,第219页。

一词的现行有效法律规范数量如表 1.1 所示。

表 1.1 我国法律文本中“安全”一词出现数量统计

单位:件

项目	法律	行政法规	部门规章	地方法规	地方政府规章
数量	205	351	2484	7766	5706

具体到港口安全相关立法中,“安全”主要有下列四种表现形式:

第一,作为立法目的出现。此时立法往往用“××安全”的表述明确安全对象,以表明该部法律的价值目标是实现并保障某一特定行业领域的安全。例如,《安全生产法》第 1 条规定:“为了加强安全生产工作,防止和减少生产安全事故,保障人民群众生命和财产安全……制定本法。”又如,《突发事件应对法》第 1 条规定:“为了……保护人民生命财产安全,维护国家安全、公共安全、环境安全和社会秩序,根据宪法制定本法。”

第二,作为法律权利义务出现。此时安全被具体化为各项法律权利和义务。从数量上看,安全所产生的法律义务要远远多于安全权利。以 2021 年修正之后的《安全生产法》为例,经统计属于安全权利的内容共有 11 项,而各安全主体所承担的安全义务则达到 30 余项。[1] 安

〔1〕《安全生产法》中的安全权利包括第 53 条从业人员知情权和建议权,第 54 条从业人员批评、检举、控告权及拒绝违章指挥和强令冒险作业权,第 55 条从业人员紧急避险权,第 56 条从业人员事故赔偿权,第 60 条工会监督建议权和参与事故调查权,第 61 条被派遣劳动者权利,第 74 条公众安全生产违法行为举报权,第 77 条舆论监督权,等等,共 11 项。而安全义务仅以生产经营者为例,就包括第 20 条具备安全生产条件义务,第 22 条建立全员安全生产责任制义务,第 23 条安全生产资金投入义务,第 24 条安全人员配备义务,第 28 条安全培训义务,第 29 条新技术防护义务,第 31 条安全设施“三同时”义务,第 32 条安全评价义务,第 35 条设置安全警示标志义务,第 36 条安全设备维护保养义务,第 37 条特种设备检验检测义务,第 38 条淘汰落后设备、工艺义务,第 41 条建立风险分级管控制度义务和生产安全事故隐患排查义务,第 42 条维持安全距离义务与安全疏散义务,第 43 条危险作业安全保障义务,第 44 条教育督促从业人员义务和关注从业人员身心健康义务,第 45 条提供劳保用品义务,第 51 条生产经营单位依法参加工伤保险、高危行业领域投保安全生产责任保险义务,等等。此外,还有从业人员、行业协会和安全服务机构等主体的安全义务,数量远多于安全权利。

全义务是安全在法律中的主要表现形式。这种安全义务既包括消极的不作为义务，起源于自然法“不损害或伤害另一个人”的义务；[1]也包括积极的作为义务，主要表现为风险评估义务、风险管理义务、风险通知义务、减损义务等。[2] 古典自由主义哲学家将不得伤害他人的消极义务概括为伤害原则。密尔（John Stuart Mill）提出，对他人安全构成威胁是限制某人行为唯一正当的理由。[3]《德国民法典》在此基础上总结提炼出了安全保障义务，认为由于社会中风险的普遍性，每一个社会成员都应采取适当且合理的措施降低风险，否则将承担不作为的侵权责任，这一规则最终被包括我国在内的各国侵权立法所采纳。[4] 随着人类对安全的认识逐渐深入，特别是认识到风险转化为危险的不确定性，又从作为义务的角度提出人有义务处理因自身行为所产生的风险，尽力避免风险演变为现实的损害。[5] 根据危险控制理论，将控制危险的义务分配给能够更合理、有效地控制危险的一方，更有可能防止事故发生，符合效率原则。[6] 而安全权利则是直到19世纪才随着社会法及社会权理念的发展在法律中出现的。社会权将国家、社会设置为义务主体，认为劳动者等社会成员有权要求国家、社会提供并保障包括人身安全与财产安全在内的“与社会生活密不可分的一些基本权利”，是法律对工业化时代劳资关系形式平等而实质不平等现象的矫正。[7] 从发展程度上看，安全义务理念相比安全权利理念得到法律更

---

〔1〕 参见[美]约翰·罗尔斯：《正义论》（修订版），何怀宏、何包钢、廖申白译，中国社会科学出版社2009年版，第99页。

〔2〕 Ibo Van De Poel & J. Nihlén Fahlquist, *Risk and Responsibility*, *in Sabine Roeser*, in Rafaela Hillerbrand, Per Sandin & Martin Peterson eds., Handbook of Risk Theory, Springer, 2011, p. 888.

〔3〕 参见[英]乔纳森·沃尔夫：《政治哲学导论》，王涛、赵荣华、陈任博译，吉林出版集团有限责任公司2009年版，第111页。

〔4〕 参见刘召成：《安全保障义务的扩展适用与违法性判断标准的发展》，载《法学》2014年第5期。

〔5〕 参见尹德贵：《风险分配的法理论纲》，苏州大学2016年博士学位论文，第21页。

〔6〕 参见黄和新主编：《民法学》，厦门大学出版社2013年版，第533页。

〔7〕 参见汤黎虹：《社会法的本质：“扶权论”的理论视角》，载《江淮论坛》2015年第5期。

为普遍的接受和贯彻。

与安全权利的相对弱势地位相反的是法律中安全权力内容的强化,大量安全法内容表现为国家权力,如《港口法》第 36 条授权港口行政管理部门依法对港口安全生产情况实施监督检查,《海上交通安全法》第 91 条授权海事管理机构对威胁港口安全的船舶、海上设施采取强制措施,等等。其实,安全权力强化这一特征进一步解释了安全权利与义务数量上的不匹配现象。根据法理学基本原理,权利与义务具有对等性;但是,这种对等性并不意味着权利主体与义务主体必须统一。特别是在公法领域,与义务主体所对应的往往不是权利主体,而是权力主体——国家。[1] 这种不一致并未违反对等性原则,因为权力乃权利的一种衍生形态。[2] 例如,在安全立法中,由于安全问题的极端重要性使得大量安全"应有权利"需要借助国家权威和行政机关强制力才能保证实行,由此被上升为国家权力,只剩余少部分安全"应有权利"最终成为"法定权利"被公民、法人等享有。所以,安全权利与安全义务并非真正不对等,而是在大量权利已被转化为安全权力的情况下,"剩余"权利与义务的不对等。

第三,以安全法律责任出现。法律责任可以看作违反第一性法定义务所产生的第二性义务。违反消极不作为义务、危害他人或社会安全应承担法律责任自不必说。早在罗马法中就规定人民的行为如果妨害公共安全将构成刑事犯罪。[3] 违反积极作为义务,未履行应尽的风险职责,同样会产生法律责任。例如,根据《安全生产法》第 101 条的规定,生产经营单位在生产、经营危险物品过程中未建立专门的安全管理制度,同样将被追究行政责任甚至刑事责任。积极作为义务与法律责任的引入,意味着法律在安全理念上的重大调整。法律不再仅仅重视事故发生后的救济和修复,而是前移至事故尚未形成的风险治理阶

---

〔1〕 参见王文东:《论权利和义务关系的对等性和非对等性》,载《首都师范大学学报(社会科学版)》2007 年第 5 期。

〔2〕 参见吕世伦、文正邦主编:《法哲学论》,黑龙江美术出版社 2018 年版,第 361 页。

〔3〕 参见苗延波:《法治的历程》,新华出版社 2016 年版,第 229 页。

段,对某些具备一定风险控制与承受能力的主体施加作为义务,促使其预防风险并减少风险所带来的损失。[1] 此外,安全权力所产生的责任,是行政法权责一致原则的体现。例如,《港口法》第 57 条规定港口行政管理部门违法授予港口经营许可的,对主管人员和直接责任人员依法给予行政处分,构成犯罪的依法追究刑事责任。

第四,以安全标准形式出现。安全立法中有大量内容涉及相关安全标准,比如《安全生产法》第 36 条规定安全设备的设计、制造、安装、使用等应当符合国家标准或者行业标准。安全科学研究表明,事故的发生和预防有着客观的规律,由此产生了安全管理、安全工程技术等学科,立法的科学性要求安全法律应尊重这些规律。而法律规范作为从大量实际行为中抽象出的一种行为模式,通常不会深入技术、管理细节,法律的稳定性也决定了其不可能如同科学研究般随时更改。因此,安全法律转而采用一种间接的规制模式,即首先由国家标准化机关制定安全标准,对各类安全工程和安全管理内容予以详细规定并及时修改,再通过立法机关所制定的法律赋予相关标准以法律效力,保证其有效执行。这也使得安全法律能够在保持相对稳定性的同时,又不至于与安全科学脱节而引发危险。

第二节 港口安全概念界定

作为一个与人类发展始终相伴而生的社会议题,安全概念的广泛性与多义性决定了探讨安全往往需要置于特定语境中。泰瑞·特里夫(Terry Terriff)指出,讨论安全的首要问题是我们关注的安全究竟聚焦于何者。[2] 无疑,港口是本书中安全问题所作用的对象。而一直以来

---

〔1〕 参见何国强:《风险社会下侵权法的功能变迁与制度建构》,载《政治与法律》2019 年第 7 期。

〔2〕 See Terry Terriff, *Security Studies Today*, Polity Press, 1999, p. 3.

"港口"虽然被约定俗成地使用,却少有人给出科学严谨的界定,从水陆运输方式的换装场所,到交通运输枢纽、贸易物流枢纽,这些描述均折射出港口含义的某个侧面。时至今日,港口的辐射影响力更是远远超越了所在区域,"港口经济""港口城市"等概念出现,甚至成为国家倡议实施的支点与海上互联互通的关键窗口。可见,对港口概念的界定直接决定了本书的研究范围。

一、港口的定义

从词源的角度,英文中港口"port"一词来自拉丁文"*portus*",意为"通道、门户",即水陆连接的门户。汉语语境下"港口"含义则更为丰富,"港"指代可供船舶航行、停泊的水面,"口"则含有口岸门户之意。[1] 但从法律角度看,港口并未形成一个统一的定义。这是因为世界各地港口功能并不完全相同,管理体制更是千差万别,一个统一的港口定义难以完全涵盖港口的全部外延。[2] 例如,在我国实行"政企分开"的港口管理体制改革后,港口部门的行政管理职能被剥离,换言之目前我国港口仅拥有生产经营的功能。而在法国等国家,港口概念仍代表着兼具行政管理与生产经营双重属性的法律实体。一些港口类国际公约尽管对港口进行了界定,但更接近于对公约适用范围的规定。例如,1923 年《国际海港制度公约》定义的港口是"通常有海船往来并用作为对外贸易的一切港口"。这一定义排除了内贸港口,显然是根据公约意欲调整的社会关系对港口范围进行了限缩。另外,港口概念也在变化之中,随着港口业务的不断拓展,诸如"港口物流园区""保税港区""无水港"等业务形态的出现使得港口的含义更为模糊。

(一)港口定义构成要素

联合国国际贸易法委员会运输法工作组协商、起草《联合国全程

---

〔1〕 参见王斌义主编:《港口物流》(第 2 版),机械工业出版社 2018 年版,第 1 页。

〔2〕 See Arbia Hlali & Sami Hammami, *Seaport Concept and Services Characteristics: Theoretical Test*, 11 The Open Transportation Journal 127 (2017).

或部分海上国际货物运输合同公约》(以下简称《鹿特丹规则》)过程中,也一度面临界定港口的困难。该工作组尝试提出了两种解决方案,一是按地理位置进行划分,二是根据功能划分。[1] 地理标准认为港口大多存在于一个由港口主管当局划定的较为明确的地理范围中,功能标准则认为具备一定的核心功能是港口的构成要件。虽然《鹿特丹规则》最终从简化公约适用复杂性的角度倾向于采纳地理标准,但在讨论过程中亦承认"偏重地理划分可能产生大量诉讼",对港口概念的准确认识不能脱离港口功能。[2]

仅从法律的可操作性角度看,地理范围标准无疑最为明确、易于把握,这也是《鹿特丹规则》倾向于采纳地理标准的原因之一。但也不能忽视,之所以法律对港口产业给予特别关注,根本原因并非其地理范围划定的大小,而是港口功能的特殊性。港口既代表了国家的开放门户,又是支撑一国经贸物流运行的重要基础设施。港口同时容纳了若干个从事港口业务的企业以及相关服务单位,这些企业和单位以港口的功能为纽带,彼此之间既保持密切的联系,也存在一定竞争。可见,对港口概念的全面把握既要遵循地理范围标准,也要考虑功能标准。

《港口法》最终从上述两个角度对港口进行了定义:"具有船舶进出、停泊、靠泊,旅客上下,货物装卸、驳运、储存等功能,具有相应的码头设施,由一定范围的水域和陆域组成的区域。"2017 年欧盟第 352 号法规《关于构建港口服务与金融透明统一规则的法律框架》(Establishing a Framework for the Provision of Port Services and Common Rules on the Financial Transparency of Ports)也采取了类似的定义方式:"一个由停靠水运船舶,装卸、仓储、接收交付货物,上下旅客、船员及其他

---

〔1〕 See United Nations Commission on International Trade Law Fortieth Session, *Report of Working Group Ⅲ (Transport Law) on the work of its nineteenth session*, A/CN. 9/621, 2007, Sec. 30, p. 9.

〔2〕 See United Nations Commission on International Trade Law Fortieth Session, *Report of Working Group Ⅲ (Transport Law) on the work of its nineteenth session*, A/CN. 9/621, 2007, Sec. 30, p. 9.

人员功能的基础设施和设备以及港口运输经营人所需任何其他基础设施所组成的陆域和水域范围。"[1]本书认为《港口法》从地理构成和主要功能角度较为准确地阐述了"港口"的基本内涵,也最符合我国港口业实际情况,因此将其作为本书中的"港口"定义。这一定义也被外国学者称赞为"具有进步性的"港口定义。[2]

(二)港口的地理范围

《港口法》中的港口定义揭示了港口的地理构成要素:港口水域、港口陆域以及港口设施。港口水域包括港口航道、港池、锚地等一定范围的水上区域,主要供船舶锚泊、停靠以及进行其他相关作业,是实现港口功能的基本条件;港口陆域是与港口水域相连接为实现港口功能所划定的陆上区域,包括码头装卸作业区、码头堆场、港口工程建筑等;港口设施是为实现港口功能而在港口水域和陆域设置和建造的构造物及有关设备。[3] 此外,为适应港口范围的不断扩大,一个港口还可以划分为若干个具备港口水域、陆域及港口设施条件的港区,《港口法》第3条第2款规定"港口可以由一个或者多个港区组成"。

港口水域和陆域范围的确定受港口立法调整,如《1908年印度港口法》(The Indian Ports Act 1908)第5条授权印度中央政府在不影响私有财产的情况下调整港口区划,并将这种调整详细公示。[4] 而在我国,港口作为重要交通基础设施,立法对港口的设立有着严格的程序要求,其中港口范围是最重要的行政审批内容之一。我国《港口法》第二章"港口规划与建设"将港口的水域、陆域范围纳入港口总体规划,根据港口的重要性分别由各级人民政府批准。[5] 可见在我国,港口的地理范围是人民政府行使《港口法》赋予其行政权力的结果,任何超出规划审批范围的区域均不能认定为港口区域。由于对经济贸易极强的辐

---

〔1〕 REGULATION(EU)2017/352,Art 2(16).

〔2〕 See Marco Casagrande, *Seaports in International Law*, Springer, 2017, p.111.

〔3〕 参见叶红军:《港口法解析》,人民交通出版社、大连海事大学出版社2003年版,第6页。

〔4〕 参见 https://www.indiacode.nic.in/bitstream/123456789/2344/1/A1908-15.pdf。

〔5〕 参见《港口法》第11条。

射带动作用,港口会在发展过程中逐渐膨胀扩张。强调港口地理范围的法定性,可以为判断港口法律的适用创造一个明确稳定的界限,避免法律适用模糊所引发的争议。

（三）港口的基本功能

具备特定功能同样是港口的重要构成要素。现代港口的核心功能包括以下三项：

第一,为到港船舶提供服务。港口是船舶航行最为重要的基础设施,不仅为船舶提供码头、过驳锚地、浮筒等设施,也为船舶进出港、靠离码头、移泊提供顶推、拖带等港内服务。另外船舶岸电、燃物料、生活品的供应,船员接送及船舶污染物接收、围油栏供应等也由港口提供。

第二,为货物通过提供服务。货物经港口完成陆上与船舶之间的空间位移,相关服务通常由港口提供,包括货物装卸、过驳、仓储、港区内驳运,集装箱堆放、拆拼箱以及对货物及其包装进行简单加工处理,货物交接过程中的点数和检查货物表面状况等。

第三,为旅客上下船提供服务。与货物服务类似,港口同样是旅客在陆上与船舶间发生位移关系的纽带,港口主要为旅客提供候船以及上下船舶的设施和服务。

需要强调的是,上述三项仅仅是港口作为交通运输基础设施所发挥的功能。自港口诞生以来,其功能一直随着区域经济发展、航运贸易实践而不断拓展。如今港口的功能早已不局限于服务航运,而是成为所在地区物资和信息交换的重要枢纽与供应链中心。“以港立市,港兴城荣”,这体现出现代港口功能的全面性,极大地推动了所在地区的社会和经济文化发展。

本书认为,港口在交通运输以外的港口经济中所发挥的全面职能固然是驱动港口发展的主要动力,但是,不宜将其纳入“港口安全”考察的范畴。一方面,这些非交通运输功能并不具有很强的港口特殊性,反而会冲淡港口安全研究所具有的典型意义,模糊港口安全与金融安全、投资安全等的界限。另一方面,这些领域的安全问题往往有着特殊的法律适用与行政执法权力配置，远远超出港口的界限，纳入港口安全研究范畴不符合地理要件与功能要件相统一的港口概念界定原则，诸如《港口法》等港口安全重要立法以及港口行政管理部门也难以介入。因此，如无特别指出，本书语境下的港口功能与《港口法》对港口核心功能的认识保持一致，聚焦港口的交通运输职能，包括船舶进出、停泊、靠泊，旅客上下，货物装卸、驳运、储存等。

（四）港口生产经营单位与港口行政管理部门

根据本章第一节对安全内涵的揭示，安全可以被理解为一种存在于主体之间的安全认知。因此，厘清港口有关主体对于揭示港口安全的准确含义意义重大。在港口安全相关社会关系中，港口生产经营单位与港口行政管理部门是最主要的一对主体概念。

1. 港口生产经营单位

港口生产经营单位的概念源于我国民事及行政立法中港口经营人这一法律主体概念。《1991 年联合国国际贸易运输港站经营人赔偿责任公约》（United Nations Convention on the Liability of Operators of Transport Terminals in International Trade，以下简称《港站经营人公约》）首次提出了运输港站经营人（operator of a transport terminal）的概念，其第 1 条（a）项规定："运输港站经营人是指在其业务过程中，在其控制下的某一区域内或在其有权出入或使用的某一区域内，负责接管国际运输的货物，以便对这些货物从事或安排从事与运输有关的服务的人。但是，凡属根据适用于货运的法律规则身为承运人的人，不视为经营人"。这里的运输港站经营人已经可以视作港口经营人概念的雏形，但其经营范围限于以货物作业为中心的港口服务，显然并不能涵盖港口经营人的其他主要职能。[1]

港口经营人的概念与港口经营体制关系密切。改革开放前我国港

〔1〕 参见李璐玲：《海上货物运输中港口经营人法律责任研究》，中国政法大学出版社 2013 年版，第 15 页。

口一直实行“政企合一，港航一体”体制，[1]此时港口既是经营者又是管理者，经营行为与行政行为发生混同，法律主体地位并不明确。而在改革开放特别是港口体制改革后，我国港口实现了政企分开，原有的港务机构一部分继续履行行政管理职能，另一部分则以港口为营业地进行经营活动。在这种背景下，港口经营活动在运输中的独立作用受到肯定，港口经营人概念最终被法律确定下来。

原交通部1995年《水路货物运输规则》（已废止）首先定义了港口作业合同，即“港口经营人收取港口费用，负责将作业委托人委托的运输货物在港口进行装卸、储存、驳运等作业的合同”；接着从合同当事方的角度给出了港口经营人的定义，即“本人或者委托他人以本人名义与作业委托人订立作业合同的人”。而这一定义方式也被2001年《港口货物作业规则》（已废止）沿用。两部规则中港口经营人仍是与港口货物作业活动有关的主体。2003年实施的《港口法》虽然多处使用了“港口经营人”称谓，却并没有给出准确定义，只是在第三章“港口经营”中概括说明了港口经营的范围，包括“码头和其他港口设施的经营，港口旅客运输服务经营，在港区内从事货物的装卸、驳运、仓储的经营和港口拖轮经营等”。这里与《港口法》对港口的定义保持了一致，不再局限于货物作业环节。同时，《港口法》还要求从事港口经营应当向港口行政管理部门取得港口经营许可并依法办理登记。与《港口法》相配套的《港口经营管理规定》从这一角度进一步将港口经营人解释为“依法取得经营资格从事港口经营活动的组织和个人”，并对“港口经营”范围作出了具体规定。

自港口实行政企分开后，港口经营人作为港口生产活动的具体承担者，成为港口安全法律关系的主体之一；厘清港口经营人概念对讨论港口安全问题是十分必要的。在上述几个港口经营人的定义中，《港站经营人公约》《水路货物运输规则》《港口货物作业规则》受制于立法

---

〔1〕 参见徐杏、郝军：《我国沿海港口管理体制深化改革的思考》，载《中国港口》2014年第2期。

目的，仅从货物作业角度描述港站经营人，遗漏了船舶作业及旅客服务等港口业务范围。而《港口法》则从港口经营的角度阐述港口经营人，与前述立法相比，规定更为全面。配套《港口经营管理规定》以此为基础，从规范港口经营秩序、促进港口健康有序发展的角度出发，为部分港口经营活动施加了行政许可要求。但是，这种对港口经营活动的资格限制应维持在较低程度。港口服务具有天然的地域垄断优势。[1]苛刻的资格限制很可能会严重干扰以自由竞争为灵魂的市场经济，因此《港口经营管理规定》在历次修正中不断缩减港口经营许可事项。例如，为贯彻落实国务院深化"放管服"改革精神，聚焦港口主业，2018年、2019年《港口经营管理规定》多次修正，先后取消了集装箱堆放、拆拼箱、船舶岸电供应等多项许可项目，这意味着经营上述服务无须再取得港口经营许可，其经营者也不再是《港口经营管理规定》下的港口经营人。

出于对港口安全问题的研究需要，港口经营不能局限于货物运输服务，否则会大大缩小研究范围，因此这里并不能采纳《港站经营人公约》《水路货物运输规则》《港口货物作业规则》的定义。《港口法》《港口经营管理规定》中对港口经营人施加行政许可的思路也存在局限性，某些港口服务可能并无行政许可的特殊要求，但同样会影响港口安全，不可置之不理。综上，本书在《港口法》《港口经营管理规定》中"港口经营人"概念的基础上，将其外延扩展至全部的港口生产经营活动项目，参考《安全生产法》中的"生产经营单位"概念，将这一外延扩大后的安全主体称为"港口生产经营单位"，与"港口经营人"相区别。结合前文对港口的定义以及对港口功能的认识，本书语境下港口生产经营单位是指为船舶进出、停泊、靠泊，旅客上下，货物装卸、驳运、储存等提供港口服务的单位。

---

〔1〕 参见沈晨光：《深化自然垄断行业改革研究——以港口业为例》，经济管理出版社2011年版，第52页。

2. 港口行政管理部门

与港口生产经营单位相对，港口行政管理部门是有关港口安全的另一重要主体——监管主体，通常属行政立法下的主体称谓。"安全管理是港口行政管理部门的一项重要任务，是港口行政管理部门行使港口管理职能的重要体现。"[1]根据《港口法》第6条，我国港口管理实行行业管理与地方管理相结合的体制。国务院及各级人民政府交通主管部门作为港口行政管理部门主管港口工作，实行行业管理。港口地方管理则由地方人民政府承担，其中由港口所在地的市、县人民政府管理的港口，由市、县人民政府确定一个部门作为港口行政管理部门；由省、自治区、直辖市人民政府管理的港口，由省、自治区、直辖市人民政府确定一个部门作为港口行政管理部门。可见，《港口法》在地方层面并未规定统一的地方港口行政管理部门，而将其交由地方人民政府根据本地实际情况予以确定，实行"一港一政"。

(五)本书所探讨的港口范畴

通过对港口功能的界定可以发现，渔业港口、军事港口等特殊类型港口由于不具备相应的港口功能，并不符合本书对港口的界定。实际上，这些港口的安全问题有其自身特点，如军事港口更重视国防安全问题，其安全管理体制更迥异于商业港口。这导致二者法律适用情况差异极大。我国《港口法》第60条、第61条分别排除了对渔业港口管理事项及军用港口建设、管理事宜的调整；《航道法》第47条规定进出军事港口、渔业港口的专用航道不适用该法，由专用部门管理。这些港口受到《军事设施保护法》以及渔业港口管理条例等法律法规的调整。从文章研究的典型性出发，本书所探讨的港口均指符合前文港口定义的港口，即商业港口。

二、港口安全的定义

港口是一国最为重要的交通基础设施之一，有着复杂的部门结构

---

〔1〕孙国庆：《港口安全管理现状分析及对策研究》，载《中国安全科学学报》2005年第7期。

与机构职能,也是贯通各航运和物流要素的纽带。这种多层次的组织结构加剧了港口安全问题的复杂性。起初,港口安全主要表现为船港界面作业活动中发生的安全生产问题。1944 年 7 月 7 日,蒸汽机船 Quinault Victory 号与 E. A. Bryan 号在美国芝加哥港装运弹药过程中发生爆炸,共造成 320 名船员死亡,390 人受伤,此次事故是第二次世界大战期间美国国内最严重的生产安全事故。[1] 随着港口功能的发展,其对所在城市以及经济腹地的影响不断加深,辐射性增强,港口安全问题的危害程度持续放大。2015 年天津港“8 · 12”爆炸事故,共造成 165 人遇难,8 人失踪,798 人受伤,直接经济损失达 68.66 亿元人民币。[2] 正是这种复杂性导致对港口安全内涵及外延的准确把握成为研究的重要起点。

(一)内涵外延揭示

内涵反映的是一类对象共同拥有的属性集合。[3] 通过前文对安全的界定,港口安全的内涵可以概括为三个层面:客观层面的安全性,即维护港口生产和作业安全,使人员和财产免受损失、威胁;主观层面的安全感,即正确认识港口安全状况,将港口环境中的安全维持在一个可被社会公众接受的状态;社会层面的安全化,即通过制度化、规范化手段构筑港口安全保障机制,引导各方形成合力共同参与安全保障,平安、舒适、高效地进行港口相关社会活动。

外延是词项适用对象的汇集,外延由该词项的内涵决定。[4] 根据前文对安全客观内涵的揭示,港口安全在外延上应排除港口环境安全,

---

〔1〕 See Scott Baron, *Conduct Unbecoming: Fifteen Military Criminals, Rogues and Victims of Justice from the Revolutionary War to Vietnam*, McFarland, 2016, p. 148.

〔2〕 参见《天津港“8 · 12”瑞海公司危险品仓库特别重大火灾爆炸事故调查报告》,载中国政府网,https://www.gov.cn/foot/2016-02/05/5039788/files/460731d8cb4c4488be3bb0c218f8b527.pdf。

〔3〕 参见[美]欧文 · M. 柯匹、[美]卡尔 · 科恩:《逻辑学导论》(第 13 版),张建军、潘天群、顿新国等译,中国人民大学出版社 2014 年版,第 111 页。

〔4〕 参见[美]欧文 · M. 柯匹、[美]卡尔 · 科恩:《逻辑学导论》(第 13 版),张建军、潘天群、顿新国等译,中国人民大学出版社 2014 年版,第 111 页。

后者所指涉的是环境、自然免受有害影响的状态，并非港口安全所强调的维护港口生产和作业中的安全状态，使人员和财产免受损失和威胁。实际上港口环境保护有着自身特殊的法律适用，包括《环境保护法》《海洋环境保护法》《大气污染防治法》《防治船舶污染海洋环境管理条例》等，《港口法》第四章“港口安全与监督管理”中也几乎不含环境保护内容。当然，如果港口环境问题对人员和财产安全造成了威胁，即环境成为传递不安全状态的介质，此时应当纳入港口安全的研究范畴，如《港口法》第四章中仅有的环境保护规定是第37条第3款：“禁止向港口水域倾倒泥土、砂石以及违反有关环境保护的法律、法规的规定排放超过规定标准的有毒、有害物质。”

此外，对于港口安全外延的理解应结合前文对港口概念的界定。港口是一个由特定地理范围与功能构成的意义统一体，任何超出港口法定水域、陆域范围，或在港口典型功能以外的安全问题，均不属于本书港口安全的研究对象。例如，近年来一些港口为了扩大经济腹地，将港口部分功能迁移至远离港口规划区域的内陆无水港；但是，这一区域因不符合港口地理范围界定，若发生事故并不构成港口生产安全事故。又如，随着现代港口金融服务功能的不断发展，仓单质押等依托港口仓储业务进行的金融创新产生，其中的安全问题虽然可能涉及港口货物的财产安全，但并非由港口典型功能直接产生，应当适用专门的金融监管法律，也不构成本书中的港口安全问题。

（二）本书境下的港口安全

港口保安是最容易与港口安全发生混淆的概念之一。从词源的角度考察，港口保安源于海事保安（maritime security），后者是指在海事领域针对有意的不法行为及威胁所采取的各种预防和应对措施。[1] 2001年“9·11”事件发生后不到一个月，意大利焦亚陶罗港（Gioia Tauro）截获一名藏匿于集装箱的偷渡者，被怀疑为恐

---

〔1〕 See The Wise Pen Team, *Maritime Surveillance in Support of CSDP*, Wise Pen Final Report, 2010, p.45.

怖分子。[1] 此后,国际上开始审视运输系统各环节的保安能力,港口作为海上物流网络的重要一环,其保安问题尤其受到重视。

2002 年 12 月,国际海事组织通过了《SOLAS 公约海上保安修正案》并制定了与之相配套的《国际船舶和港口设施保安规则》(International Ship and Port Facility Security Code,以下简称《ISPS 规则》),形成了缔约国政府、港口当局、港航产业联合预防港口保安威胁的法律合作框架。《ISPS 规则》所调整的保安威胁包括:(1)对港口设施、船舶的损坏或者破坏行为,如安装爆炸装置、纵火、蓄意破坏等;(2)劫持或者扣留船舶或者船上人员的行为;(3)篡改货物、船舶装备系统、船舶库存的行为;(4)未经允许进入船舶的行为(包括藏匿于船上的偷渡行为);(5)走私武器或者设备的行为(包括大规模杀伤性武器);(6)利用船舶运送企图制造保安事件的人员及装备的行为;(7)将船舶作为武器的行为;(8)故意堵塞、封堵港口航道的行为;(9)核袭击以及生化袭击行为。

分析上述行为可以发现,虽然港口保安最初起源于预防海上恐怖主义,但其含义日趋丰富。港口保安所应对的是港口破坏活动风险,从形式上表现为对港口设施、船港界面活动进行的不法行为,包括以船舶为载体或工具的破坏行为。与之相比,港口安全的含义无疑更为丰富,既保障港口人员和财产免受主观不法行为的侵害和威胁,又保障港口免遭港口生产安全事故的侵害;既是一种客观层面的安全状态,又是一种主观层面的安全感受,同时也是一种安全社会建构。从这个角度看,港口保安是港口安全的子概念,被更广义的港口安全概念涵盖。

综上,这里给本书语境下的"港口安全"作出界定:发生在港口陆域以及水域范围内,在港口为船舶、货物、旅客提供服务的过程中,一种客观风险处于公众主观可接受范围的状态,以及由此形成的社会结构。这一定义不再将港口安全局限于海事领域较为普遍的"港口保安"范畴内,而是遵循了总体国家安全观,采取了广义的安全界定。2014 年

---

[1] See L. Hoovestal, *Globalization Contained: The Economic and Strategic Consequences of the Container*, Palgrave Macmillan, 2013, p. 77.

习近平总书记在中央国家安全委员会第一次会议上提出："必须坚持总体国家安全观，以人民安全为宗旨，以政治安全为根本，以经济安全为基础，以军事、文化、社会安全为保障，以促进国际安全为依托，走出一条中国特色国家安全道路。"[1]总体国家安全观秉持系统思维，认为安全问题并不孤立，国家安全问题是与发展问题相对的所有安全问题的总和。当然，本书难以纳入所有与港口相关的安全问题，而是针对影响港口生产的普遍性、高危性风险，同时符合前文对安全外延的认识。

三、港口安全主要风险

风险作为安全的对立面，揭示了影响港口安全的具体因素。港口是一个风险集中的生产经营环境："港口的大部分设施分布于自然环境中，容易遭受自然灾害的侵袭；港口的作业对象种类繁多、性质各异，并处于不断变化的状态中，与此相应，港口设备的技术含量不断提高，作业条件日趋复杂，客观上难以完全杜绝生产安全事故；此外，人为破坏也对港口安全构成一定的威胁。"[2]这一表述代表了港口安全风险的三种常见类型：港口自然灾害风险、港口生产安全事故风险、港口破坏活动风险。但是，正如风险社会理论所揭示的，现代社会中各种风险形态正在不断显现，使风险呈现出多样性。[3] 影响港口安全的风险远不止上述三类，不同时空背景下可能有新的风险源产生，或者已经存在的风险源上升为安全主要矛盾。例如，在新冠疫情肆虐全球的背景下，公共卫生风险正成为港口等交通部门所面临的第四类主要安全风险。这种风险划分方法与我国《突发事件应对法》第2条将突发事件划分为事故灾难、社会安全事件、公共卫生事件和自然灾害的表述相吻合，反映了当前我国应急管理领域对风险的普遍认识。

---

〔1〕 参见中共中央党史和文献研究院编：《习近平关于总体国家安全观论述摘编》，中央文献出版社2018年版，第4页。

〔2〕 许培星：《关于〈上海港口条例草案〉的说明》，载《上海市人民代表大会常务委员会公报》2005年第9期。

〔3〕 参见金茜：《风险社会的特征、危害及其应对》，载《法制日报》2017年2月22日，第12版。

(一)港口生产安全事故风险

港口生产安全事故风险,是人为进行港口活动所产生的风险,是港口生产活动中最为主要的安全风险因素。此类风险并非人为策划、操控,而是由港口的生产方式所产生的人的不安全行为与物的不安全状态所导致的,只要从事港口生产就有可能遭受此种风险损失。2015 年天津港"8·12"爆炸事故发生后,虽然交通运输部采取有力措施遏制了港口事故的高发态势,但全国每年仍有多起港口生产安全事故发生,如图 1.1 所示。[1]

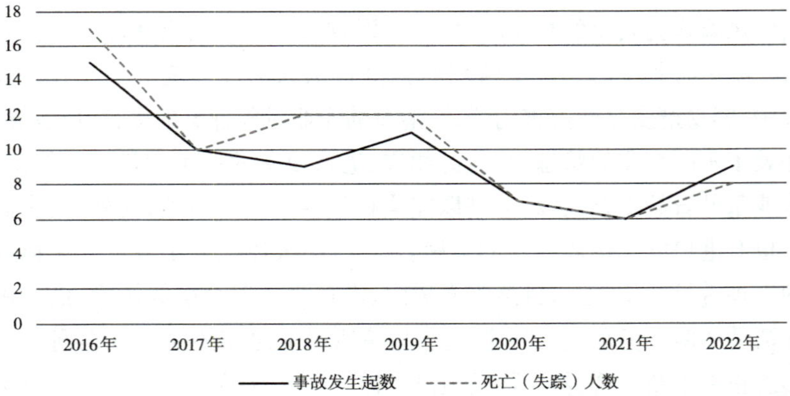

图 1.1 2016~2022 年我国港口生产安全事故统计

数据来源:中华人民共和国应急管理部:《中国安全生产年鉴(2017)》,煤炭工业出版社 2018 年版,第 93 页;交通运输部安全委员会《交通运输安全生产事故报告(2019 年)》、交通运输部安全委员会《交通运输安全生产事故报告(2020 年)》;《2021 年交通运输行业发展统计公报》,https://xxgk.mot.gov.cn/2020/jigou/zhghs/202205/t20220524_3656659.html;《2022 年交通运输行业发展统计公报》https://xxgk.mot.gov.cn/2020/jigou/zhghs/202306/t20230615_3847023.html。

---

[1] 根据《港口生产安全事故统计报表制度》,这里仅统计港区范围内从事港口生产经营活动中发生的造成人身伤亡、危化品泄漏、火灾、爆炸和直接经济损失的事故数据,不含发生在港口范围内的船舶上的造成人身伤亡或者直接经济损失的事故以及船撞码头事故数据。港区船上人身伤亡或经济损失事故及船撞码头事故由海事管理部门统计,且统一归入水上事故统计范畴。

港口生产安全事故的高发态势是由多种因素造成的:第一,港口行业工作强度大,劳动者容易出现疲劳现象,导致工作能力减弱,工作可靠性降低。集装箱和滚装运输出现后,虽然港口自动化设备大幅降低了工人的体力工作负荷,但设备操作难度提升却显著增加了心理工作负荷,设备故障以及人工操作失误导致的伤亡事故增多。第二,港口生产作业有着流动分散、人机交叉、昼夜连续作业等特点,同时高度依赖多工种、多环节配合,一条作业线路中各个操作过程存在差异,人员素质、操作水平、货物种类、天气状况、潮汛及周边环境等诸多因素都可能影响安全生产。[1] 第三,不少港口业务操作本身即具有较高的危险性,如危险货物作业等,稍有不慎即可能发生安全事故。

在我国,“生产安全事故”有着较为确定的法律含义。《生产安全事故报告和调查处理条例》第 2 条规定,“生产经营活动中发生的造成人身伤亡或者直接经济损失的生产安全事故的报告和调查处理,适用本条例”。虽然从严格的文义解释角度看,这里的表述并非对“生产安全事故”所作的界定,仅仅确定了条例的适用范围,但是对法律术语的解释在某种意义上恰恰是确定法律适用的一种方法。正如拉伦茨(Karl Larenz)所言,法律解释的任务在于“测定每个规则体的效力范围,以及任何时候都必须进行的工作,界定各个规则体各自的调整范围”[2]。既然《生产安全事故报告和调查处理条例》是直接规范生产安全事故报告和调查处理程序的法律规范,那么其适用范围也应当被认为是我国法律下对“生产安全事故”的界定。[3] 例如,对于港口安全事故,交通运输部 2016 年制定的《港口生产安全事故统计报表制度》给出了定义,即在港区范围内从事港口生产经营活动中发生的造成人身伤亡、危化品泄漏、火灾、爆炸和直接经济损失的事故,但并不包括人为破坏、盗窃等刑事案件以及不能预见或者不能抗拒的自然灾害等。这

---

〔1〕 参见刘萧:《港口安全之痛》,载《中国船检》2016 年第 2 期。

〔2〕 [德]卡尔·拉伦茨:《法学方法论》,黄家镇译,商务印书馆 2020 年版,第 395 页。

〔3〕 参见叶伟编著:《安全生产行政执法实务》,吉林人民出版社 2013 年版,第 132 - 133 页。

与《生产安全事故报告和调查处理条例》中的定义保持了基本一致。

（二）港口破坏活动风险

港口破坏活动，是指以港口区域为行为实施地或结果发生地，有目的、有意识地危害港口人员、财产安全的行为。[1] 港口在生产经营过程中，货物吞吐量大、物流环节多，加之本就存在正常的货损现象，且港口用工形式多样，人员复杂，极易诱发针对港口财产的犯罪活动。自货物运输诞生以来，人们就开始同盗窃货物等港口财产破坏行为作斗争。据统计，目前全球每年因盗窃货物等犯罪造成的运费损失高达500亿美元。[2] 而近年来伴随着港口的智能化建设，大量信息网络技术成果被应用于港口的控制与运营，无形之中增加了港口所面临的网络袭击风险。[3] 美国洛杉矶港口网络安全指挥中心在落成之后短短3年时间内已处理了超过2000万次的网络攻击。[4] 这些网络袭击活动虽然可能发生在任何地点，但其最终影响的仍是港口区域内的财产、信息等安全以及正常经营秩序，主要包括窃取商业秘密、商业计划等网络间谍威胁风险（cyberespionage）以及攻击港口系统等网络犯罪风险（cyber-criminality）。[5]

另外，港口作为一国重要的交通基础设施以及人员、货物跨境往来的口岸通道，正逐渐成为恐怖主义等暴力犯罪活动的袭击目标，犯罪分子有可能借港口将这些非传统安全威胁在整个贸易物流链中扩散。特别是在2001年“9·11”事件后，港口保安问题成为航运界热点议题。港口保安威胁可能来自陆域或水域方向，加重了安全保障难度。2004

---

〔1〕 将行为实施地与结果发生地区分主要是为了应对网络犯罪中犯罪行为地与结果发生地相分离的情况。参见初北平、薛天赐：《国际组织遭受网络攻击后的刑事管辖权研究》，载《江苏大学学报（社会科学版）》2021年第4期。

〔2〕 See William Hoffman, *Cargo Theft Rising*, 8 Jonrnal of Commerce 38 (2007).

〔3〕 See Lars Jensen, *Challenges in Maritime Cyber – Resilience*, 5 Technology Innovation Management Review 35 (2015).

〔4〕 参见《随着海运船舶和港口越来越数字化，是时候关注海运行业的网络安全了！》，载腾讯云网2018年2月26日，https://cloud.tencent.com/developer/news/118317。

〔5〕 See Jenna Ahokas & Tuomas Kiiski, *Cybersecurity in Ports*, HAZARD Project, 2017, p. 35.

年，巴基斯坦瓜达尔深水港发生汽车炸弹爆炸，导致 3 名中国工程人员死亡，9 人受伤。[1] 2005 年，海盗利用印度尼西亚蒙托克(Muntok)港的安全保障漏洞潜入靠泊货轮，最终在海上行驶途中将船舶劫持。[2]

(三)港口公共卫生风险

港口公共卫生风险，是指存在于港口环境中，并可能对社会公众身心健康造成严重损害的重大传染病、群体性不明原因疾病等风险。港口作为人员、物资流动的重要通道，极易遭受来自外界的传染病等疫情袭击。借助港口的交通枢纽功能，公共卫生风险将极有可能进一步传播扩散，给所在区域乃至全球公众健康带来巨大威胁。在古代，航运是主要的远距离交通运输方式，这导致港口及港口所在地区面临严峻的公共卫生风险挑战。正因如此，海港检疫规定成为世界上最早的公共卫生安全法律。1350 年意大利拉哥萨共和国颁布法令，要求来自“黑死病”疫区的船舶必须于邻近岛屿隔离 40 天，并对货物和人员衣物进行熏蒸处理。

即使在医学技术高度发达的今天，港口仍然面临沉重的公共卫生安全压力。例如，在新冠疫情时期，装卸工人、引航员等港口一线工作人员成为主要易感人群。而港口作为重要的交通基础设施，这种公共卫生安全风险将对国家供应链稳定与安全造成重大影响。2020 年 1 月，美国洛杉矶港和长滩港近 700 名码头工人感染新冠病毒，另有数百人接受隔离，导致当地港口运作近乎瘫痪，大量船舶滞压。[3] 2020 年 12 月我国大连、2021 年 5 月我国深圳等地发生的新冠疫情，其源头也均与码头作业相关，并由港口向所在区域扩散。[4]

---

〔1〕 参见陈一鸣：《巴汽车炸弹爆炸我同胞 12 人伤亡》，载《人民日报》2004 年 5 月 4 日，第 3 版。

〔2〕 See Wayne K. Talley, *Maritime Safety, Security and Piracy*, Informa, 2018, p. 273.

〔3〕 See Margot Roosevelt, *Could a COVID – 19 Surge Lead to Shutdowns at L. A. Ports? Officials Plead for Dockworker Vaccines*, Los Angeles Times, 20 January 2020.

〔4〕 参见《大连本次疫情“传播链”公布》，载《大连日报》2021 年 1 月 7 日，A01 版；《深圳召开疫情防控新闻发布会　发现新增无症状感染者，与此前港区作业疫情相关》，载《深圳特区报》2021 年 5 月 26 日，A03 版。

(四)港口自然灾害风险

港口自然灾害,是指由异常自然现象所直接引发的港口事故灾难。港口作业场所多为露天,易受各类自然灾害影响,加之区域内货物、机械、人员密集,一旦发生自然灾害极易造成巨大损失。对港口安全具有一定威胁的自然灾害主要包括风灾、海雾等恶劣天气,以及地震、洪水等灾害。

风灾是港口最易遭受的自然灾害之一。风灾所引发的狂风、巨浪、暴雨会造成港内船只沉没、大型机械毁损、货物灭失。2003 年台风“鸣蝉”袭击韩国釜山港,导致港内多台大型设备损坏,1 艘油轮倾覆,整个码头处于瘫痪状态,经济损失高达数亿美元。[1] 海雾天气干扰船舶驾驶能见度,容易造成船舶碰撞、搁浅等事故。受大雾影响,船舶靠、离港口的时间增长,造成货物积压,人员滞留,严重干扰港口正常作业。例如,2018 年春节期间海南岛南港、新海港、秀英港遭遇大雾天气多次停航,共造成数万名旅客、10 余万车辆滞留。[2]

港口较容易受到地震等地质灾害影响。20 世纪 90 年代美国北岭大地震、日本阪神大地震等都给当地港口设施带来了严重的破坏。洪水对港口生产活动造成的影响同样不容忽视。港口位于沿海或沿河沿江水域,大多地势平坦低洼,极易遭到强降水所引发的洪水灾害袭击,破坏码头设施、堆场、集疏运通道等。2005 年卡特里娜特大飓风给美国新奥尔良港造成严重破坏,该港口是重要的国际石油运输枢纽,此次灾害一度造成国际油价飞涨,影响全球经济。[3] 同时,近年来气候变化导致的海平面上升同样加剧了沿海港口所遭遇的洪水灾害威胁,甚至可能导致港口及所在城市遭遇“灭顶之灾”。

---

〔1〕 参见蔡观:《劫后釜山港》,载《中国港口》2004 年第 2 期。

〔2〕 参见刘邓:《海南全力疏导琼州海峡滞留游客车辆》,载《北京日报》2018 年 2 月 23 日,第 4 版。

〔3〕 参见姜付仁、姜斌、陶韶思:《世界港口城市 21 世纪洪水风险分析》,载《水利发展研究》2008 年第 5 期。

第三节　法律的安全保障作用诠释

安全除了是一种主客观相统一的安全状态，也是一种影响着各主体沟通、交往与认同的安全社会构建。而法律正是实现社会构建的重要形式。庞德认为，法律是社会控制的主要手段，通过有秩序地、系统地使用强力来调整人和人的关系并安排行为。[1] 因此，法律与安全具有天生的相容性，法律保障手段是实现安全的重要制度安排。现代社会几乎所有国家都试图通过设计理性的正式法规、组织有序的执法系统来防范、消减社会生活中的风险。

一、安全保障法律理论的历史演进

安全虽然是法学研究的重要概念，但法律保障手段的最终确定却经历了复杂的历史演进过程，特别是与法律风险观的转变密切相关。最初，法学界奉行的是一种积极的风险观，即从不确定性角度将风险视作一种可能性。这种可能性既可以带来损失，也蕴含着潜在的收益，个人既可以选择承担风险以谋求收益，也可主动规避风险以避免不利结果的发生。例如，亚当·斯密（Adam Smith）认为，工人工资标准中已包含了对工作岗位所具有危险性的补偿，工人自愿与雇主签订合同即意味着认可了这种收入并自愿承担风险，因此工人应自行承担其在工作过程中因发生工伤事故而遭受的一切损失。[2] 而政府作为“守夜人”不必过多介入个人风险选择，应该优先通过市场手段调节风险状况。

此时，法律所充当的是位于市场之后的第二层次调节手段——保证“契约自由”得以贯彻，并在事故发生后追究实际过错者责任。例

---

〔1〕 参见［美］罗斯科·庞德：《通过法律的社会控制》，沈宗灵译，商务印书馆出版社 2017 年版，第 12 页。

〔2〕 参见杨璟、徐诗举主编：《社会保障概论》，中国海洋大学出版社 2017 年版，第 148 页。

如,在 1837 年 Priestley v. Fowler 案中,英国阿宾杰勋爵(Lord Abinger)在判决中指出:“仅仅凭借雇员和雇主间的雇佣关系绝不能表明雇主需要对雇员承担比对自身更高程度的注意义务……雇员并不必要为服务雇主冒险,他完全可以在认识到自身风险的情况下拒绝作业……”[1] 在 Farwell v. Boston & Worcester Rail Road Corp. 案中,美国马萨诸塞州最高法院肖(Shaw)法官认为雇佣合同将“由雇佣工作所附带的自然与常规的风险和威胁”分配给雇员,进而雇员“对于工作中遭到的伤害应当自己承担或者向实际过错者索赔”,并且称赞这种方式“最有效地促进了各方的安全与保障”。[2]

这种建立在积极风险观上的安全保障理论一定程度上唤醒了雇主、雇员等社会主体对安全问题的重视,引导各方以严谨、审慎、负责的态度对待安全,对于提高社会整体安全生产水平具有一定的积极意义。但是,随着工业化造成的生产事故数量不断攀升,其合理性越发被质疑。首先,现代社会的风险状况大大不同于以往自然风险。风险构成从单一走向复合化、复杂化,风险后果从可控变为不可控。这种风险已演化成为一种社会化风险,远非个人选择的产物,更非个人所能承担,必须通过国家权力进行风险预防。[3] 其次,积极风险观下的法律保障理论基础——契约自由原则遭到批判。有学者提出市场经济具有明显的“马太效应”,好者更好,差者更差,在市场竞争中缺乏资金、权力、能力和社会关系的弱势群体几乎无力改变自己的不利处境。[4] 鉴于社会生活中广泛存在的形式平等而实质不平等现象,不少学者开始质疑劳动者等弱势群体是否真正享有契约自由。若其不享有,那么法律有

---

〔1〕 Priestley v. Fowler, 150 Eng. Rep. 1030, p. 1032 – 1034.

〔2〕 See Farwell v. Boston & Worcester Rail Road Corp., 4 Metcalf (45 Mass.) 49 (1842), p. 56 – 62.

〔3〕 See Richard A. Posner, *Catasrophe: Risk and Response*, Oxford University Press, 2004, p. 248 – 249.

〔4〕 参见陈成文:《社会弱者论:体制转换时期社会弱者的生活状况与社会支持》,时事出版社 1999 年版,第 119 页。

理由以法律意志代替个人意志，对弱势群体的安全与健康进行特殊保护。[1]

基于以上原因，过去主张机遇与风险并存的积极风险观逐步转变为承认损失无可避免的消极风险观。消极风险观认为，尽管个体可能侥幸避免损害，但从统计学角度考虑，风险必定转化为损害，并由部分社会成员承担，而且由于风险的复杂性，大多数人并不明白自身选择与行为的风险含义，根本难以进行理性的风险决策。[2] 乌尔里希·贝克认为这种消极风险产生于现代社会肌体，是“与现代化的威胁力量以及现代化引致的怀疑的全球化有关的一些后果”。[3] 正是在消极风险观的指导下，个人对风险的作用被弱化，政府的安全保障职责得以强化。“风险社会是一个充满危机和挑战的社会，面对着大量难以抗拒的风险，人类往往显得渺小和无助。此际，需要一个强有力的福利型的国家、政府和法律的存在。”[4]这种安全保障职责通过立法得以明确，就形成了现行法律中的安全保障手段。

二、安全保障法律手段的功能变迁

在功能层面，新的法律保障手段相较于过往发生了几处显著的变化：

首先，损害赔偿功能的法律内核发生变化。对在生产事故中遭受损失的雇员进行赔偿仍然是法律的应有之义，但保障程度已不可同日而语。以德国 1872 年《国家责任法》为起点，民事领域的过错责任原则在安全生产领域被放弃，无过错责任得以大量运用，最终演化为雇主责任制。雇主责任制认为职业风险是一种不以雇主以及雇员过错为先

---

〔1〕 参见余少祥：《经济民主的政治经济学意涵：理论框架与实践展开》，载《政治学研究》2013 年第 5 期。

〔2〕 参见赵鹏：《风险社会的自由与安全——风险规制的兴起及其对传统行政法原理的挑战》，载《交大法学》2011 年第 1 期。

〔3〕 参见［德］乌尔里希·贝克：《风险社会》，何博闻译，译林出版社 2004 年版，第 19 页。

〔4〕 杨春福：《风险社会的法理解读》，载《法制与社会发展》2011 年第 6 期。

决条件的风险,雇主理应对此支付职业伤害赔偿,就如同其应该承担设备维修保养费用和劳动报酬支出。从此,工伤索赔终于摆脱了耗时久且对受害方极为不利的因果关系和主观可归责性问题,甚至促成了劳动法脱离民商法逐渐发展为新的法律部门。[1] 但是,传统的侵权损害赔偿制度对于工伤事故的救济仍然存在不足,特别是在雇主赔偿能力不够或者赔偿不能的情况下。工业生产所带来的风险远非个人选择的产物,而是一种社会化风险,因此应当由从工业发展中普遍受益的社会整体而不仅仅由雇主或雇员个体承担风险后果。据此,工伤赔偿诞生,建立了风险的社会化分摊制度。[2] 德国通过 1884 年《工伤事故保险法》建立了世界上首个工伤事故保险制度,我国也于 2003 年颁布了《工伤保险条例》。此外还出现了商业性的雇主责任保险,以弥补工伤保险的不足。例如,为加强对港口工人的安全保护,美国于 1927 年效仿德国《工伤事故保险法》制定了专门的《港口和码头工人补偿法》,规定作为雇主的码头装卸公司应当对码头工人的安全负责并购买保险。近年来,针对工伤保险及雇主责任保险无法涵盖的公众责任风险、环境责任风险等,我国又出现了承保范围更广的安全生产责任保险制度,并在港口等高危行业强制实施。

其次,为适应消极风险观,法律保障从第二层次的事后赔偿转向第一层次的事前介入,扩充了风险控制与风险分配的功能。所谓风险控制是指在事故发生前对风险进行预防,在事故发生过程中对危险做出制止。[3] 在风险社会政府承担着最主要的风险预防与应急管理职责,而法治要求这些行政职责必然转化为一种依法的风险控制,风险控制功能因而成为法律保障手段的最主要功能之一。在港口安全领域我国先后制定了《危险化学品安全管理条例》《港口危险货物安全管理规定》等,以实现风险控制功能。风险分配是指运用法律形式对与风险

[1] 参见孙国平:《论劳动法的域外效力》,载《清华法学》2014 年第 4 期。

[2] 参见江平主编:《民法学》(第 2 版),中国政法大学出版社 2011 年版,第 390 页。

[3] 参见何国强:《风险社会下侵权法的功能变迁与制度建构》,载《政治与法律》2019 年第 7 期。

相关各方的权利义务进行分配，最终使各方所承担的风险保持在自身能够接受的范围内，根据安全的主客观二重性，达到一种相对公平的安全状态。之所以强调发挥法律的风险分配功能，是因为风险分配的历史经验表明风险总是附着在一定的社会阶层模式上，如果任由风险自由分配，必然会导致风险被集中分配在财富少、信息不畅、受教育不足的群体中。因此，需要利用法律所代表的公权力使各方的风险水平总体平衡，维护社会正义。[1] 例如，在港口安全工作中，船舶与港口方的安全利益在一定情况下存在冲突，容易出现一方滥用交易优势地位的现象，此时《港口法》《港口设施保安规则》等法律法规介入，通过设置法定义务有助于各方维持一个大致平衡的风险承担状态。

三、安全保障法律手段的基本特点

法律保障手段将提供确定性。不确定性是风险的基本特征，而法律恰好提供了一种“主导性和确定性的行为模式”[2]，是对不确定性风险的有效对冲。风险社会中最为稀缺的价值需求就是对于确定性的追求，法律作为一种确定性的价值在风险社会的运作中充当着最佳的调控模式。[3] 但是，代表确定性的法律在应对不确定风险时也面临严峻挑战，主要原因在于风险难以通过法律保障措施彻底消除，无论采取何种方式总会存在“剩余风险”。因此，应当将法律所提供的安全保障视为一种“两害相权取其轻”的风险权衡替换。[4] 在安全立法决策和设计过程中秉持开放、包容的价值观，不再寄希望于借助一部法律或一套制度“毕其功于一役”，而不断根据风险权衡置换的结果进行动态立法，以此对抗不确定性，将高风险转变为可接受风险。例如，当前在德

〔1〕 参见何国强：《风险社会下侵权法的功能变迁与制度建构》，载《政治与法律》2019 年第 7 期。

〔2〕 王人博、程燎原：《法治论》，广西师范大学出版社出版 2014 年版，第 174 页。

〔3〕 参见杨春福：《风险社会的法理解读》，载《法制与社会发展》2011 年第 6 期。

〔4〕 参见季卫东：《依法的风险管理》，载李林主编：《全面落实依法治国基本方略》，中国社会科学出版社 2009 年版。

国已出现了一种强调弹性与暂时性的风险规制模式，即考虑到风险不确定性给行政机关事前治理带来的困难，允许行政机关事后修正、变更先前的风险决定，或给该决定增加事后的负担。[1]

法律保障手段将践行预防原则。风险控制功能的引入使得法律开始重视事故发生前的预防功能。这种转变的发生所凭借的并不仅仅是人类“防患于未然”的朴素认识，更有着法学理论的突破。作为一种客观状态，法律对风险的考察重点在于归责问题，即谁应该为风险的产生负责。在预防理论未得到重视前，这一归责过程所遵循的仍是传统因果关系理论，试图在事故发生后从与事故风险相关的决策中寻找到真正的责任人，并通过事后救济实现补偿的公正。[2] 这种归责方式在风险源单一、因果联系简单的“前风险社会”具有合理性。而在当代风险社会，科学技术的发展导致未知因素增多，人类很难克服巨大的偶然性与不确定性对自身行为决策与后果产生准确判断，也难以举证证明这种关系，更难利用事后补偿完全恢复受损之前的状态。此时，法律开始淡化因果关系因素，转而通过预防原则决定责任归属。预防原则最早产生于环境法领域，要求环境保护措施的采取不能因科学上的不确定性而迟延，否则将造成难以弥补的伤害。[3] 在安全法律中，预防原则要求行为人在无法确保安全的前提下负有谨慎行事的义务，否则将承担相应法律责任，从而将事故发生后的追溯性责任判断转为事故发生前的预测性责任判断。[4] 从某种意义上说，港口安全保障立法大多数与风险相关的制度设计都建立在预防原则基础上。在损失发生之前，只要安全主体的行为产生了风险，即具有谨慎行事的预防义务。另外，预防原则又是对传统行政法理论中比例原则的有效补充。在存在重大

---

〔1〕 参见[日]下山宪治：《关于不确定性条件下行政决策的法律控制的一点考察——以德国风险控制理论分析为中心》，载《行政社会论集》2005年第17卷3号。

〔2〕 参见彭飞荣：《风险与法律：食品安全责任的分配如何可能》，载《西南政法大学学报》2008年第2期。

〔3〕 参见吕忠梅主编：《环境法原理》(第2版)，复旦大学出版社2017年版，第83-84页。

〔4〕 参见李秋高：《论风险管理法律制度的构建——以预防原则为考察中心》，载《政治与法律》2012年第3期。

安全隐患的领域,过度强调安全措施所产生影响须与安全目的相称的比例原则可能会束缚安全机构手脚,此时应秉持预防原则更积极果断行事,不能因科学上无明显证据而阻止审慎安全措施的采用。

第二章　我国港口安全保障立法的体系审视

保障安全是法律的重要社会功能。“在历史上普遍安全是法律首先承认和保障的社会利益。正因为它是从正常人的原始本能产生出来的，所以它可以看作是第一性的社会利益。”[1]我国在1949年以来，已经形成了适应自身工业化水平的安全生产法律体系。在港口安全领域，建立了以安全保障一般法与港口安全保障特别法为基础的港口安全保障立法体系架构。但是，上述立法在具体实施过程中却呈现种种缺陷，安全保障效能发挥并不理想。在体系结构方面的缺陷恐是主要原因之一。

第一节　我国港口安全保障立法体系的基本架构

当前我国在大部分安全领域已经确立安全综合监管与行业监管相结合的复合安全行政管理体制。例如，在生产安全领域，《安全生产

〔1〕［美］罗斯科·庞德：《通过法律的社会控制 法律的任务》，沈宗灵、董世忠译，商务印书馆1984年版，第88页。

法》第 10 条规定国务院应急管理部门实施安全生产综合监督管理，国务院交通运输等有关部门依照该法和其他有关法律、行政法规的规定在各自职责范围内对有关行业、领域实施安全生产监督管理；在危险化学品安全领域，《危险化学品安全管理条例》第 6 条规定安全生产监督管理部门负责安全监督管理综合工作，交通运输等有关部门履行本行业安全监管职责；在网络安全领域，《网络安全法》第 8 条规定国家网信部门负责统筹协调网络安全保护和监督管理工作，其他有关机关依照该法和有关法律、行政法规的规定在各自职责范围内负责网络安全工作；在公共卫生安全领域，《传染病防治法》第 6 条规定国务院卫生行政部门主管全国传染病防治及其监督管理工作，县级以上人民政府其他部门在各自的职责范围内负责传染病防治工作。两种监管模式在基本职责、执法机构上有着显著区别：综合监管负责解决各行业安全工作中的普遍性、共性问题，执法机构为应急管理部门、国家网信部门等法律确定的统一归口部门；行业监管解决某一领域或者行业安全生产工作中的特殊性、个性问题，在港口安全领域执法机构主要为港口行政管理部门、海事管理部门及其他法律授权的部门。

根据职权法定的基本原则，执法模式上的区别很可能源自法律依据上的差异。因此，可以从这一角度将港口安全保障立法进行划分：《安全生产法》《危险化学品安全管理条例》《网络安全法》《传染病防治法》等作为安全综合监管部门进行安全风险治理的一般法依据，可以统称为安全保障一般法；《港口法》《海上交通安全法》《港口危险货物安全管理规定》等则是行业部门进行安全风险行业治理的特别法依据，可称为港口安全保障特别法。这一分类标准既能够反映当前我国统分结合的安全管理体制，更重要的是对安全监管机关明确执法依据、划分执法权限具有指导意义。并且，其有别于基于法律调整对象及调整方法建构的传统部门法体系，是一种依托法律调整行业领域所进行的架构组织，横跨行政法、社会法、经济法等不同部门。

一、安全保障一般法与特别法

从法理上看，特别法与一般法的关系存在两种情形：一是同一机关对一般情况制定了法律规范，对特别情况又另外制定了法律规范，即不同立法间的特别与一般关系；二是同一机关在法律规范中规定了一般情况下的规范，在同一法律或另外法律的其他条文中又规定了特别情况下的规范，即法律条文间的特别与一般关系。[1] 对于港口安全保障立法关系的表述，最具代表性的见于《安全生产法》第 2 条，在中华人民共和国领域内从事生产经营活动的单位的安全生产，适用该法；有关法律、行政法规对水上交通安全另有规定的，适用其规定。对于此条中《安全生产法》与特殊行业的安全生产法律、行政法规的关系，也产生了不同的理解。一种观点认为该条属于排除适用条款，水上交通等特殊行业的法律法规属于"另有规定"的范畴，从而排除了《安全生产法》在相关行业的适用；另一种观点则认为只有在特殊行业的专门性法律法规中对安全问题作出了更具体、更专业、更具操作性的规定时，才优先适用该规定，而在没有特别规定时仍应适用《安全生产法》的一般性规定。[2]

2010 年最高人民法院《关于安监部门是否有权适用〈安全生产法〉及〈生产安全事故报告和调查处理条例〉对道路交通安全问题予以行政处罚及适用法律问题的答复》(〔2010〕行他字第 12 号)对这一问题予以回应。该案中湖北省地方安监部门适用《生产安全事故报告和调查处理条例》对运输企业进行了行政处罚，后者不服提起行政诉讼。案件二审期间湖北省高级人民法院审判委员会围绕行政处罚依据发生争议，遂请示至最高人民法院。最高人民法院在答复中表示："根据《安全生产法》第二条规定，《道路交通安全法》等法律、行政法规对道路交通安全有关问题有特别规定的，应当适用特别规定。没有特别规

[1] 参见顾建亚：《"特别法优于一般法"规则适用难题探析》，载《学术论坛》2007 年第 12 期。

[2] 参见李遐桢：《论〈安全生产法〉对运营性道路交通事故的适用》，载《学海》2021 年第 6 期。

定的,安监部门可以适用《安全生产法》和《生产安全事故报告和调查处理条例》的规定处理。"据此可以认为,《安全生产法》与《道路交通安全法》并非排除适用的关系,而是优先适用《道路交通安全法》中的特别规定,《道路交通安全法》未作规定而《安全生产法》中作出规定的,应当适用《安全生产法》的规定。该案虽然发生在道路交通领域,但其推理逻辑与结论同样可以被海上交通等领域借鉴。[1]

因此,对于港口安全保障立法,安全保障特别法与一般法之间实际上是一种法律规则上的衔接适用的关系:对于同一事项,在一般法与特别法的相关规定不一致时应优先适用特别规定;在规定一致或者特别法与一般法的一方作出规定而另一方未作规定的情况下,应直接适用相关规定,此时无须考虑"特别法优先适用"问题。港口安全保障特别法本质上是根据港口行业生产经营活动的特点所作出的差异化规定,而安全保障一般法则是着眼于各行业、各类生产经营单位的普遍性、共同性问题进行的一般化规定。"一般性立法着眼于规制对象的共性问题,不可能具体到每种特殊情况。而针对特殊性的立法也不可能涵括所有的一般性内容。"[2]因此,对于港口生产经营单位,需要同时履行《港口法》等安全保障特别法对港口经营人的安全保障义务要求与《安全生产法》等一般法对生产经营单位的安全保障义务要求,这也与《港口法》第32条规定港口经营人须依照《安全生产法》等法律法规确保安全生产相吻合。

根据《立法法》第103条,一般法与特别法的关系仅针对"同一机关"制定的法律。因此,所谓的"安全保障一般法"与"港口安全保障特别法"仅仅是一种概称,安全法与一般法关系需根据特定立法及其具体规定加以判断。具言之,对于由全国人大常委会制定的《安全生产法》《传染病防治法》《网络安全法》而言,其一般规定与同为全国人大

---

〔1〕 参见门中敬、张纪宇:《论〈安全生产法〉在海事安全监管法律体系中的定位》,载《中共青岛市委党校.青岛行政学院学报》2017年第3期。

〔2〕 李遐桢:《论〈安全生产法〉对运营性道路交通事故的适用》,载《学海》2021年第6期。

常委会制定的《港口法》《海上交通安全法》中的特别规定构成一般法与特别法关系。而由国务院制定的《危险化学品安全管理条例》与交通运输部制定的《港口危险货物安全管理规定》并不存在一般法与特别法关系，后者的规定并不能与前者抵触。同样，由原卫生部制定的《传染病防治法实施办法》与交通运输部《港口经营管理规定》等不同部门之间的部门规章也不存在一般法与特别法的关系。

二、安全保障一般法的分散式架构

当前我国安全保障一般法主要包括《安全生产法》《突发事件应对法》《传染病防治法》《国境卫生检疫法》《网络安全法》《危险化学品安全管理条例》《生产安全事故报告和调查处理条例》等。这些法律是由某一领域突出的安全需求所产生的单行立法，并且与港口的生产经营活动密切相关，因而成为港口安全保障领域的安全保障一般法组成部分。

（一）《安全生产法》及其配套立法

《安全生产法》是我国第一部全面规范安全生产活动的专门法律，在我国安全生产法律法规体系中居于核心地位，于 2002 年起正式实施，并历经 2009 年、2014 年、2021 年 3 次修正。根据《安全生产法》第 2 条在中华人民共和国领域内从事生产经营活动的单位的安全生产适用该法的规定可知，港口安全生产活动也需要遵守该法律。《安全生产法》奠定了我国安全生产领域的诸多基本制度，包括安全生产监督管理制度、生产经营单位安全保障制度、生产经营单位主要负责人安全责任制度、从业人员的安全生产权利义务制度、生产安全事故应急救援和调查处理制度、安全生产技术与管理服务制度、生产安全事故责任追究制度等。以《安全生产法》为上位法，国务院还制定了《生产安全事故报告和调查处理条例》，对生产安全事故报告程序和调查程序加以规范。该条例同样适用于港口安全生产领域。

（二）《传染病防治法》《国境卫生检疫法》及其配套立法

《传染病防治法》以预防、控制和消除传染病的发生与流行，保障人体健康和公共卫生为立法目的；《国境卫生检疫法》旨在控制传染病由港口等口岸传入或传出，并通过《国境卫生检疫法实施细则》进行补充完善。这两部法律是我国公共卫生安全领域的基础性立法，立法中一些内容可以直接适用于港口公共卫生安全保障领域，如港口疾控机构传染病通报义务（《传染病防治法》第 32 条），船舶入港检疫制度（《国境卫生检疫法实施细则》第四章“海港检疫”），等等。

（三）《危险化学品安全管理条例》

危险化学品，是指具有毒害、腐蚀、爆炸、燃烧、助燃等性质，对人体、设施、环境具有危害的剧毒化学品和其他化学品。[1] 由于危险化学品的高风险性，需要特别法律制度规范危险化学品生产经营活动，故国务院于 2002 年制定了《危险化学品安全管理条例》，并根据《安全生产法》的有关规定先后于 2011 年、2013 年进行修订。

《危险化学品安全管理条例》主要调整危险化学品的生产、储存、使用、经营、运输、处置等环节，明确了对危险化学品的安全生产负有监管职责的部门及其监管范围：要求安全生产监督管理部门负责危险化学品安全监督管理综合工作；交通运输主管部门负责危险化学品水路运输许可以及运输工具的安全管理工作；港口行政管理部门负责对新建、改建、扩建储存、装卸危险化学品的港口建设项目进行安全条件审查，负责对港区内储存危险化学品企业的安全评价报告以及整改方案的落实情况进行备案，负责对港区内剧毒化学品以及重大危险源危险化学品储存单位情况进行备案等工作。

（四）《网络安全法》及其配套立法

网络安全风险的产生，预示着安全问题开始由传统物理空间延伸

---

〔1〕 参见《危险化学品安全管理条例》第 3 条。

至虚拟网络空间，对网络空间主权、国家安全、社会公共利益带来了严峻挑战。2016 年，《网络安全法》获得通过，成为我国网络空间治理的基础性法律，适用于在我国境内建设、运营、维护和使用网络的行为，以及网络安全的监督管理事项。《网络安全法》确立了我国在网络安全保障领域的基本原则与治理目标，将经过实践检验的国家网络安全监管体制予以法制化，规范了网络运行安全，完善了网络安全义务和责任，并规定了监测预警与应急处置措施。

《网络安全法》所发挥的更多是指导和引导网络空间治理的作用，法律规范中有意预留了大量立法空间交由其他立法或者下位法进行填补。例如，对于网络安全中的数据安全保障问题应适用 2021 年实施的《数据安全法》进行调整；根据“信息基础设施的具体范围和安全保护办法由国务院制定”的授权，国务院制定了《关键信息基础设施安全保护条例》，对《网络安全法》规范网络运行安全部分的重要制度创设——关键信息基础设施制度加以具体化。

（五）《突发事件应对法》及其配套立法

风险具有客观性，人类只能降低风险发生的概率，却无法根除风险，一旦风险最终转化为危害，就需要立法对应急管理工作予以规范。《突发事件应对法》是我国指导应急工作的基础性法律，适用于各类突然发生并造成或可能造成严重社会危害的事件，包括自然灾害、事故灾难、公共卫生事件和社会安全事件，几乎囊括了所有常见的风险类型。因而，与港口安全相关的各类突发事件的应对和处置几乎都要适用该法律。以《突发事件应对法》和《安全生产法》为上位法，国务院制定了《生产安全事故应急条例》，专门对突发生产安全事故应对加以调整，该条例也适用于港口安全生产领域。

（六）其他单行立法及规范性文件

由于港口生产经营活动的复杂性，其安全保障问题可能跨越诸多安全领域。而根据我国立法传统，几乎每一领域均制定有单行立法对安全治理问题加以调整。除上述列举的立法外，在自然灾害治理领域还有《防震减灾法》《防洪法》《地质灾害防治条例》等安全保障一般法。此外，还应考虑我国在安全生产领域所加入的国际公约。例如，1981年国际劳工组织大会第155号《职业安全和卫生及工作环境公约》建立了综合性的劳工职业安全保护制度，应当属于安全保障一般法范畴。而在中央层次的立法之外，还有一大批地方立法机关所制定的安全保障一般法，如各地制定的安全生产条例、危险化学品安全管理办法等。上述单行立法共同构成了一个动态开放的安全保障一般法体系，其调整领域仍在不断扩张中。

除上述立法，《安全生产责任保险实施办法》作为规范性文件，同样承担着一定的安全治理功能。在事故危害发生后运用保险手段协助伤者救助、快速恢复企业生产基本能力，是安全保障的重要内容。2016年《安全生产改革意见》提出建立健全安全生产责任保险制度，在危险化学品、交通运输等高危行业领域强制实施。为此，原国家安全生产监督管理总局、原中国保险监督管理委员会、财政部联合发布了规范性文件《安全生产责任保险实施办法》，并于2018年正式实施。《安全生产责任保险实施办法》对安全生产责任保险的概念与内涵、承保与投保、事故预防与理赔、激励与保障、监督与管理等内容进行了细致规定。而港口业作为交通运输子行业应当适用该办法规范安全生产责任保险事宜。

三、港口安全保障特别法的分散式架构

当前我国港口安全保障特别法主要包括《港口法》《海上交通安全法》《航道法》《航标条例》《港口危险货物安全管理规定》《港口经营管理规定》《船舶安全监督规则》《港口设施保安规则》《船舶引航管理规定》等国内法律法规，以及国际海事组织、国际劳工组织制定的特种货物运输、港口保安、预防港口劳动伤害国际公约。上述立法呈现出以《港口法》为核心，各单行立法分工配合的分散式立法架构体系。

（一）《港口法》

《港口法》是我国港口领域的基础性法律，其中与港口安全相关的

法律条文约占全部条文总数的30%，并设置有“港口安全与监督管理”专章。《港口法》在第1条即言明：“为了加强港口管理，维护港口的安全与经营秩序，保护当事人的合法权益，促进港口的建设与发展，制定本法。”《港口法》将维护港口安全作为立法目的，凸显了港口安全问题的重要性。此外，《港口法》还确立了港口安全设施“三同时”（第15条第3款）、港口安全场所建设要求（第17条）、港口旅客运输服务经营人安全保障义务（第26条第2款）等若干项安全制度。而在第四章“港口安全与监督管理”中，《港口法》对港口安全行业监管体制加以规定，涵盖国务院交通主管部门、港口所在地人民政府、港口行政管理部门、海事管理机构等部门权责，同时对港口经营人、社会公众等主体的安全保障权利义务加以确定。

基于以上内容可以发现，《港口法》尽管并不完全以保障港口安全为立法目的，但其确立了港口行业专门的安全监管体制，并对安全权利义务进行了较为详尽的规定。作为港口领域的基础性立法，《港口法》构成了港口安全保障特别法的核心。

（二）《港口法》配套衍生立法

《港口法》的安全保障特别法核心地位除了体现于其自身详尽的规定以及较高的法律位阶外，还体现在以《港口法》为上位法衍生出的若干配套性立法中，其中与港口安全相关的主要有《港口经营管理规定》《港口危险货物安全管理规定》《船舶引航管理规定》。

《港口经营管理规定》是规范港口经营行为、维护港口经营秩序的交通运输部门规章。其中诸多条文在规范企业经营行为的同时，亦有助于保障港口安全，如对港口经营人执行防风措施的要求（第21条第2款）、加强港口作业管理（第22~24条）等规定。此外，《港口经营管理规定》还对《港口法》部分原则性的安全规定加以完善，如在《港口法》要求编制事故应急预案的规定基础上对预案公开以及备案进行要求，从而提升了安全保障立法的可操作性。

危险货物作业是港口生产安全重大风险领域之一。《港口经营管理规定》虽然能够调整各类港口经营行为，但危险货物经营有着不同于一般港口业务的特殊准入与操作要求。[1]《港口危险货物安全管理规定》即着眼于此制定，其适用于在我国境内新建、改建、扩建储存、装卸危险货物的港口建设项目以及港区内装卸、过驳、仓储危险货物等港口作业行为，主要内容涵盖危险货物作业监督管理机构、港口设施安全规定、港口经营企业资质认定、危险货物作业管理制度、危险货物应急管理制度等。

《港口法》第 39 条授权交通运输主管部门制定港口引航具体办法，事实上原交通部在此之前就颁布了《船舶引航管理规定》。从维护交通安全的角度考虑，船舶引航宜由水上交通安全管理部门进行统一监督。但船舶引航又是港口生产的重要内容，引航服务质量直接决定了港口生产效率。因此，从保证港口生产高效统一的角度考虑，对港口引航事务的管理又应交给港口行政管理部门负责。我国最终采用了海事管理部门与港口行政管理部门共同负责的引航监督管理体制，并通过《船舶引航管理规定》确定下来。

（三）《海上交通安全法》及其配套立法

《港口法》虽然是港口安全保障特别法的核心立法，却几乎不调整船舶于港口水域的航行事宜。[2] 这是因为根据我国水上安全监督管理体制，船舶航行安全由海事管理部门统一负责。《海上交通安全法》是我国海事管理部门履行海上交通安全管理职能的主要法律依据，自 1984 年起正式实施，2021 年接受全面修订。《海上交通安全法》适用于在我国管辖海域内从事航行、停泊、作业以及其他与海上交通安全相关的活动，因而同样适用于船舶在港口水域的航行活动。《海上交通安全法》与港口安全相关的规定包括港口引航（第 30 条）、船舶及港口设施保安（第 32 条）、船舶进出港口水域的安全注意及报告义务（第 43

---

〔1〕《港口经营管理规定》第 51 条规定："……从事危险货物港口作业的，应当同时遵守《港口危险货物安全管理规定》（交通运输部令 2019 年第 34 号）。"

〔2〕仅有的规定参见《港口法》第 34 条对船舶报告义务的要求。

条、第46条、第47条)、船舶载运危险货物进出港口许可(第64条)、船舶威胁港口安全时的港口国监督权力(第91条)等。《海上交通安全法》作为海事管理部门进行船舶港口区域航行、作业监督管理的主要法律依据,是港口安全保障特别法的重要组成。

以《海上交通安全法》《港口法》等为上位法,交通运输部制定了部门规章《船舶安全监督规则》,其中制定专章"船舶进出港报告",对国内船舶进出港报告时限、报告内容、报告方式等事项作出具体规定。

(四)其他安全保障特别法

除上述立法外,还有部分立法同样涉及港口安全行业监管相关内容,包括规定航道养护管理相关事项的《航道法》,规定航标设置维护相关事项的《航标条例》,以及为转化实施国际海事组织《ISPS规则》而制定的《港口设施保安规则》等。而在中央层次的立法之外,还有一大批地方立法机关所制定的港口安全保障特别法,如各地制定的《港口条例》和《海上交通安全管理规定》等。此外,部分我国加入的国际公约中同样涉及港口安全行业监管内容,也应纳入安全保障特别法,包括国际海事组织《国际海运危险货物规则》、《国际散装谷物安全运输规则》及《国际海运固体散装货物规则》,以及国际劳工组织制定的1929年第27号《航运的重大包裹标明重量公约》及1932年第32号《船舶装卸工人伤害防护公约》等。

第二节　对我国港口安全保障立法体系架构的反思

通过第一节的论述可以发现,当前无论是在港口安全保障特别法还是安全保障一般法之中,基本架构都是由分散式的单行立法构成的。这种现象并非我国特例,纵观世界各国安全立法,分散立法架构具有相当程度的普遍性。这种选择背后往往带有较为相似的立法技术考虑,正如有学者指出的："安全生产是工业化生产方式带来的社会经济问题，只要是生产方式相同，其必然具有共同性，与社会制度及其性质关联度不大。"[1]而在这种普遍性的立法选择背后，也隐藏着无法避免的体系局限性。

一、分散式架构是中外立法的共同特点

理论上，安全立法通常有三种架构方式可供选择：一是创设关于港口安全的单独立法；二是在一部法律的某一部分中集中规定；三是将港口安全法律问题分解置于不同法律中规定。单独创设专项安全立法的方式一般适用于安全生产的高危行业或者关乎国计民生的重点安全领域，前者如《矿山安全法》《核安全法》，后者如《食品安全法》。我国多将这些法律以"××安全法"的形式命名，并将保障特定行业、领域安全作为核心目标写入立法目的条款中。受风险担忧、公众关注、政治历史等原因影响，上述领域中安全具有最优先排序，往往成为产业发展的中心目标。这也是《矿山安全法》《食品安全法》成为相关行业立法核心，《核安全法》先于核能利用基本法律"原子能法"出台的主要原因。在具体内容上，这些法律通常将该领域安全问题进行分解，分别规定安全机关监管职责、经营企业权利义务、法律责任等内容。当前世界各国安全生产中的高危、重点行业总体上较为类似，因此单独创设安全保障特别法的做法也集中于煤矿生产、核电、食品安全等领域，如美国《矿山安全与健康法》、法国《核领域透明与安全法》、日本《食品安全基本法》。而在港口行业中，除船舶航行领域可能制定专门的安全法律（如我国《海上交通安全法》），其他领域安全相较于促进产业发展、便利交通运输等目标并无优先性，因而在立法资源有限的情况下很难制定专门的港口安全法，世界各国均无此种立法例。

在一部法律中将安全问题进行集中规定的立法架构多见于特定行

[1] 冬牛：《安全生产法治体系及其构建逻辑》，载《社会治理》2018年第9期。

业立法中。[1] 这些行业法除规定行业发展政策、行业行政管理等必要内容外，往往将保障安全作为重要内容并设置独立章节。例如，我国《建筑法》将保证建筑工程的质量和安全作为立法目标之一，其内容设置包含建筑安全生产管理、建筑工程质量管理等，此外也包含建筑许可等行政管理内容。表面上，我国《港口法》设有“港口安全与监督管理”一章，似乎也属于此种立法架构。[2] 但是，《港口法》仅调整部分港口业务，并未囊括港口安全行业监管主要事项。例如，港口安全除了港口陆域作业外，还有一大部分内容关涉港口水域航行安全，对此《港口法》并未规定，而是主要交由《海上交通安全法》《船舶引航管理规定》等法律法规确定。

事实上，在港口安全领域，如果不考虑一般性的安全综合立法，包括我国在内的多数国家均采用了第三种立法架构方式，即将港口安全内容分散规定于不同单行立法中。在普通法系国家中，美国以调整港口建设、营运法律关系的基础性法律《1974 年深水港法》(Deepwater Port Act of 1974)[3]为核心，辅以规定港口保安措施的《2002 年海上运输安保法》(Maritime Transportation Security Act of 2002)[4]、《2006 年港口安全与责任法案》(Security and Accountability for Every Port Act of 2006)[5]，以及规定保险事宜的《港口和码头工人补偿法》(Long-shore and Harbor Workers' Compensation)[6]与《恐怖主义风险保险法》(Terrorism Risk Insurance Act)[7]，构建了港口安全保障立法体系。英国港口相关安全保障立法受到其悠久航运立法传统的影响，由众多

[1] 有学者将以行业部门为主要推动力量，发生于行业生态需要的法律规范体系称为“行业法”。参见孙笑侠：《论行业法》，载《中国法学》2013 年第 1 期。

[2] 此外还有配套下位法规《港口危险货物安全管理规定》《港口经营管理规定》。

[3] 参见 https://www.gc.noaa.gov/deepwater-port-act.pdf。

[4] 参见 https://www.congress.gov/107/plaws/publ295/PLAW-107publ295.pdf。

[5] 参见 https://www.congress.gov/109/plaws/publ347/PLAW-109publ347.pdf。

[6] 参见 https://www.govinfo.gov/content/pkg/CHRG-109shrg27560/pdf/CHRG-109shrg27560.pdf。

[7] 参见 https://www.govinfo.gov/content/pkg/PLAW-107publ297/html/PLAW-107publ297.htm。

单行法组成,如规定港务当局长官安全管理权力的《1847年港口、船坞及码头条款法》(Harbours, Docks and Piers Clauses Act 1847)[1]和《1985年危险船舶法》(Dangerous Vessels Act 1985)[2],调整港口建设、经营、养护等事项的《1964年海港法》(Harbours Act 1964)[3],调整港口区域引航事务的《1987年引航法》(Pilotage Act 1987)[4],授予港务当局防治污染权力的《1995年商船航运法》(Merchant Shipping Act 1995)[5]等。根据不同港口具体情况,英国还会制定地方性立法,对港口当局所负安全权利义务予以明确,如《1968年伦敦港法》(Port of London Act 1968)[6]等。

英美法系国家采取分散式立法一定程度上受其立法习惯的影响,但在具有浓厚法律体系化传统的大陆法系国家,分散式立法架构同样被广泛采用。欧盟第一大港口国荷兰,其立法包括《港口保安法》(Havenbeveiligingswet)[7],该法案根据欧盟关于提高船舶和港口设施安全的《第725/2004号条例》(Regulation EC 725/2004)[8]制定;《港口紧急状态法》(Havennoodwet)[9],规定了荷兰港口在战争等紧急状态下的使用事项;《航运交通法》(Scheepvaartverkeerswet)[10]、《内河航道当局条例》(Binnenvaartpolitiereglement)[11]及《引航法》(Vaarplichtwet)[12],系统规定了船舶于港口水域的航行规则。此外,荷兰还制定

---

〔1〕 参见 https://www. legislation. gov. uk/ukpga/Vict/10 - 11/27。
〔2〕 参见 https://www. legislation. gov. uk/ukpga/1985/22。
〔3〕 参见 https://www. legislation. gov. uk/ukpga/1964/40。
〔4〕 参见 https://www. legislation. gov. uk/ukpga/1987/21。
〔5〕 参见 https://www. legislation. gov. uk/ukpga/1995/21。
〔6〕 参见 https://pla. co. uk/sites/default/files/2024 - 02/portoflondonact 1968 consolidationjan 2014. pdf。
〔7〕 参见 https://wetten. overheid. nl/BWBR0016991/2019 - 12 - 21。
〔8〕 参见 https://eur - lex. europa. eu/legal - content/EN/TXT/? uri = CELEX% 3A32004R 0725。
〔9〕 参见 https://wetten. overheid. nl/BWBR0002410/2021 - 07 - 01。
〔10〕 参见 https://wetten. overheid. nl/BWBR0004364/2021 - 07 - 01。
〔11〕 参见 https://wetten. overheid. nl/BWBR0003628/2017 - 01 - 01。
〔12〕 参见 https://wetten. overheid. nl/BWBR0002828/2021 - 07 - 01。

了大量区域性以及地方性港口安全保障立法，包括《2019 年北海运河区域港口条例》(Regionale Havenverordening Noordzeekanaalgebied 2019)〔1〕、《2020 年鹿特丹港口条例》(Hafenverordnung Rotterdam 2020)〔2〕、《根特港危险及有毒货物条例》(Reglement Gevaarlijke En/Of Schadelijke Goederen Van De Haven Van Gent)〔3〕等。

欧盟第二大港口国家比利时，其立法包括《1989 年残骸清除法案》(Wreck Removal Act of 11 April 1989)〔4〕,《1995 年引航员法令》(Pilotage Decree of 19 April 1995)〔5〕,《关于执行欧洲议会和欧盟理事会 2001/96/EC 关于统一散装货物安全装卸的要求和程序的指令的 2006 年法案》(The Decree of 17 March 2006 implementing Directive 2001/96/EC of the European Parliament and of the Council of 4 December 2001 establishing harmonised requirements and procedures for the safe loading and unloading of bulk carriers)〔6〕等。另外安特卫普港等具有地方立法权限的港口可以制定独立的《市属港口当局条例》(Municipal Port Police Regulation of Port of Antwerp)〔7〕在本港口区域范围适用。

挪威是少数将港口作业及水域航行统一立法的国家，其《港口和水域法》(Lov om havner og farvann)〔8〕既在第二章"水域"部分规定了交通管制、船舶引航、导助航设备维护等内容，又在第五章"港口"部分规定了港口及港口设施保安、港口及港口设施所有人维护国防安全等

---

〔1〕 参见 https://lokaleregelgeving. overheid. nl/CVDR628766/1。

〔2〕 参见 https://www. portofrotterdam. com/sites/default/files/2023 – 12/rotterdam – port – by – laws – 2020 – july – 2023. pdf。

〔3〕 参见 https://www. northseaport. com/file/download/17012/0832EB8B90F04AB1A702DB615FFD8974。

〔4〕 参见 https://ejustice. elfri. be/img_l/pdf/1989/04/11/1989015161_N. pdf。

〔5〕 参见 https://vlex. be/vid/loodsdienst – brevetten – havenloods – bootman – 414419270。

〔6〕 参见 https://eur – lex. europa. eu/legal – content/EN/TXT/PDF/? uri = CELEX:32001L0096&from = EN。

〔7〕 参见 https://www. binnenvaartkennis. nl/wp – content/uploads/2020/12/Havenpolitieverordening – december – 2020 – 2. pdf。

〔8〕 参见 https://lovdata. no/dokument/NLO/lov/2009 – 04 – 17 – 19。

义务。同时根据该法授权,挪威还制定了对《ISPS 规则》进行国内法转化并补充的《港口保安规则》(Forskrift om sikring av havner)[1]与《港口设施保安规则》(Forskrift om sikring av havneanlegg)[2],规定船舶靠港通知义务的《船舶报告规定》(Forskrift om fartøys meldeplikter etter havne - og farvannsloven)[3]等。另外,挪威港口安全保障立法还包括调整港口危险货物作业的《港口和水域危险货物及物质卸、装、储、运规定》(Forskrift om lossing, lasting, lagring og transport innen kommunens sjøområde og havner innenfor samme område av farlige stoffer og varer)[4],以及地方性安全立法,如《奥斯陆市港口及水域规定》(Forskrift om bruk av kommunens sjøområde, sjøkart nr. 452, Oslo kommune, Oslo)[5]等。

值得注意的是,法国因其法典化的立法传统制定有《海港法典》(Code des ports maritimes)[6]。《海港法典》对此前与海港相关的各单行法律根据逻辑关系重新分类编号,进行系统性梳理编纂,以消除法规之间的矛盾,实现协调一致。其中与港口安全有关的大多数内容被编纂在第三册"海港监管"部分。但是,即使是采取法典化立法方式的法国也无法在一部《海港法典》中囊括港口安全内容,如根据《海港法典》第 302 -8 条,各港口有权制定港口安全监管的补充规定。

二、分散式架构的选择要因

之所以绝大多数国家均将港口安全有关内容分散在不同立法中,

---

[1] 参见 https://lovdata.no/dokument/SF/forskrift/2013-05-29-539?q=Forskrift%20om%20sikring%20av%20havner。

[2] 参见 https://lovdata.no/dokument/SF/forskrift/2013-05-29-538。

[3] 参见 https://lovdata.no/dokument/SF/forskrift/2015-12-21-1790。

[4] 参见 https://lovdata.no/dokument/SF/forskrift/2009-12-15-1543。

[5] 参见 https://lovdata.no/dokument/LTII/forskrift/2020-10-29-2226。

[6] 参见 https://www.legifra8nce.gouv.fr/affichCode.do?cidTexte=LEGITEXT000006074233&dateTexte=20080505。2010 年法国制定了《运输法典》(Code des transports),对与运输相关的法律法规进行了法典化,《海港法典》大部分内容被其吸收。

主要原因在于：

首先，单独制定安全立法或在某一部法律中将安全内容集中规定看似“毕其功于一役”，但其实很难全面调整复杂的安全问题，回应繁多的安全诉求。安全问题是随港口生产经营实践发展不断变化的，综合集中式的港口安全保障立法可能在制定后迅速滞后，面对新兴安全问题又囿于法律的体系性难以通过修订解决，只能以“打补丁”形式制定单行法，久而久之积累了大量碎片化的单行立法。另外与我国统一的港口体制不同，不少国家国内港口的发展体制、历史传统迥异，很难以一部立法统领全部港口，因此大多以单独立法的形式对一些港口的特殊问题进行规定，再由一般法对港口的共性问题予以总结提炼。例如，印度既制定有专门适用于国家 12 个主要港口的《2020 主要港口当局法案》(The Major Port Authorities Bill, 2020)[1]，还制定了适用于所有港口的《1908 年印度港口法》(The Indian Ports Act 1908)。不少国家港口管理部门自身即具有立法权限，可以制定专门的港口法规，如鹿特丹市议会为鹿特丹港制定了《2020 年鹿特丹港口条例》，其中详细规定了港口安全内容及法律责任。

其次，我国港口安全保障立法还受国家法治建设总体态势的影响。[2] 改革开放以来，为平衡我国安全工作的重要性与立法资源的稀缺性，除少数高危、重点行业外，类似港口安全等领域无法等待综合立法进行“一揽子”解决，只能跟随立法时机拆散在各单行法律中规定，“成熟一部、制定一部”，以便使安全执法工作早日“有法可依”。例如，港口水域监管问题通过 20 世纪 80 年代制定《海上交通安全法》确定国家沿海水域统一监管机关进行解决，港口引航问题通过 2001 年制定的《船舶引航管理规定》解决，等等。正如 1978 年 12 月邓小平同志在中共中央工作会议闭幕会上的讲话中指出的：“现在的问题是法律很不

---

〔1〕 参见 https://prsindia. org/files/bills _ acts/bills _ parliament/2020/The% 20Major% 20Port % 20Authorities% 20Bill, % 202020. pdf。

〔2〕 参见王利明：《民法典的体系化功能及其实现》，载《法商研究》2021 年第 4 期。

完备，很多法律还没有制定出来……成熟一条就修改补充一条，不要等待‘成套设备’。总之，有比没有好，快搞比慢搞好。”[1]

最后，即使克服了立法技术、立法资源等因素的制约，成功制定了专门的港口安全保障立法，受到我国安全综合执法与专项执法相结合体制的影响，特别法的实施效果仍会大打折扣。由于港口安全形势的复杂性，大量安全保障一般法都会发挥调整功效，如《安全生产法》《危险化学品安全管理条例》《传染病防治法》等，专门的安全立法将被迫与其整合协调。反观《核安全法》《食品安全法》等，其往往有相对独立的法律调整范围与专门的执法体制，从而保证特别法的制度设计不会遭到其他立法的牵扯，真正成为本领域安全保障的核心法律。

三、分散式架构所致体系性缺失

高度分散的立法架构带来的局限是，不同立法是在不同的时空背景下根据调整安全社会关系的不同需要而制定的，难以在法秩序层面实现较高程度的兼容，导致评价矛盾不可避免：

第一，缺乏共同的价值理念指引，难以保持内在精神的融贯统一。安全立法背后蕴含着普适的安全信念、共通的安全科学方法、集中的法律适用空间和行业等，这些特质理应进行立法层面的凝练，作为支撑法律制定及修改的深层价值理念。分散立法架构非但无法发挥这一作用，反而由于不同目标的影响，使得个别孤立的立法实践被置于整体之上，各法律之间缺乏彼此关照与呼应，冲淡了内在向度上的统一性。

第二，缺乏科学有序的内容结构划分，制约了立法架构的完善。分散式立法的安全保障功能发挥有赖于不同法律之间的分工配合，而这应该建立在科学合理的内容结构营造基础上，即先将不同立法从调整内容的角度进行类型化区分，将调整内容高度关联的立法归为一类，再进行内部的立法关系理顺与补充。否则，离开了共识基础，调整内容并不关联的立法之间并无互相配合的必要，也难以发现调整对象的遗漏。

---

[1] 《邓小平文选》(第2版)(第2卷)，人民出版社1994年版，第146-147页。

分散立法在制定之时恰恰未考虑内容结构的分类问题，至多对与自身内容相关的立法加以协调考虑，缺乏整体上的立法分工与布局营造，导致调整相近安全社会关系的法律之间无法真正做到调整对象环环相扣，消除结构上的缺失与逻辑上的重叠。

第三，缺乏对安全法律的规律性认知，无法提出科学合理的立法完善路径。立法活动应当坚持科学立法原则，尊重客观规律。马克思认为，立法是“用有意识的实在法把精神关系的内在规律表现出来”[1]。诸如法的性质、调整方法等问题正是对这种规律性的集中表现。离开了对规律的认知把握，会导致立法完善工作从一开始就丧失正确的立法理念引导，最终将严重影响法律的制定实施效果，无法实现协调性与周延性的真正提升。而对这种规律性的把握如果离开了对大量立法的总结提炼，离开了对法律整体性的思考，仅仅局限在分散立法活动中是很难实现的。

第三节　我国港口安全保障立法体系性缺失的主要表现

客观上，自 2002 年《安全生产法》及 2003 年《港口法》制定以来，我国港口安全保障立法在几十年的发展历程中，不仅解决了法律规范从无到有的问题，而且覆盖了港口安全工作主要领域与环节，门类较为齐全，结构较为合理。但是，由大量单行立法组成的分散式立法架构缺乏价值、逻辑、方法层面的整体思考，造成了立法的体系性缺失。本书认为，这种缺失主要表现为立法协调性与周延性两种结构性缺陷，反映出行政体制、安全观念以及法治观念等因素对我国立法体系构造的深层影响。

---

〔1〕［德］马克思、［德］恩格斯著，中共中央马克思恩格斯列宁斯大林著作编译局编译：《马克思恩格斯全集》（第 2 版）（第 1 卷），人民出版社 1995 年版，第 347 页。

一、立法协调性缺陷

当前,安全立法的协调性缺陷已成为困扰我国安全法治发展的问题之一。2016 年《安全生产改革意见》作为国家安全生产领域改革发展的纲领性文件,对健全安全法律法规体系作出了全面部署,其中不少举措均直指协调性缺陷,包括"加强涉及安全生产相关法规一致性审查""加快制定修订安全生产法配套法规""加强安全生产和职业健康法律法规衔接融合""加强安全生产地方性法规建设",凸显了解决安全立法协调性问题的迫切性以及重要性。

柏拉图认为,正义存在于社会有机体各个部分之间的和谐关系之中。[1] 立法间的协调性是指各法律规范保持一致性的状态。体系内不同立法之间应尽最大可能保持逻辑的一致性,避免立法冲突。所谓立法冲突是指法律产生的原因和条件不同而导致的同一调整对象都有管辖权的法律之间内容的不一致,法官或有关专门机关认为适用不同的法律将会产生不同法律后果的法律制度现象。[2] 狭义上立法冲突发生在国际私法领域,而广义上法律冲突可发生于任何法律适用关系中,本书即采用此说。某种意义上,立法冲突的存在是一个普遍性问题。法律所依托的社会关系中冲突具有普遍性,加之立法者理性、经验以及时代的局限性,导致社会生活中的冲突必然在立法中有所反映,从而使立法冲突客观存在。"法律规范之间的冲突在一定意义上讲,是不可避免的。"[3]但这种冲突必须在实践中显现出来才具有研究的现实意义,否则仅停留在文字层面的法律规范措辞不一致还不至于产生客观上的法律冲突。港口安全法治工作,应始终将寻找并消除危害港口安全实践的立法冲突、提高立法协调性作为重要任务。各法律规范之间最终形成一个彼此相互协调、影响的规则体系。只有如此,立法者

---

〔1〕 参见[美]E. 博登海默:《法理学:法律哲学与法律方法》,邓正来译,中国政法大学出版社 2017 年版,第 266 页。

〔2〕 参见董皞:《论法律冲突》,商务印书馆 2013 年版,第 39 页。

〔3〕 李龙主编:《良法论》,武汉大学出版社 2001 年版,第 274 页。

所设想的法律保障效果才能够真正发挥。否则,即使某一条文、某一制度、某一立法设计再为精巧,其实施效果也会受其他立法的干扰牵扯而大打折扣。

(一)港口安全保障特别法与一般法外部冲突

我国港口安全保障立法存在特别法与一般法的二元分类。对于二者就某一安全事项出现的法律规定不同,如果可以根据“特别法优先于一般法”的法律适用原则解决,那么尚不构成立法冲突现象。例如,虽然 2021 年修正前的《安全生产法》第 31 条第 2 款曾规定安全生产监督管理部门负责对生产、储存危险物品的建设项目的验收活动和验收结果进行核查,但《港口法》第 15 条与第 19 条已将港口建设项目安全设施的施工、审批、验收等事项交由港口行政管理部门负责,因此对于储存危险物品的港口建设项目其验收活动应优先适用《港口法》相关规定。真正的立法冲突体现在依托安全保障特别法与一般法所产生的安全监管权力间的交叉与重叠,此时并不能完全依靠“特别法优先于一般法”的原则消除。例如,虽然《危险化学品安全管理条例》以及《港口危险货物安全管理规定》已明确将港口危险化学品安全条件审查、安全评价及整改情况备案、储存状况备案、经营许可发放等职责交由港口行政管理部门,但在天津港“8·12”爆炸事故发生后,天津市安全监管局、滨海新区安全监管局等安全生产监督管理部门负责人最终仍因未履行危险化学品综合监管职责被追究刑事责任。[1] 可见,此时履行港口安全保障特别法所规定的行业监管职责并不免除履行一般法所规定的综合监管职责。安全综合监管部门与行业监管部门就同一安全事项均享有执法权限的现象是客观存在的,其在执法过程中出现相互制约、相互矛盾的法律实施后果,本质上正是立法冲突所造成的。并且,这种立法冲突在法律规范层面上可能并不具有明显的不一致性,更多

---

〔1〕 参见《天津港“8·12”瑞海公司危险品仓库特别重大火灾爆炸事故调查报告》,载中国政府网, https://www. gov. cn/foot/2016 - 02/05/5039788/files/460731d8cb4c4488be3bb0c218f8b527. pdf。

表现为概括性的措辞所导致的不同部门间管辖权重叠与职责模糊不清。“凡是有法律冲突存在的地方，常常就是职能和权力划分最不清晰，存在问题最多、最突出的地方。”[1]

安全保障一般法与特别法间的立法冲突，背后反映了我国安全综合监管与行业监管所存在的一定程度上的行政体制设计缺陷。长期以来我国安全生产工作一直以行业监管为主，将安全问题视为工业化时代行业管理问题的一部分。这导致交通、消防、质监、建设、煤矿等众多部门均负有行业监管职责，职能交叉，体系庞杂，且未能完全摆脱部门利益的影响。不少行业基于自身的安全保障需求出台了专门的法律法规，最终将行业监管的体制弊端传导至法治领域。2002 年出台的《安全生产法》虽然确立了综合监管与行业监管相结合的体制，却并没有对综合监管的职能予以明确。法律上语焉不详的制度创设与长期存在的制度惯性，使得在很长一段时间内综合监管定位“尴尬”。本欲通过出台法律改变行业监管所造成的监管碎片化现象，却由于综合监管职权的法律规定不明，诱发了新的体制冲突，即安全综合监管部门与行业监管部门之间的执法冲突。近年来，随着国家对安全生产工作的高度重视，这一现象又开始向相反的方向演变：安全综合监管职能被不断放大，工作量陡增，甚至被戏称为“无限责任”，而最了解实践情况的行业监管却被不当弱化。鉴于此，2021 年《安全生产法》修正时将“管行业必须管安全”作为安全工作基本原则，再次强调了行业监管对安全工作的重要性，但对于究竟如何实行行业监管与综合监管的有效分工负责，尚未提出成熟的解决方案。

（二）港口安全保障特别法内部冲突

对于数量繁多的港口安全保障特别法，由于各部法律是不同立法部门在不同时期根据不同的立法目的和调整逻辑制定而成的，其自始就缺乏整体性、全局性考虑。当然随着立法技术的进步，立法在制定之

[1] 刘莘主编：《国内法律冲突及立法对策》，中国政法大学出版社 2003 年版，第 131 页。

时会越来越多地考虑到与既有法律之间的逻辑关系,但这往往是对个别法律规则的调整,一般不会对整个单行法作出修改,更不可能对未来立法做出预测和安排。[1] 这种分散式立法架构诱发了立法规范间的不一致,相互交叉的安全监管体制、频繁进行的法律制定与修改活动等因素又加剧了这种不一致,最终导致利益高度分化的群体可以从自身出发,选择对于自己有利的法律依据来采取安全行动,从而造成严重的法律实施分歧与对抗。[2] 例如,通过对海南省港口航标执法调研发现,《航道法》与《港口法》同时赋予了航道管理部门与港口管理部门对港口航道的安全监管权力,导致隶属于地方海事系统的海南省航道部门与直属海事系统下属航标处(受海南省港口行政管理部门委托行使航标维护职能)经常围绕辖区内港口航标执法出现冲突,双方各自认为对方设置航标行为违法,甚至发生了互相没收航标的极端情况,严重侵害了港口法治的有效性及权威性。

这种安全保障特别法内部的法律冲突,在很大程度上受到我国水上安全监管体制影响。港口作为水陆运输转换的枢纽,其水域安全监管问题在我国并非由港口行政管理部门负责,而是根据《海上交通安全法》由国家水上安全主管部门统一负责。改革开放前,各级国家港务监督机构同时履行着港口行政管理与水上安全监督管理职责,以"中华人民共和国港务监督"的名称对外行使水上交通安全监管职能。[3] 地方港务安全监督机构亦对划定水域范围内的小港小湾实施监督管理。这种港务管理与海事管理相结合的行政体制格局,有助于消除港口安全监管与水上交通安全监管的冲突矛盾。

但是,由于水上安全的整体性,迫切需要安全监管机构能够对各港口、干支流、出海口等区域的水上安全事项进行统一管理,传统的港监

---

〔1〕 参见王利明:《中国民事立法体系化之路径》,载《法学研究》2008 年第 6 期。

〔2〕 参见雷磊:《法律体系、法律方法与法治》,中国政法大学出版社 2016 年版,第 85 页。

〔3〕 参见《交通部行政史》编委会编:《交通部行政史》,人民交通出版社 2008 年版,第 510 页。

部门很难有效履行这一职责。[1] 自 20 世纪 80 年代起,原交通部在进行港口下放地方的港口行政体制改革的同时,配套进行了水上安全监管体制改革,将港口水上安全监督管理职能从港务部门划出。1999 年国务院批准了《交通部水上安全监督管理体制改革实施方案》(国办发〔1999〕54 号)以及《交通部直属海事机构设置方案》(国办发〔1999〕90 号),规定:在同一水域、同一港口和同一地区不得重复设立水上安全监督管理机构;沿海的省、自治区、直辖市和主要跨省内河(长江、珠江、黑龙江)干线及重要港口城市的中央和地方水上安全监督机构合并,设立直属海事局以及分支机构,上述水域以外由地方交通主管部门成立地方海事机构;中华人民共和国海事局对全国水上安全监督工作实行业务领导,各直属海事局与地方海事机构分别在所辖水域内实施水上安全监督工作。这样,海事管理部门与港口行政管理部门分立,客观上造成了两部门间在水上安全行政权力上的重叠,使得相关安全立法的协调成为必要。

(三)港口安全保障中央与地方立法冲突

最后一项立法协调性缺陷主要集中在中央与地方港口安全保障立法关系中。改革开放后,原有高度集中的港口管理体制已远远不能满足我国经济社会发展和交通运输发展需要。[2] 向地方适当分权以发挥地方政府积极性和主动性成为港口行政体制改革的重要宗旨,最终《港口法》第 6 条正式确定了以属地为主的港口管理体制。改革强化了地方港口部门对本区域港口的控制能力,容易引发中央与地方行政机构的安全权力冲突。例如,为保证地方港口行政管理部门对本区域港口实行有效监督管理,《港口法》第 36 条第 1 款授权港口行政管理部门对港口安全生产情况和《港口法》执行情况实施监督检查。因此,根

---

〔1〕 参见王政:《一切为了航行安全——我国水上安全监督管理体制改革纪实》,载《人民日报》2003 年 11 月 28 日,第 6 版。

〔2〕 参见章强、王学锋:《治理理论视域下中国港口行政管理体制研究》,载《西安电子科技大学学报(社会科学版)》2016 年第 1 期。

据《港口法》对港口安全的监督和管理职能属于属地管辖范畴。在“中晨能源仓储有限公司与中华人民共和国交通运输部应诉行政答复案”中,中晨能源仓储有限公司作为港口经营人以临近港口项目存在安全隐患为由向交通运输部提出查处履职申请,请求中央层级港口管理部门——交通运输部对违反安全生产的违法行为进行查处;而交通运输部答复意见则认为,安全生产监督管理应由港口组织所在地的港口行政管理部门进行核查处理,适用属地监管原则。[1]

当前,在中央层面港口安全保障立法日益完善的背景下,各地也积极发挥主动性,围绕本地区港口特点进行地方性立法,制定地方性港口条例、海上交通安全管理规定等,与中央立法衔接。但是,相较于长期进行中央立法工作的全国人大及其常委会、国务院,地方立法机关的立法经验略显不足及人才储备较为匮乏,不少地方性安全立法未能根据《立法法》要求与中央立法充分协调,出现了地方立法规定缺乏上位中央立法依据的情况,如在地方性海上交通安全立法中较为普遍的船舶申请护航规定并未体现在《海上交通安全法》中;此外还出现了各地方立法之间规定重复套用的情况。此类中央与地方港口安全保障立法的协调性缺陷应当逐步予以消除。

二、立法周延性缺陷

逻辑学认为周延性是描述命题的主项和谓项的外延被全部断定的情况。[2] 而法律上的不周延,是指应当受到法律调整的社会关系的外延未完全受到法律调整的情形。周延性是衡量某一领域法治水平的主要标准。虽然我国现行安全立法已能够涵盖港口安全有关的主要社会关系,但也应该看到,由于人类认识能力相对于客观世界的局限性,立法作为对真理的一项认识活动,其滞后性是客观存在的。虽然分散式

---

〔1〕 参见北京市第二中级人民法院行政裁定书,(2019)京02行初30号;北京市高级人民法院行政裁定书,(2019)京行终4661号。

〔2〕 参见王向清主编:《逻辑学导论》,湘潭大学出版社2015年版,第37页。

的港口安全保障立法已经涵盖了主要安全领域，但由于非传统安全威胁以及法治观念变化，仍然在内容上有所缺失。唯物辩证法认为，任何事物内部都存在自我否定因素，否定是事物发展的重要环节。不断克服自身局限性也成为安全立法发展的动力。在构建港口安全保障立法体系的过程中，应当充分认识到法律保障措施的作用空间，并运用更恰当的安全保障措施补充、完善港口安全治理体系。

（一）非传统安全威胁所致周延性缺陷

港口安全保障立法的不周延性主要体现在对非传统安全问题的治理应对上。这里的"传统"与"非传统"并不是对"安全"的修饰限定，而是对安全领域的限定；决定"传统"与"非传统"的也不仅仅是时间因素，许多非传统安全问题并非在当今时代才出现，而是在当今时代凸显了重要性。[1] 从这个意义上说，网络安全、公共卫生安全无疑是当今最受关注的非传统安全领域之一。正如辩证法强调的："对每一种既成的形式都是从不断的运动中，因而也是从它的暂时性方面去理解。"[2]安全不能脱离所处的时代环境，不同年代有着各自的安全工作重心。工业化时期的港口安全问题还仅仅是存在于劳资双方之间的安全生产问题，现已随着港口业的转型发展与时代使命变迁而渐趋复杂，港口安全也逐渐迈向非传统安全领域：信息网络技术的跃升彻底改变了港口活动的时空特征，现如今历史悠久的港口业早已成为融合 5G 通信、物联网、区块链等信息网络技术创新的新型基础设施，"新基建"的发展亟须拓展港口破坏活动风险治理的"虚拟空间"维度；近年来在席卷全球的新冠疫情之下，世界各国港口成为抗击病毒进出国门的前线，港口的传统生产经营活动需要根据疫情防控要求进行全面调整，历史悠久的港口公共卫生安全受到了前所未有的重视。

---

〔1〕 参见刘跃进：《安全领域"传统""非传统"相关概念与理论辨析》，载《学术论坛》2021 年第 1 期。

〔2〕 [德]马克思、[德]恩格斯：《马克思恩格斯文集》（第 5 卷），中共中央马克思恩格斯列宁斯大林著作编译局编译，人民出版社 2009 年版，第 22 页。

在客观上的人类安全活动拓展与安全立法扩大自身调整范围这一结果之间，还有一个重要因素在发挥作用，这就是安全观的变化。所谓安全观是指“关于安全问题的观念和思想”，非传统安全观可以看作研究非传统安全问题的观念和思想。[1] 正如第一章对安全概念的主客观二重理论所揭示的，我国港口经营活动不断拓展延伸至网络、公共卫生安全等领域，是安全立法不断扩张调整范围的客观动因；主观上对安全的期待以及对风险的厌恶等安全观因素，则是主观动因。人类行动受到安全观影响，倘若不能通过法律制度供给等安全保障手段消除人们对某一领域风险的担忧，则极可能对发展造成阻碍。正是安全观念的变化产生了新兴领域的安全保障需求，最终导致安全立法调整内容的扩展。

（二）法治观念发展所致周延性缺陷

港口安全保障立法体系的架构组织还受到法治观念的影响。正如历史上由积极风险观到消极风险观的法治观念转型，导致安全立法从事后赔偿走向事前、事中的风险控制与风险分配，坚持在法治轨道上推进国家治理体系和治理能力现代化这一当代中国特色社会主义法治思想的基本要求，也将对安全立法的深化发展提出挑战：一方面，全面推进依法治国所形成的硬法与软法功能互补、软硬兼治的混合法治模式，要求安全立法容纳软法治理的相关内容；另一方面，建立国家综合治理体系的部署将打破“法律万能主义”教条，实现法律与其他各种安全保障措施的协同发展。

1. 软法治理缺陷

伴随着社会治理理念的不断发展演进，法律不再恪守严格的形式要件，越来越多虽不满足法律形式特征但具有类似社会关系调整功能的“软法”开始进入法治视野，如在我国港口安全法治中得到广泛应用的行政规范性文件。所谓“软法”是指“不依靠国家强制力保证实施的

---

[1] 参见刘跃进：《安全领域“传统”“非传统”相关概念与理论辨析》，载《学术论坛》2021年第1期。

法律规范,它是一种由多元主体经或非经正式的国家立法程序而制定或形成的,并由各制定主体自身所隐含的约束力予以保障实施的行为规范"[1]。当前,诸如行政规范性文件等虽不具备立法形式特征但具备软法拘束力的规则大量参与到港口安全治理中,导致港口安全保障立法层次结构日趋复杂化。

港口安全软法的发展反映了这样一种认识:"无论观察者是否愿意承认'软法'这个概念,又或者是否愿意用'软法'这个概念指称,不具法律约束效力的柔性规则是现实存在的,且经常与具有法律约束力的规则相互配套、协调实施,促成规则制定者所期待的法秩序。"[2]软法具有传统立法所不具有的优势与适用空间。例如,在2020年新冠疫情暴发之后,交通运输部先后印发共12版《港口及其一线人员新冠肺炎疫情防控工作指南》(以下简称《港口防疫指南》),随时根据疫情防控最新情况对港口行业防疫工作进行指导,展现出制定规范的巨大灵活性,这是制定周期长、程序严格的"硬法"所难以实现的。

在当前运用软法进行港口安全保障法治工作的过程中,出现了两种不当倾向:一种是过分强调规范性文件等软法作用,随意干涉安全事务。例如,为治理内贸运输集装箱超载现象,交通运输部发布规范性文件《关于开展水路内贸集装箱超载治理工作的通知》(交水发〔2008〕192号),在缺乏上位法的情况下创设超载集装箱减载作业费收费项目。另一种是轻视规范性文件,视其可有可无敷衍了事。例如,当前我国各港口章程普遍存在着照抄照搬上位立法的现象,失去了港口章程本应发挥的差异化治理功能。究其原因,根源在于对软法发展缺乏法治引导,导致制发程序不健全,内容制定随意。特别是在当前法治政府建设的背景下,根据"推进政府治理规范化程序化法治化"[3]的具体要求,以政府部门规范性文件形式存在的软法不能再游离于法治视域外。

---

〔1〕 罗豪才:《人民政协与软法之治》,载《中国政协理论研究》2009年第1期。

〔2〕 沈岿:《软硬法混合治理的规范化进路》,载《法学》2021年第3期。

〔3〕 参见中共中央、国务院《法治政府建设实施纲要(2021—2025年)》。

因此,亟须将软法建设纳入港口安全保障立法体系完善这一议题中加以考虑。

2. 法律保障措施的局限性

作为应对风险的安全保障手段之一,法律保障也有其自身的作用范围。时至今日,那种认为仅靠健全、周密的法律体系就能将所有社会关系置于法律调整之下的"法律万能主义"观点早已遭到摒弃。安全科学理论认识到法律并非安全保障的唯一措施,安全工程技术、安全管理等各种安全保障手段皆有其发挥作用的制度空间,价值和功能上的独特性决定了安全法律与安全工程技术、安全管理手段并不能彼此取代。港口安全保障终将走向协同发展之路,实现安全法律与安全工程技术、安全管理等保障手段之间的良性沟通互动,构筑和谐有序的港口安全治理体系。

(1)安全法律难以应对所有风险

否认"法律万能主义"意味着对法律自身风险观的修正,即法律不可能对所有风险都有所作为。原因有以下两点:首先,风险的客观性决定了风险不能通过预防手段彻底消除,有效的安全保障措施只能降低风险发生概率,但客观上也会造成风险形式转换,由一种风险演变为其他风险,由此所衍生的风险连锁反应使得任何试图根除风险的尝试都将是徒劳的。其次,人类的安全保障工作是在安全与发展利益之间的一种权衡,安全理念不可推演到极端,否则任何存在安全风险的生产经营活动都将不复存在,严重打破安全与发展的协调关系。预防全部风险既是不现实的,又是不经济的。

诚然,具有普遍约束力的法律规则能够对人类活动进行指引和规范,使得各种安全社会关系有条不紊、富有效率地运行。[1] 但是,单调、划一的法律保障措施过分强调法律的工具价值,其制度刚性容易干扰到其他安全保障措施。法律无法涵盖社会关系全部领域,在介入安

---

〔1〕 参见于群:《论安全法学理论基础研究的必要性及主要框架内容》,载《甘肃政法学院学报》2007年第3期。

全社会关系之前，安全法律应充分正视并尊重不同安全保障措施的制度空间。在与港口安全风险博弈的过程中，除了法律保障措施，安全工程技术、安全管理等措施均得到了广泛的应用。

安全工程技术措施可以应用于工业规划、设计、建设、生产直到废除的整个过程中，通过对各类不安全因素实施预测、分析、评估，综合运用各种安全技术措施消除和控制危险因素，最终创造安全的生产条件。[1] 当前我国港口安全工作中投入了大量安全工程技术措施，如港口工程安全监控与应急技术、吊装作业安全技术、海上船舶防火安全技术等。[2] 此外，港口主管部门与国家标准化部门还制定了一批港口安全技术国家及行业标准。根据马克思主义观点，法律属于上层建筑范畴，而科学技术则代表生产力，是认识和改造世界的手段和活动。可见，安全工程技术措施是对人类安全活动所进行的直接控制，而安全法律则"以权利和义务为机制，影响人们的行为动机，指引人们的行为"[3]，从而调整安全社会关系。这些权利义务内容很多来自对安全工程技术成果的转化，如在安全工程技术确定污染物排放标准基础上，《港口法》第 37 条规定禁止向港口水域排放超过标准的有毒、有害物质。

大多数情况下，安全法律中的权利义务仅仅解决了安全行为的"可为"和"不可为"问题，却并没有回答"如何为"与"如何不为"。如果说民商法借助公序良俗原则与理性人假设能够基本解决这一问题，在安全保障这一专业性和复杂性极强的领域，必须利用科学技术为行为的具体实施提供指导，并为司法实践中判定违法性提供事实依据。[4] 例如，《港口危险货物安全管理规定》第 33 条规定，危险货物专用库场、储罐应当符合国家、行业标准并按照标准检测维护，从而将关

---

〔1〕 参见王福成、陈宝智主编：《安全工程概论》（第 2 版），煤炭工业出版社 2014 年版，第 2 页。
〔2〕 参见陈亮和：《浅析港口工程安全技术》，载《经贸实践》2017 年第 12 期。
〔3〕 张文显：《法的概念》，法律出版社 2011 年版，第 19 页。
〔4〕 参见柳经纬、许林波：《法律中的标准——以法律文本为分析对象》，载《比较法研究》2018 年第 2 期。

于危险货物储存、检测、维护的安全工程技术成果转化为生产经营单位所履行法律义务的具体内容。可见，技术措施与法律措施的分界主要表现在作用尺度上：安全工程技术是对人类安全活动在微观层面的直接调整，而安全法律则是位居宏观层面的间接调整。安全工程技术措施是对法律保障措施在应用维度上的扩展，弥补了安全法律在精细程度上的局限，并全面提升了法律的可操作性。

安全管理措施主要表现为港口生产经营单位进行两方面制度建设：一是制定管理制度，明确规定港口主要负责人、部门负责人和员工的责任制，汇报、评估和奖惩机制，使安全责任制融入企业各部门和员工的日常工作中；二是建立定期评估机制，对安全管理制度实施情况、绩效成果以及管理目标策略是否适当进行评估。[1] 这些管理措施被一些国家利用安全法律转化为刚性的行为模式，并利用法律奖励或者惩罚机制保障管理手段的实施。例如，我国《港口法》第 32 条将港口经营人的安全义务概括为根据相关法律规定加强安全生产管理，建立健全安全生产责任制等规章制度，完善安全生产条件，采取保障安全生产的有效措施。自 1919 年英国学者格林伍德与伍兹首次运用统计学方法对生产安全事故进行分析以来，[2] 安全管理学一直致力于对事故发生原因和规律的实证研究，试图揭示事故发生的原因及预防措施的作用机理。而法学则将这种对安全本质规律的探查转化为法律制度，特别是法律责任制度。法律行为的可归责性需要以一定的因果关系为基础，安全管理学则为这种因果关系提供了逻辑证成。离开了安全管理对安全现象的规律性探求，法律保障将失去理论支撑，甚至明显违背安全规律与伦理道德。

当然，应该更客观地理解法律的局限性。风险依然是可以预防的，但这种预防只是概率论上的降低，而非彻底消除。所以，人类面对风险

---

〔1〕 参见杨炳霖：《后设监管的中国探索：以落实生产经营单位安全生产主体责任为例》，载《华中师范大学学报（人文社会科学版）》2019 年第 5 期。

〔2〕 See Major Greenwood & Hilda M. Woods, *The Incidence of Industrial Accidents upon Individuals with Special Reference to Multiple Accidents*, HM Stationery Office, 1919, p. 9.

仍应勇于作为,尽可能全面识别风险源并对风险的预防做出预先安排。只是在这一过程中,哪些纳入法律治理的范畴,哪些通过安全工程技术、安全管理手段解决,哪些由个人通过提高自我安全意识实现,应当有所权衡规划。法律应当将威胁人民群众生命健康和财产安全的重大风险作为风险预防的重点。人是法的终极关怀主体,生命权是全部人权的根本,而财产权是生命权得以存在的物质寄托,安全法律应始终将对这两种权利的保护奉为自身终极目标,至于其他危险性较小的风险则可通过建立公平的风险分担机制、事故后补偿等方式进行治理。

(2)安全法律的僵化倾向

在法律保障措施内部,法律保障措施因其高度稳定性特质也容易出现僵化现象。理想的法律保障措施试图通过立法者的理性来设计一套权责一致的安全工作体系,各部门职责明确,遵循法律在自身事权范围内有效行动。但实践表明,这种高度稳定的理想化体制在不断涌现的新安全问题面前往往表现迟缓,层出不穷的港口安全事故即例证。此时,安全问题的不确定性远远超出了政治——法律系统的认知规划能力,导致人为设置的法律治理手段失效。[1] 美国社会学家默顿(Robert King Merton)将这种现象称为"训练性无能"(trained incapacity):对规则的极度遵守导致按章办事成为一切活动的准则,工具价值成为最终价值,目的重要性被手段重要性取代,导致整个制度刻板僵化,效率只针对例行事务,对于新问题反应迟钝。[2] 例如,由于很难深入企业生产一线实时监管,目前在政府安全监管中大量采用"痕迹监管"模式,依靠查阅企业安全管理台账、安全档案记录等文件进行事后监管。久而久之,作为制度设计初衷的对实质安全的追求便异化为对形式安全的追求,企业将大量资源消耗在安全文件制备等形式环节,一

---

〔1〕 See Eric W. Orts, *Reflexive Environmental Law*, 89 Northwestern University Law Review 1258 (1994 - 1995).

〔2〕 参见谢立中主编:《西方社会学名著提要》,江西人民出版社 1998 年版,第 184 页。

旦文件通过检查便束之高阁，却忽视了真正的安全落实问题。[1] 1992年挪威在制定安全立法时曾要求企业建立内控安全制度，由于繁重的书面备案要求饱受批评，最终取消。[2]

另外，高度确定化的安全保障措施容易诱发政府组织和企业间的权力寻租现象。例如，天津港“8·12”爆炸事故调查发现，天津港主管部门——滨海新区规划和国土资源管理局长期将港内建设项目规划许可初审权委托天津港（集团）有限公司行使，这不但与国家港口管理体制改革“政企分开”的基本精神相抵触，还直接违反了《行政许可法》第24条对行政机关实施行政委托的法律要求。天津港“既是运动员，又是裁判员”，安全审批流于形式，最终成为事故原因之一。[3]

针对法律保障措施容易出现的僵化倾向，应当注重培养法律系统内部的反思能力。国家对安全保障的介入固然是风险社会的必然要求，但国家并不是唯一的安全保障主体，更不意味着从事安全生产的港口生产经营单位完全沦为安全监管客体。传统的法律保障措施将政府安全生产部门作为唯一的安全监管者，采取行政命令、行政强制与处罚等方式直接规范、控制企业安全生产活动，抑制了企业自身的安全理性，导致企业最终沦为追求经济理性最大化的封闭系统，公共利益等外部价值观无法输送至内部。而作为安全生产工作的实际执行者，企业最为了解自身安全状况和安全需求，对新出现的安全问题反应往往最为敏锐，应该承担更重要的安全治理角色，故有学者提出运用反思理性法理念进行安全保障工作。所谓反思理性法，是指法律不再直接管制企业行为，而通过培养系统内部的反思能力来对抗系统封闭性，通过间

〔1〕 参见卜素、李青：《论安全生产责任制监管模式的困境与重塑》，载《中国安全科学学报》2021年第11期。

〔2〕 参见杨炳霖：《后设监管的中国探索：以落实生产经营单位安全生产主体责任为例》，载《华中师范大学学报（人文社会科学版）》2019年第5期。

〔3〕 参见《天津港“8·12”瑞海公司危险品仓库特别重大火灾爆炸事故调查报告》，载中国政府网，https://www.gov.cn/foot/2016-02/05/5039788/files/460731d8cb4c4488be3bb0c218f8b527.pdf。

接管制实现自治。[1] 托依布纳(Gunther Teubner)认为,反思理性以企业内部的结构性控制代替法律等外部干预性控制,使得其在贯彻自身理性的过程中对外部影响保持敏感。[2] 运用这一理论,近年来欧美国家开始在安全法律中大力推行后设监管,实现政府与企业协作,企业或行业成为自身安全的第一监管者,政府则作为后设监管者对第一监管者进行监管。[3] 我国2021年修正《安全生产法》时将"管生产经营必须管安全"作为安全生产工作原则之一,并要求企业建立全员安全生产责任制,也体现出企业自我安全管理的重要性。

---

〔1〕 参见丁延龄:《社会治理创新的反思理性法模式——以反思环境法为例》,载《政法论丛》2015年第4期。

〔2〕 See Gunther Teubner, *Substantive and Reflexive Elements in Modern Law*, 17 Law & Society Review 278 (1983).

〔3〕 参见杨炳霖:《后设监管的中国探索:以落实生产经营单位安全生产主体责任为例》,载《华中师范大学学报(人文社会科学版)》2019年第5期。

第三章　我国港口安全保障立法体系重构的基本设想

尽管分散式立法架构存在种种缺憾,但不可否认的是,鉴于安全事务的复杂性、安全机构设置的分散性、立法资源的稀缺性、域外国家示范立法例影响等种种原因,其仍是目前最为可行的港口安全保障立法架构方案。历经近 20 年立法实践,我国安全立法不仅实现了从无到有,还比较完备地覆盖了所调整领域。在未来的港口法治工作中,很难抛弃已有的立法资源,重新制定所谓的港口安全保障法典或单行法,只能探讨通过精巧的法学方法论工具尽可能规避种种结构性缺陷,重构港口安全保障立法体系。2022 年 1 月交通运输部《关于进一步加强交通运输安全生产体系建设的意见》,强调健全依法治理体系,加强法规制度建设工作。体系化恰好揭示了我国港口安全保障立法的完善方向,为弥补立法的协调性与周延性缺陷提供了思维工具方法。

第一节　体系重构的理论基础

在描绘体系蓝图前,需要找到体系重构的理论支持。首先,法律对体系化思想的关注由来已久。古希腊法学家就已经从调整对象内涵的总体性、体系内部的一致性、分类标准的合乎逻辑性等方面开展法学研究。[1] 如今，体系化更是成为法学研究的一项"永续任务"。[2] 体系化思维对立法脉络关联与法秩序意义的挖掘，为克服港口安全保障立法的结构性缺陷创造了条件。其次，在法律体系理论之外，功能主义立法理论又为立法的体系化提供了一种超出传统研究框架的社会学诠释，进一步揭示了港口安全保障立法与安全保障目标之间的深层联系。最后，领域法学理论从学科研究的角度为港口安全保障立法勾勒出了一个以调整对象所在行业或空间领域为依据形成的，相对独立且稳定的研究领域。

一、法律体系理论

"面对浩如烟海且功能手段各异的法律规范群，为避免冲突与紊乱，体系性必然成为立法重点。"[3] 其实如果不局限于法学视角，体系化本就是人类认识客观世界的一种基本方法。正如系统论认为，系统的整体性及其特殊功能、规律和性质存在于各要素的相互联系、相互作用和相互制约中，系统的效用远远超出各要素的机械总和。[4] 萨维尼(Friedrich Carl von Savigny)从德国唯心论哲学中汲取了体系思想，并将体系特征作为与历史特征并列的法律科学重要特征。从此开始，体系化被视为实现法律体系科学构建和立法完善的重要方法。"法律科学最为重要的任务之一就是发现单个的法规范之间和规则体相互之间，以及它们与法秩序的主导原则之间的意义脉络，并将该意义脉络以可被概观的方式，即体系的形式表现出来。"[5] 而体系化所表现出的"建构秩序"特征，即将立法根据某种人为确定的秩序目标进行整合归类，也契合了安全立法的基本属性。安全立法认识到风险并非个人选

〔1〕 参见张功：《法学规范研究方法》，湖北人民出版社2016年版，第60页。
〔2〕 参见[德]卡尔·拉伦茨：《法学方法论》，黄家镇译，商务印书馆2020年版，第220页。
〔3〕 宋亚辉：《社会基础变迁与部门法分立格局的现代发展》，载《法学家》2021年第1期。
〔4〕 参见赵秀娥：《马克思主义整体性研究》，内蒙古大学出版社2015年版，第67页。
〔5〕 [德]卡尔·拉伦茨：《法学方法论》，黄家镇译，商务印书馆2020年版，第548－549页。

择的产物,更非个人所能承担,因而仅靠人的自发行为难以实施有效的风险干预,需通过国家权力进行纠正引导。这种有意识、有目的的立法建构产物,更应通过体系化方式进一步厘清并彰显其精神特质,而不是任由分散的立法形式将其原本追求的“建构秩序”冲淡。

(一)体系化的功能表达

“体系不仅有助于概观和实际工作;也是超越现有脉络联系——这种脉络联系只能在体系中清晰呈现——发现新知识的源头,因此也是法秩序继续发展的基础。”[1]借由体系化方法,港口安全保障立法将实现下列目标:

第一,实现价值理念层面的融贯统一。其实在法律体系思想诞生之初,体系与价值评价并无联系。概念法学甚至主张通过形式逻辑彻底隔绝法律与伦理价值观念之间的关联,利用抽象程度不同但又层层涵摄的概念构筑起实证法律素材体系大厦。[2] 但是,这一理论因排斥利益权衡和目的考量而与社会现实割裂,常得出荒谬结论而遭到批判。此后无论是主张法学体系应以“目的”或者“利益”为建构中心的利益法学,还是主张借由法律原则所蕴含的价值评价建构体系的评价法学,都摒弃了完全的形式理性观点,强调法律体系内部面向上的和谐一致。以这种体系化思想为指引,港口安全保障立法可以在立法目的、法律宗旨层面上实现互相支持和彼此证立,凸显蕴藏在各安全立法背后的意义脉络,从而促进各法律在深层价值方面的融贯统一。

第二,实现法律规范层面的完备自洽。尽管法律体系理论逐渐意识到了价值理念对体系构建的重要意义,但并不意味着彻底抛弃了法律的外在形式。例如,拉伦茨认为,外部体系仍然是不可或缺的,因为仅凭内部体系并不能将所有规范或规则体整合,外部体系可以使大量

[1] [德]卡尔·拉伦茨:《法学方法论》,黄家镇译,商务印书馆2020年版,第220页。
[2] 参见[德]卡尔·拉伦茨:《法学方法论》,黄家镇译,商务印书馆2020年版,第549页。

不蕴含价值评价的"法律技术性"规则生成一种外部秩序并得到使用。[1] 这种外部秩序一经形成便将不可避免地带有形式理性追求，要求各规范内容完备、逻辑自洽。[2] 因此，体系化方法将有助于已有的安全立法素材得到符合安全科学逻辑的编排与组织，构成和谐统一的规则体。

第三，实现法律层次结构层面的和谐有序。除了关注内容上的完备性与逻辑自洽性，各法律形成的层次结构是法律外部体系另一考虑因素。相较于价值理念，法律规范无疑居于体系外部，而这些规范所展现出的形式特征则位于更外部。"法律规范之间必须具有不同位阶或位于不同的层次，这样才能形成一种体系化的存在。"[3] 根据体系化的要求，不同港口安全保障立法需要根据其效力等级选择最恰当的载体形式，实现内容与形式的高度匹配，各层次立法相互衔接、层层递进。位于不同效力层次的法律规范需依据逐级的授权关系形成动态关联，通过等级式的分层显现彼此之间的授权和效力关系。[4]

第四，实现对安全法律规律的准确把握。体系化进路有助于从全局高度对港口安全保障立法进行规律性探究，实现科学合理的立法谋篇布局。基于安全科学的普适性以及安全社会关系的客观规律性，通过对立法自身特性以及与其他法律之间关系的识别，能够找到港口安全保障立法的一些共通的逻辑起点。规律性共识一经总结确定，又可以作为法律修改完善的参照标准，反作用于港口安全工作中，发挥全局性的引领作用。

（二）体系化的进路选择

体系化的最终实现取决于恰当的体系进路选择。伴随《民法典》

---

〔1〕 参见[德]卡尔·拉伦茨：《法学方法论》，黄家镇译，商务印书馆 2020 年版，第 612 - 613 页。

〔2〕 参见徐以祥：《论我国环境法律的体系化》，载《现代法学》2019 年第 3 期。

〔3〕 梁迎修：《方法论视野中的法律体系与体系思维》，载《政法论坛》2008 年第 1 期。

〔4〕 参见冯威：《法律体系如何可能？——从公理学、价值秩序到原则模式》，载《苏州大学学报（法学版）》2014 年第 1 期。

生效,通过制定法典的方式统合本领域分散化、碎片化的立法,最终建构和谐统一的部门法体系成为商法、环境法等法律部门的研究热点。但港口安全领域显然不具备制定法典的现实条件和必要性。港口安全保障立法由行政法律规范、劳动法律规范、民事法律规范乃至刑事法律规范等组成,无法依据所调整社会关系与调整方法形成典型意义上的法律部门。[1] 即使忽视法律部门的影响,除了煤矿生产、核电、食品安全等少数高危或关乎国计民生的重点领域,其他安全领域几乎不具备制定单行安全法典的可行性。而另一种体系化路径——法律汇编,因"仅仅将现行的法律进行简单的排列,并不进行实质性的修改和创造,一般不涉及一个严密的体系安排和编纂计划,难以消除单行法之间的内在冲突和矛盾……法律汇编在内容上也就存在空白,缺乏全面性"[2],同样难以担负起实现港口安全保障立法体系化的责任。

在采取形式意义上的体系化进路皆不可行的情况下,港口安全保障立法可转而采取一种建构在思维层面上的立法规范认知体系进路。体系本就是人类思维对知识加工处理的产物。依据特定的目的,设定所期待的功能,将知识或者事物根据其存在上的关系加以组织,就得到了体系。[3] 而法律体系则是通过若干法律要素,以及这些要素之间形成的若干关系,按照一定的结构所形成的集合。[4] 即使不制定成文法典或法律汇编,通过对法律素材的诠释或描述,揭示原本分散、无序规则之间的脉络关联与法秩序意义,以此发现其中的冲突与不协调,弥补立法上的疏漏,勾勒出逻辑统一、内容周延的集成式法律框架,同样也是体系化进路的实践方式之一。具体而言,这种认知体系应由发挥理念统领作用的立法价值体系、发挥逻辑划分组织功能的立法内容体系

---

〔1〕 这一问题涉及对港口安全立法的性质认识问题。本书认为,不能从部门法学在港口行业的延伸这一角度认识港口安全立法,其具有独立的安全行业法属性,应遵循领域法学的研究视角。第三章第一节第三部分将对此问题予以详述。

〔2〕 王利明:《中国民事立法体系化之路径》,载《法学研究》2008 年第 6 期。

〔3〕 参见梁迎修:《方法论视野中的法律体系与体系思维》,载《政法论坛》2008 年第 1 期。

〔4〕 参见冯威:《法律体系如何可能?——从公理学、价值秩序到原则模式》,载《苏州大学学报(法学版)》2014 年第 1 期。

与发挥体系构建指导作用的方法路径体系共同构成。立法价值体系阐释了港口安全保障立法应遵循的指导思想与价值目标，立法内容体系揭示了法律在调整对象上的分工衔接关系，方法路径体系则揭示了安全立法体系背后所反映的规律性认知。

二、功能主义立法理论

法律体系理论从法律结构的内在逻辑这一内部视角回应了港口安全保障立法为何要进行体系化以及如何体系化的问题。但是，法律不能被仅仅视为一系列技巧性的法律用语，而应追求对社会秩序基础性问题的持续解决。[1] 因此对法律现象的研究往往不能脱离其社会功能，正如港口安全保障立法从其命名的角度就包含着强烈的社会功能暗示——保障港口安全。法社会学中的功能主义立法理论能够从外部视角诠释在社会环境中特定社会功能与立法的关系问题，表明港口安全保障与立法体系化的相关性。

（一）功能主义立法理论的基本内涵

功能主义立法理论深受社会学中的功能主义理论影响。19 世纪自然科学研究取得长足进步，孔德（Comte）、斯宾塞（Herbert Spencer）等社会科学家将社会类比于生物有机体，认为如同有机体包含器官、组织一样，社会也由各组成要素构成，各要素相互独立又彼此依赖，这种“整体—部分”的思想产生了巨大影响。功能主义理论认为社会系统存在的意义在于其对外部环境发挥功能。[2] 帕森斯（Parsons）运用“系统”“子系统”等抽象概念来描述这一思想，主张社会作为一个庞大系统分化出了不同子系统，每个子系统承担着不同的功能，各个子系统的协同运作共同维持着社会的正常运转。根据功能主义理论，社会学研究的重点在于探寻各系统间的相互作用及作用方式。为此，帕森斯创

---

〔1〕 参见吕世伦主编：《现代西方法学流派》（上卷），黑龙江美术出版社 2018 年版，第 354 页。

〔2〕 参见马姝：《论功能主义思想之于西方法社会学发展的影响》，载《北方法学》2008 年第 2 期。

立了“AGIL 分析框架”，认为这种功能可归为四类：调试（adaption）功能，指系统从外部获取资源以维持生存的能力；目标实现（goal attainment）功能，指系统实现期望的某种目标的能力；整合（integration）功能，指使不同子系统协调一致，避免游离与断裂的能力；模型维护（latency pattern maintenance）功能，指系统维护处于潜在状态的能力。[1]

对于法律，功能主义理论主张跳出法律自我框架的限制，将法律与其他社会现象一并置入社会背景中，探寻其与其他社会要素之间的联系，即探寻法律的功能。默顿提出，功能所描述的是一种“社会适应和调适的结果”，既包含正反两面，又包含显隐两面。[2] 他反对此前一些功能主义学者所持有的社会现象必有益于社会整体的观点，主张更为全面、客观地考察功能，从而为深入探析法律的功能进行了理论准备。正是在以上研究的基础上，卢曼（Luhmann）提出了功能主义立法思想，较为全面系统地揭示了法律对社会系统的功能。

卢曼认为，必须在相互关系中认识法律与社会。法律是一种社会结构，其功能在于调节社会系统的复杂性。所谓复杂性描述的是“在体验和行动中可能性的总和”[3]。社会结构形式与其复杂性互为条件。一方面，社会结构具有调节系统复杂性的功能。结构是一种应对社会复杂性的简化机制，通过把一个范围缩小了的可能性区间设定为可期望的，来缓解来自社会系统复杂性的持久压力。[4] 另一方面，这种结构的有效又有赖于自身的复杂性。例如，在简单的社会状态中，法律系统也趋于简单、具体；随着社会结构的复杂化，法律也越发复杂抽象，以保留对不同情况进行解释的灵活性。[5] 正是在这种双重选择的互动过程中，法律实现了不断进化，法律进化的动力是社会不断加深的

---

〔1〕 参见方匡国编著：《再现世界历史：20 世纪社会科学》，山东科学技术出版社 2017 年版，第 38－39 页。

〔2〕 参见吴越编著：《走进社会学》，西苑出版社 2018 年版，第 43－44 页。

〔3〕 [德]尼克拉斯·卢曼：《法社会学》，宾凯、赵春燕译，上海人民出版社 2013 年版，第 44 页。

〔4〕 参见[德]尼克拉斯·卢曼：《法社会学》，宾凯、赵春燕译，上海人民出版社 2013 年版，第 80 页。

〔5〕 参见吕世伦主编：《现代西方法学流派》（上卷），黑龙江美术出版社 2018 年版，第 359 页。

复杂性。这种进化体现在:第一,法律具有创造多样化的机制,法律的功能可以不断分化并创造大量可供选择的规范。第二,法律可以分化出使规范运行的程序系统,从而选择及利用可能性并消除无用物。第三,法律可使规范抽象化,在语言上将规范的可传播意义确定下来。[1]

在法律持续进化的同时,法律系统也实现了运作的自成一体性。"法律的功能问题是与社会系统相关联的,换言之它涉及通过专门法律规范的分出和最后通过一个特殊的法律系统的分立要解决社会系统中的什么问题。"[2]这里,卢曼运用了"系统/环境"理论来解释法律与社会的复杂互动关系。所谓环境是指系统之外的一切因素。根据这一定义,法律与政治、经济等无不构成彼此的环境。对于一个功能系统而言,现代社会功能分化导致功能特定化,没有哪个子系统能够解决另一个系统的核心问题,这意味着各系统将最终走向封闭。[3] 然而,这种在运作上的自成一体并不意味着系统与环境的隔离,系统仍会受到环境的影响。以法律子系统为例,其基本功能就在于调节社会系统的复杂性,因而在政治、经济等子系统发生改变时,法律子系统也会做出相应改变以应对环境中新增的复杂性。因此,功能主义立法理论认为法律既在规范上保持封闭,又在认知上保持开放。

(二)功能主义立法理论对立法体系化的诠释

卢曼的功能主义立法理论为港口安全与立法体系化之间的互动关系提供了理论诠释。随着系统复杂性的增加,社会系统实现了由块状向功能特定子系统的重构。[4] 安全也可视为一个相对独立的子系统。正如吉登斯认为社会的现代性孕育在风险之中,"迫使我们越来越多

---

[1] 参见吕世伦主编:《西方法律思潮源流论》,西安交通大学出版社2016年版,第239页。

[2] [德]卢曼:《社会的法律》,郑伊倩译,人民出版社2009年版,第63页。

[3] 参见杜健荣:《法律与社会的共同演化——基于卢曼的社会系统理论反思转型时期法律与社会的关系》,载《法制与社会发展》2009年第2期。

[4] 参见[德]尼克拉斯·卢曼:《法社会学》,宾凯、赵春燕译,上海人民出版社2013年版,第189页。

地从风险角度考虑问题”[1]，安全已成为现代社会的重要子系统。这一子系统还在不断分化演进，产生诸如国家安全、经济安全、港口安全等分支系统，其原因在于新发展格局下安全已贯穿国家发展各领域与全过程，并且由于风险的异质性塑造了各自的安全体制，共同构成了法律子系统运行的外部环境。根据功能主义立法理论，此时法律有必要对分化的外部环境加以反馈。法律自创生理论的代表人物托依布纳认为，法律虽不直接对社会进行干预，但会“通过调整自己调整社会”。[2]因此，港口安全保障立法本质上是对当前海洋法律所处外部环境变化做出的回应，满足了在“加快建设交通强国”整体部署下对港口立法统筹安全与发展目标的期待，并与可持续交通新格局中海洋立法所应承载的社会功能高度吻合。

根据功能主义立法理论，港口安全保障立法在对外部环境保持开放的同时，也在维持着自成一体式的运作，最终走向体系化。一方面，不断增加的子系统复杂性使得港口安全法律规范的数量显著增加，这就解释了包括我国在内的多国均出现由众多单行立法所组成的分散式架构。另一方面，与规范共同诞生的还有相应的程序以及抽象化系统。三者共同构成了港口安全立法体系化的基础：在数量丰富的法律实体规范及程序规范基础上，通过抽象相关规则提炼共同的价值目标、内容分工与路径方法，构筑一个具有统一内在秩序的法律体系。港口安全领域的功能主义发展倾向为相应法律开辟了体系化发展的空间。这种体系化恰恰是“形成新的和不同的自我关联循环”的法律“自我创生”过程。[3]

从法律对社会的功能角度看，功能主义立法理论还可以回应另一

---

〔1〕［英］安东尼·吉登斯、［英］克里斯多弗·皮尔森：《现代性——吉登斯访谈录》，尹宏毅译，新华出版社2001年版，第77页。

〔2〕参见［德］贡塔·托依布纳：《法律：一个自创生系统》，张骐译，北京大学出版社2004年版，第66页。

〔3〕参见［德］贡塔·托依布纳：《法律：一个自创生系统》，张骐译，北京大学出版社2004年版，第39页。

重要问题——法律保障手段对维护港口安全的意义。根据帕森斯的"AGIL 分析框架",法律子系统的重要功能包括维护总体系统运转的模型维护功能以及不同子系统之间的整合功能。前一功能使得立法具有安全保障作用,能够通过预设行为规范,降低系统的偶然性。所谓偶然性是指系统中被指向的可能性与期望之中可能性的不一致,正是偶然性导致了风险的出现。[1] 后一功能则表明法律可以实现各种安全保障措施的协同发展,为基于安全法治的港口安全综合治理创造了前提。根据第二章的论述,在港口安全治理中除了继续加强法律保障手段建设,港口安全保障立法还应设法为安全工程技术、安全管理等其他具有安全保障功能的子系统的融合发展提供制度性保障。随着系统功能的分化,人们行为的偶然性增大,对行为所产生的预期的一致性需求增加,诱发了预期一致性的矛盾。而法律的作用正是为主体间行为提供一个可供预测的环境,将不同维度上的一般化方式加以统一,使之成为一种相互兼容、相互支撑的整体。[2] 正如帕森斯主张,法律内在于社会之中,是社群共同体的核心,行使社会整合功能,确保社会团结。[3] 功能主义立法理论揭示了法律保障措施能够为功能分化的安全工程技术、安全管理措施提供确定性框架,从而形成港口安全主体所预期的社会结构。"法律调整的目的是实现不同次级系统之理性的外部调和,以使整体社会作为一种自我指涉的超循环成为可能。"[4]

三、领域法学理论

仅仅根据法律体系理论与功能主义立法理论,并不能充分回应安

---

〔1〕 参见[德]尼克拉斯·卢曼:《法社会学》,宾凯、赵春燕译,上海人民出版社 2013 年版,第 71－73 页。

〔2〕 参见杜健荣:《法律与预期——论卢曼对法律之社会属性的重构》,载《云南大学学报(法学版)》2011 年第 3 期。

〔3〕 参见肖小芳:《道德与法律——哈特、德沃金与哈贝马斯对法律正当性的三种论证模式》,光明日报出版社 2011 年版,第 126 页。

〔4〕 丁延龄:《社会治理创新的反思理性法模式——以反思环境法为例》,载《政法论丛》2015 年第 4 期。

全法与其他法律的关系问题。因为依照经典部门法学理论,安全法律的诸多规范可以被归入行政法、劳动法、保险法等范畴。如此一来,港口安全保障立法的体系进路将由于法律部门的影响被拆解。这也是近年来海法学、互联网法学等学科所普遍遭遇的困境。为此有必要突破传统学科研究模式,重新探求适合的体系路径方法。领域法学认为,上述法律研究领域的产生并非部门法理论所驱动,而是依据问题意识所进行的法学领域展开。领域法学理论提出了有别于传统部门法的领域性法律规范集成方式,能够较为有效地弥合新兴、交叉领域与传统部门法学科之间的适应性鸿沟,为港口安全保障立法体系构造提供科学的学科方法指引。

(一)传统部门法研究范式危机与领域法学兴起

将社会现象通过裁减、合并形成相对独立的学科体系,从而提高研究深度,是社会科学研究所采用的普遍研究范式。但是,这种传统研究方法在当代被广泛质疑:一方面,过度精细的部门法划分人为制造了研究壁垒,各部门被局限于各自学科,本应在法律共同体之间共享互通的问题、知识、资源却逐渐疏离甚至发生自我解构。[1] 根据法律体系理论的融贯性要求,体系之中的法律需要借鉴彼此来理解自身,因此在很多情况下应打破学科壁垒,跨越不同的法律部门。[2] 另一方面,复杂的社会生活冲击着既有的法律体系,法律的内在自足的稳定性与可预期性遭到前所未有的挑战。诸如海洋、互联网等领域问题不断考验着法律治理能力。而这些领域又由于现代社会物质、信息、人员快速流动产生了彼此之间强烈的相关性,对此传统部门法理论框架很难解决,法律部门与法律问题之间的一一映射关系逐渐被打破。“这些社会问题本身包含着隶属于不同部门法体系下的法律关系,故而以其为调整对象或调整方法的法律也就必然会横跨多个部门法……新兴交叉法律领

---

〔1〕 参见佘倩影:《“领域法学”:法理视野与话语共建》,载《法学论坛》2018 年第 4 期。

〔2〕 参见雷磊:《法律体系、法律方法与法治》,中国政法大学出版社 2016 年版,第 85－90 页。

域无法按部门法学标准将其划归任何既有的法律部门。"[1]相应地,海法、互联网法等新的法律学科概念在各自领域出现。

起初,这些新兴学科也试图沿袭传统思路,通过对自身独立法律部门属性的论证来获得身份认同与学术发展资源。但是,这条重走部门法的传统发展进路在当代面临着重重阻碍:现代社会中社会现象的关联性和整体性使得各法律现象出现交叉,传统法律部门划分方法已很难在既有法律部门之外为新法律部门开辟泾渭分明的研究版图,其"独立性"频遭否定。例如,近年来兴起的海法研究就一直受困于自身法律规范同时兼具公私法属性,其身份因民事、行政、刑事规范融合而屡被质疑。[2] 另外,目前法学界已越发认识到精细化分工所带来的局限性,强调扩充内外部研究视野,不仅传统法律部门之间开始交叉互补,同时大量引入政治学、历史学、经济学乃至自然科学等非法律科学研究成果。[3] 种种因素的现实制约使得各新兴法律学科逐渐认识到,不能再受限于传统部门法研究方法,必须找到与当今社会问题及法律研究发展相适应的法学研究范式与方法。

近年来兴起的领域法学理论有效地回应了新兴法律学科所遭遇的"身份危机"。与传统法律部门划分不同,领域法学研究坚持问题导向的研究思路:不再机械地将问题搁置于预先划定好的法律部门框架中寻求解决,而是着眼于具体问题予以解剖分析,探究其可能涉及的法律规范及其价值,做技术和法理上的整合,并由此形成相应的领域概念、体系和问题解决方法。领域法学认识到传统部门法学之所以在一些新兴交叉领域治理"乏力",原因就在于法律部门间、学科之间单一、孤立的研究范式所造就的壁垒,提倡以特定社会领域内具有共性的法律现象为研究对象,综合运用人文社会科学方法进行归纳、解释与预测,整

---

〔1〕 刘剑文:《论领域法学:一种立足新兴交叉领域的法学研究范式》,载《政法论丛》2016年第5期。

〔2〕 也有学者从海法的历史发展角度反向论述了部门法理念对统一海法的吞噬和拆解。参见司玉琢、李天生:《论海法》,载《法学研究》2017年第6期。

〔3〕 参见佘倩影:《"领域法学":法理视野与话语共建》,载《法学论坛》2018年第4期。

合传统法律部门要素以消解研究壁垒。[1] 从这个意义上说，领域法学并非对传统部门法学的颠覆，而是对部门法学难以有效回应的新兴领域问题所提供的一种崭新的研究视角和方法论指引，“为部门法之‘墙’开拓了新的‘窗’”。[2]

另外，领域法学理念也深刻回应了中国特色社会主义法律体系建设的时代需求。2011 年宣布了中国特色社会主义法律体系已经形成；但是，法律体系形成并不表明法律体系已彻底完备。2014 年《中共中央关于全面推进依法治国若干重大问题的决定》仍用近 1/10 的篇幅强调并部署“加强重点领域立法”问题。以重点领域立法作为新时期法治工作着力点，反映了传统填补立法空白式的法律体系建设思路开始向精准化建设与法律完善思路转变，这种不贪大求全、以具体问题为导向的立法模式与领域法学理念高度契合。[3]

（二）港口安全保障立法研究的领域特征辨识

根据功能主义立法理论，港口安全保障立法是从安全立法之中不断分化形成的。这决定了二者在研究方法上的共同性。因此，安全法学所具有的领域法学特征同样为港口安全保障立法研究所享有。

首先，领域法学强调问题意识，而安全法研究正是以问题为中心展开的。安全法的出现是为了回应伴随着工业文明出现而日趋严峻的安全治理问题。在寄希望于公众舆论与企业自觉失败后，一些法治化起步较早的国家如德国、美国开始运用法律保障手段提高安全水平。我国将西方国家数百年工业化发展之路压缩至 1949 年以来短短 70 余年，客观上造成了安全问题在一段时间内集中爆发。这造成安全法学研究在我国具有了紧迫性与必要性。特别是伴随着我国进入新发展阶段，安全问题受到了前所未有的关注。2020 年 7 月 30 日中共中央政治

---

〔1〕 参见刘剑文：《论领域法学：一种立足新兴交叉领域的法学研究范式》，载《政法论丛》2016 年第 5 期。

〔2〕 刘剑文、胡翔：《“领域法”范式适用：方法提炼与思维模式》，载《法学论坛》2018 年第 4 期。

〔3〕 参见杨文德：《领域法学崛起因应新兴学科挑战》，载《中国社会科学报》2018 年 11 月 21 日，第 5 版。

局会议首次提出了“更为安全的发展”目标，预示着安全将成为构建新发展格局的重要前提和保障。以上种种都成为我国安全法学的研究导向。而与安全法相比，港口安全保障立法自身的问题意识甚至更为明确，即专为应对港口安全风险、提高港口安全治理水平而产生，与领域法学研究极为契合。

其次，本体性是领域能够形成的关键因素，同样为安全法学所具备。社会生活中的问题复杂多样，由问题意识牵引展开并不是判断领域形成的唯一因素，否则将会产生无穷无尽的法律“领域”。形成领域的前提是相关领域具备自成一体的特性。[1] 有学者将其称为“本体性”，意指“特定领域之中的社会关系组成结构、利益分配模式已经被该领域运行的一般原理、历史惯例相对固化，而形成了相对具有自足性的规则、习惯、文化群落”[2]。领域法学理论是对部门法学理论局限的一种回应，本质上是当某一领域具有的本体性与法律对社会生活的普遍干预发生冲突时，强调自足性规则相较于一般法律原理的优位地位。[3] 安全法学的本体性表现为庞大的安全法律规范体系、独特的理念和价值追求、固定的行业管理机制等。拥有体系健全、规模庞大的法律规范是本体性的基础，这些规范还需要蕴含不同于部门法的价值理念追求。而安全虽然是一种普遍性的法律价值，但其在安全法中才得以全面凝练外显。[4] 此外，安全法还建立了一套相对独立的执法体系，包括以应急管理部门为代表的安全综合执法机构与港航管理部门等安全专项执法机构。

再次，领域法学倡导综合运用各学科研究方法，而安全法学研究方法也是开放的。安全法学是典型的安全科学与法学交叉学科。根

---

〔1〕 参见曹兴国：《海商法自体性研究》，法律出版社2020年版，第20页。

〔2〕 吴凯、汪劲：《论作为领域法的环境法：问题辨识与规范建构》，载《辽宁大学学报（哲学社会科学版）》2019年第1期。

〔3〕 参见吴凯、汪劲：《论作为领域法的环境法：问题辨识与规范建构》，载《辽宁大学学报（哲学社会科学版）》2019年第1期。

〔4〕 对港口安全保障立法价值理念的分析可详见本章第二节。

据2009年版《国家标准学科分类与代码》(GB/T 13745—2009),安全法学在作为法学学科中部门法学分支的同时,也是安全科学技术学科中新增的安全社会科学学科分支。因而安全法学研究除了遵循法学基本研究方法,也大量应用了人文科学研究中的管理学、经济学方法,甚至包含大量的安全工程技术等自然科学内容。安全事故的发生有其客观规律,对事故的有效预防必须尊重这些规律,否则将丧失立法的科学性。而在港口安全法律保障工作中同样强调对安全工程技术、安全管理等安全科学手段的系统应用,安全工程技术及管理水平甚至制约着法律保障的最终效果。

最后,领域法学整合传统法律部门要素,而安全法学同样探讨法律规范的集成运用。安全生产环节众多,法律关系复杂,导致安全法律规范横跨多个法律部门。如果依据部门法学理论对其进行拆分,认定为行政法、劳动法等,将人为割裂安全保障制度之间的有机联系,忽视安全工作的整体性、全局性,最终影响法律的有效实施。此时有必要进行综合性考察,对安全法问题予以统一解决,这正是领域法学的典型研究方法。[1] 而港口安全保障立法所追求的同样是逻辑统一、体系严密的集成式法律框架,以实现各法律之间的相互衔接、协调统一为体系重构目标。

由此可见,安全法学研究应采用领域法学研究视角。领域法学理论解决了长期困扰安全法学等新兴学科的"身份危机"问题,即在与传统法律部门存在种种交叉与融合的情况下如何寻找自身的学术归宿与理论定位。[2] 当然需要强调的是,领域属性并不意味着将港口安全保障立法与部门法彻底隔离。正如领域法学本身并不排斥部门法学,只是一种研究范式和观察视角上的创新,进而起到拓展立法定位的作用。

---

〔1〕 参见洪治纲:《论领域法学理论在金融法学中的应用》,载《辽宁大学学报(哲学社会科学版)》2019年第1期。

〔2〕 参见刘剑文:《论领域法学:一种立足新兴交叉领域的法学研究范式》,载《政法论丛》2016年第5期。

第二节　我国港口安全保障立法价值体系融贯

面对纷繁复杂的法律，港口安全保障立法体系应当首先立足于价值融贯。“法律规范之间并非仅靠逻辑，更重要的是依靠价值标准而统合在一起……”〔1〕立法活动并不仅仅是对客观社会规律以及人与人行为模式的被动发现和确认，更是一种主动性的社会规范创造活动，带有立法者极强的主观能动性。而法律的价值追求作为立法者预设的法律逻辑起点与立法出发点，往往起到统摄全篇的作用。拉伦茨提出，体系化的任务不仅仅在于发现逻辑形式体系，更在于“将法秩序作为意义整体的意义脉络显现出来并进行描述”〔2〕。反思我国当前立法，由于制定机关、生效时间、立法背景上的差异，其价值理念可能并不完全一致，甚至存在一定程度的抵触，最终影响到法律内容的有效表达与法律之间的协调互动。

一、价值体系融贯的基本载体

对于立法价值的协调需要找到恰当的价值载体，在港口安全保障立法中主要通过立法目的条款进行。立法目的是立法决策者决定的某法律文本的特定目标，通常整个法案都围绕特定立法目的进行设计。而具体到每一部法律中，特定的立法目的主要通过“立法目的条款”进行表述。这些条款多位于每部法律的第 1 条，以“为(了)A,B,C,(根据×,)制定本法”为典型句式。虽然法律原则常常被视为法律体系中价值标准的主要表现形式，〔3〕但在港口安全保障立法的体系构造中，

---

〔1〕 梁迎修:《方法论视野中的法律体系与体系思维》,载《政法论坛》2008 年第 1 期。

〔2〕 [德]卡尔·拉伦茨:《法学方法论》,黄家镇译,商务印书馆 2020 年版,第 611 页。

〔3〕 参见梁迎修:《方法论视野中的法律体系与体系思维》,载《政法论坛》2008 年第 1 期。

立法目的相较于法律原则更具有价值统合方面的代表性。一方面，法律的价值目标要依靠立法目的进行具象化表述。价值目标关乎法律的“精神气质”，解决的是“怎样构建一部法律”的问题。但是，这种对法律抽象规律的认识往往只存在于立法者的头脑中，或以文字形式出现在法律的起草说明、修改情况汇报等非正式立法文件中，再或者仅是一种学理层面的归纳分析。而立法目的则是法律目标定位在具体法律中的体现，通过落实于法律中的具体文字，表达了立法者对法律应然作用的期待并使之具有法律约束力。此时，立法目的成为抽象价值目标向具体法律转化的桥梁。

另一方面，港口安全保障立法体系是以行为或者社会关系发生的行业领域为标准聚合成的体系，具有很强的松散性。不同立法应对的风险类型不同，所匹配的规则设计也往往不同，其背后的支撑原则更是迥异。这种以行业领域为标准构造的松散结构，很难通过少数几项精炼的法律原则规定融贯价值目标。而与之相反，上述立法的立法目的具有很强的相似性，均以保障港口安全为总体目标，并根据各自的调整对象发展出差异化的立法目的，这使得立法目的相较于法律原则更能代表港口安全保障立法体系的价值目标。“立法的指导思想，包括立法的宗旨、目的，是一部法律的灵魂。”[1]体现在正式法律中的立法目的条款发挥着统摄整部法律、并作为法律解释重要依据的功能。[2]

此外，基于安全法的特殊定位，立法目的对于港口安全保障立法还具有重要意义。有专家将法律划分为秩序法和管制法。[3] 类似于民法、商法等法律是基于社会自发秩序生成的，立法者仅仅是将已经存在于社会关系中的法律关系挖掘出来进行法律表述，对于这些秩序法，规

---

〔1〕 姜春运：《姜春云调研文集：民主与法制建设卷》，中央文献出版社、新华出版社 2010 年版，第 28 页。

〔2〕 参见郭昌盛：《基于立法实践的税收立法目的条款省思》，载《重庆社会科学》2020 年第 2 期。

〔3〕 参见苏永钦：《法学为体，社科为用——大陆法系国家需要的社科法学》，载《中国法律评论》2021 年第 4 期。

定法律目的条款意义并不显著。与之相对的另一部分管制性法律是立法者基于明确的目的而创设的,一旦偏离目的,法律就失去了存在的正当性。安全类立法具有典型的政策法特征。安全立法从诞生之初就是立法者为了保障人身安全健康、财产安全免遭外界因素危害所创设的法律规范,其规范体系无不服从并服务于这个目标。虽然安全法律规范需要遵循安全科学的客观规律,但这只是安全法律所追求的应然目标之一,安全立法实然上仍是立法者从理性和经验出发所进行的人为制度设计,并试图建立一种人造的安全秩序。此时立法目的将成为评判法律制度设计合理性、保障法律有效实施的重要工具。

我国现行港口安全保障立法均设置了立法目的条款,受制于分散立法格局,不同法律立法目的条款之间的逻辑结构错综复杂。首先,安全保障一般法与特别法在整体立法目的选择上有较大差异。安全保障一般法大多将维护人民群众生命和财产权、预防减少事故发生等安全诉求作为最突出的立法目的,而在港口安全保障的特别法中,安全仅仅是立法所追求的目标之一,尚有加强港口管理、维护港口经济秩序、促进港口建设与发展等平级甚至是更主要的诉求。其次,安全保障特别法与一般法间存在相互借鉴。例如,《港口危险货物安全管理规定》就借鉴了《安全生产法》《危险化学品安全管理条例》等安全保障一般法中对立法目的条款的表述。最后,受法律位阶影响,上下位法的立法目的存在同构性。例如,在港口安全保障特别法中,《港口法》作为立法层级最高的基础性法律,其立法目的表述直接影响着《港口经营管理规定》《港口危险货物安全管理规定》等下位立法。

我国港口安全保障立法中立法目的的复杂性,冲淡了法律的核心功能诉求,可能影响到安全立法整体效能的发挥。"只要立法者或司法者曾经为价值判断,就必须将此价值判断在法律规范中贯彻到底,这样方能符合正义所要求的'同样情况同样对待'。"[1]因此,为了构建逻辑统一、体系严密的港口安全保障立法体系,必须对散乱在

〔1〕 梁迎修:《方法论视野中的法律体系与体系思维》,载《政法论坛》2008 年第 1 期。

各部法律中的立法目的进行系统化审视，对阻碍安全功能发挥的目的表述予以纠正，最终提炼出几个贯穿始终的立法价值目标。这种审视并非为了将各立法的立法目的进行固化，而是借由核心目的的明确，保持整个立法体系的价值统一和内在协调。

二、保障人民群众生命和财产安全

港口安全保障特别法，抑或安全保障一般法，大多将生命安全与财产安全写入立法目的条款，体现为"保障人民群众生命和财产安全"等类似表述。[1] 维护人民群众生命安全作为"以人为本"科学发展观以及"生命至上、安全第一"安全发展理念的内涵体现，写入立法目的之中并不存在争议。但是，财产安全作为与生命安全并列的安全法立法目的写入，却被不少学者质疑。一种代表性的观点认为，财产安全的写入容易挤压生命安全的空间："在社会生产过程中，财产利益与生命健康利益既有一致性，也有差异性。当呈现为一致性时，无论财产利益是否写进立法目的，客观上也可以得到保护；但当差异性出现时，财产利益的保护与生命利益的保护往往是'鱼和熊掌'的关系，难以同时兼得。将财产安全的保护纳入本法的立法目的，则生命健康保护的目的就极易受到干扰。"[2]另一种观点认为安全法律根本不保护财产安全："生产经营过程中的财产安全，主要由其拥有主体负责，劳动者应尽到配合的义务，如果雇员故意或未尽到应当注意的义务而造成财产安全受到损害，应承担过错赔偿责任。另外，在生命安全健康权利和财产安全发生冲突时，安全生产法确立的原则是舍弃后者。"[3]

要探讨财产安全的价值定位问题，需要明确财产安全的真实含义。由于"安全"的含义已在第一章有过系统的探讨，这里主要厘清"财产"

---

〔1〕 例如，《安全生产法》第 1 条规定："为了……保障人民群众生命和财产安全……制定本法。"又如，《突发事件应对法》第 1 条规定："为了……保护人民生命财产安全……制定本法。"

〔2〕 刘超捷、李明霞：《新〈安全生产法〉立法目的评析》，载《学海》2014 年第 5 期。

〔3〕 冬牛：《安全生产法治体系及其构建逻辑》，载《社会治理》2018 年第 9 期。

的含义。从字面上,安全立法保护的财产安全无外乎三种:一是用人单位的物质、资产安全,如生产设备、厂房等;二是劳动者自身的财产安全,如劳动者随身携带的财物等;三是其他单位与人员的财产安全,这里主要指社会公众的财产,如生产单位周边的土地、基础设施等。[1]对于港口安全保障立法而言,"财产"更接近以上三者的总和,财产安全是所有可能受到安全事故影响的财产的安全。首先,安全立法已将财产安全的对象限定为"人民群众"[2]或者"人民"[3]。作为一个政治学上的概念,人民(群众)是与个人相对的群体概念,并不单指某一类人群,正如毛泽东同志在《关于正确处理人民内部矛盾的问题》中指出的:"人民这个概念在不同的国家和各个国家的不同的历史时期,有着不同的内容。拿我国的情况来说……在建设社会主义的时期,一切赞成、拥护和参加社会主义建设事业的阶级、阶层和社会集团,都属于人民的范围……"[4]因而这里的财产是指一切能够受到安全事故影响群体的财产。其次,从立法本意上之所以将财产安全与生命安全并列,是考虑到人身伤亡和财产损失通常都是安全事故发生的后果,均需要得到法律保护。全国人大常委会法制工作委员会组织编写的《安全生产法释义与适用指南》中曾对这一立法目的进行了解释:"一旦发生生产安全事故就有可能带来人员伤亡和财产损失,没有不造成财产损失或者人员伤亡的生产安全事故,只有防止和减少事故发生才能使人民群众的生命和财产不受侵害,防止和减少生产安全事故就是为了保障人民群众生命和财产安全……"[5]而安全事故既可能损害用人单位财产,也可能损害劳动者自身财产或者社会公众财产。立法本意并不想限定或排除某一种财产的安全,其所保护的是普遍的财产安全。

---

〔1〕 参见刘超捷、李明霞:《新〈安全生产法〉立法目的评析》,载《学海》2014 年第 5 期。

〔2〕 参见《安全生产法》第 1 条、《危险化学品安全管理条例》第 1 条。

〔3〕 参见《港口危险货物安全管理规定》第 1 条。

〔4〕 毛泽东:《关于正确处理人民内部矛盾的问题》,人民出版社 1964 年版,第 1 页。

〔5〕 扈纪华主编:《中华人民共和国安全生产法释义与适用指南》,中国言实出版社 2002 年版,第 30 页。

将生命安全与财产安全并列为立法目的，并非安全立法的个别现象，《防洪法》《国防动员法》《防空法》等大量立法均在立法目的条款规定了保护人民（群众）的生命和财产安全。从法理学角度看，财产权被认为是基本人权的一种，通常与生命权一并受到法律的保护。“财产权从来是最完美的个人权利，是绝对权的典范，具有人格权那种天赋的、不可剥夺的、不可侵犯的、神圣的特性，与自由权、生命权以及反抗压迫权立于同等地位。”[1]1789年法国《人权和公民权利宣言》第2条庄严宣布，任何政治结合的目的都在于保存人的自然的和不可动摇的权利，这些权利就是自由、财产、安全和反抗压迫。之所以将两种权利并列，是因为财产权构成了生命权的物质基础。一个人如果没有权利占有和支配劳动成果，也就失去了维持生命的正当手段，因此财产权是人类谋求生存、建立和拥有家园的权利，是生命权得以存在的一种物质寄托。

通过以上分析可以发现，将财产安全与生命安全对立，认为安全法仅保障生命安全而不保障财产安全的观点失之偏颇。这种认识既忽略了生命权和财产权之间的对立统一关系，没有认识到生命安全与财产安全在斗争的同时相互依存与联系，也不符合安全法律实践。机器设备、工具、原料等财产是保证劳动者就业谋生以及经济社会可持续发展的重要生产资料，安全法律应予以同样保护。因此，将财产安全写入立法目的本身并无问题，真正问题在于通过何种立法技术为生命安全和财产安全的冲突提供指引，保证极端情况下生命安全的优先性。在现代法治理念中，财产权的绝对地位已被摒弃。财产权人不仅负有消极的不作为义务，不能影响到生命权，还需要积极作为，在生命受制于财产时任何有能力有条件积极救助的财产权人都不得推诿。[2] 这种对权利冲突的指引更应该通过明确的法律权利和义务规定实现。例如，我国《安全生产法》赋予劳动者拒绝违章指挥和强令冒险作业的权利；

---

〔1〕 石春玲：《财产权对人格权的积极索取与主动避让》，载《河北法学》2010年第9期。

〔2〕 参见石春玲：《财产权对人格权的积极索取与主动避让》，载《河北法学》2010年第9期。

《突发事件应对法》规定公民应积极配合人民政府对应急救援物资的征用。言简意赅的立法目的条款很难对复杂情况下的价值位阶冲突进行有效指引。“生命至上”的价值理念更应体现在立法的基本原则中，作为具体规则设计和价值冲突判断的更直接依据，如我国2021年修正《安全生产法》时在第3条第2款阐明“安全生产工作应当以人为本，坚持人民至上、生命至上，把保护人民生命安全摆在首位……”而体现立法者宗旨的立法目的条款只需对立法的核心目的“保障人民群众生命和财产安全”进行规定。

三、由港口管理转向港口治理

《港口法》的立法目的被表述为“为了加强港口管理，维护港口的安全与经营秩序，保护当事人的合法权益，促进港口的建设与发展，制定本法”。该规定将“加强港口管理”放在首位，揭示了法律的性质。[1]《港口法》是一部调整港口行政管理关系的特别立法。而加强港口管理，一方面是为了“维护港口的安全与经营秩序”，另一方面也是为了“保护当事人的合法权益”，从而最终“促进港口的建设与发展”。可以说，“港口管理”作为立法目的影响着整部法律的规则和体系设计。但是，随着以转变政府职能、深化简政放权为核心的国家治理体系和治理能力现代化改革的进行，这一立法目的已不能全面支撑《港口法》作为港口领域基础性法律对港口事业发挥规范引领作用，需要适时调整。

根据前文的论述，作为政策立法，立法目的条款发挥着宣告立法诉求，为法律的制定提供正当性依据的作用。同样，对立法目的条款的考察也必须结合法律制定当时的政策背景，以及未来的政策走向。《港口法》制定于2003年，适逢国家自2001年开始的港口管理体制改革。

---

〔1〕 类似表述也出现在不少港口安全保障特别法中，如《海上交通安全法》“为了加强海上交通管理”，《港口危险货物安全管理规定》“为了加强港口危险货物安全管理”。因此，下文分析同样适用于其他安全特别立法。

改革的核心是将原中央直属港口及中央、地方双重领导港口下放地方，同时将港口行政管理职能与企业经营职能分离，港口行政管理职能归入政府行政序列。所以，《港口法》将“加强港口管理”作为立法目的，以法律规范明确政府机构管理职能，其实是在为彼时正在开展的港口管理体制改革提供法律支持。可见，“加强港口管理”符合当时情况下对《港口法》的客观立法需求，为促进我国港口管理体制改革顺利实施发挥了积极作用，实现了“港口行业安全法规与港口体制改革同步发展”〔1〕的目标。

但是，随着中国特色社会主义进入新时代，全面深化的政府机构改革已从“行政体制层面”向“国家治理层面”拓展，开始构建党中央集中统一领导下的政府、群团、市场、社会“一核多方”协同共治体系。〔2〕现代化公共治理已不同于过去单向度的政府管理，开始注重多元主体对公共事务的有序参与和协调互动。政府则继续深化简政放权，由管理型向服务型职能转变。2019 年 11 月交通运输部联合多部门共同下发的《关于建设世界一流港口的指导意见》（交水发〔2019〕141 号）中，已对推进港口治理体系现代化、实现平安港口提出了更高要求。在这种背景下，仍然强调“加强港口管理”已不能适应深化改革背景下的港口发展诉求。例如，在港口安全领域，根据 2016 年《安全生产改革意见》中“严密层级治理和行业治理、政府治理、社会治理相结合的安全生产治理体系，组织动员各方面力量实施社会共治”的要求，港口安全工作的主体不再局限于政府部门，港口经营企业、港口作业各相关方、安全中介服务机构等力量都将参与到安全治理工作中。

值得注意的是，2014 年《安全生产法》修正后已将立法目的从“加强安全生产监督管理”改为“加强安全生产工作”，看似简单的修改正反映了治理理念上的巨大创新。同时，通过采取强化企业主体责任、增

---

〔1〕 魏国兴：《港口行业安全法规体系现状及发展》，载《中国港口》2008 年第 3 期。

〔2〕 参见吕志奎：《从职能带动到体系驱动：中国政府机构改革的“三次跃迁”》，载《学术研究》2019 年第 11 期。

设行业协会组织安全权利义务、引入社会化风险分摊的责任保险机制等举措，2014 年《安全生产法》具体内容充分回应了立法目的的调整。而《港口法》仍然固守“政府包办”的管理立法理念，不利于社会化安全治理内容融入《港口法》体系。例如，根据《安全生产责任保险实施办法》，交通运输等高危行业的生产经营单位应当投保安全生产责任保险。《港口法》中应当对港口企业的投保义务及有关事项予以明确。

过分强调管理目标也导致《港口法》与国家行政体制改革目标发生了冲突。在“简政放权、放管结合、优化服务”的行政体制改革背景下，为节约航运企业时间成本、减轻企业负担、简化行政审批手续，港口行政部门的管理职能逐渐淡化。例如，取消了长期实行的内河船舶进出港签证制度，转而实施船舶进出港报告制度。在改革背景下，仍然强调《港口法》立法目的为“加强港口管理”已失去了必要性。应当注意到，类似船舶进出港签证等行政管理手段背后还承载着一定的安全监督功能，如通过签发签证对船舶适航、船员适任、货物适载情况进行检查。取消船舶进出港签证，意味着海事部门的职能由事前管理转变为现场安全监督和事后监督。[1] 港口安全法律应在淡化管理色彩的同时突出安全监督属性，从而与政府职能转变相适应。

除港口安全方面以外，管理型立法目标同样阻碍了《港口法》“维护港口经营秩序”立法目的的实现。经营秩序的维护不仅依赖高效的行政管理，还要凭借完善明确的民商事规则为港口业务主体之间的商业行为提供约束和引导，减少并化解纠纷，这是良好经营秩序形成的重要一环。我国港口行业目前存在的港口作业不规范、货损货差较多等现象，很大程度上源于《港口法》《海商法》等法律中港口作业规则的缺失。港口经营上的混乱也很容易传导至安全领域，引发连锁反应。例如，因港口经营人对货物的义务和责任不明，疏于妥善、谨慎保管货物，最终酿成安全事故。事实上在《港口法》起草过程中，曾有过超越管理

---

〔1〕 参见许岩松：《供给侧结构性改革视角下的海事安全监管——从船舶进出港签证制度取消谈起》，载《世界海运》2018 年第 7 期。

立法的尝试。根据原起草小组确定的“横到边，纵到底”立法设想，计划单独设置“港口经营”一章规范港口作业合同和港口经营人行为。在原交通部报送国务院的《港口法（送审稿）》中，立法目的被确定为“为促进港口事业的发展，维护港口有关各方的合法权益，发挥港口在交通运输中的枢纽作用，适应国民经济发展和人民生活需要，制定本法”。但因为当时对港口经营一些问题认识上的分歧，“横到边”内容最终被删除，立法目的才调整为现有方案。[1]

当然，本书并不认为《港口法》一定要恢复“横到边，纵到底”的体系布局，而是主张在推进国家治理体系和治理能力现代化、发展世界一流港口的背景下，对港口立法的诉求远不同于2000年港口管理体制改革时期，因此至少应当对《港口法》“加强港口管理”的立法目的进行调整，使之具备容纳安全治理、安全作业规则等内容的能力，从而支撑《港口法》的完善优化。为了避免“港口管理”对《港口法》调整内容的束缚，可采取类似《安全生产法》2014年的修正方式，将“为了加强港口管理”改为“为了加强港口工作”。仅两字修改却是对立法目的和背后理念的重大调整，表明《港口法》放弃了港口行政管理的立法范式，为港口治理理念的融入创造了空间。

四、维护国家权益

除了“维护人民群众生命和财产安全”和“加强港口工作”，港口安全保障立法还应当将“维护国家权益”作为核心立法目的。虽然《海上交通安全法》已将“维护国家权益”列入了立法目的条款，但长期以来这一价值目标在港口安全工作中的重要性远未受到重视：港口安全的着眼点虽然在于人民群众生命和财产安全，但似乎并不与国家安全利益挂钩。这一观点忽视了港口行业的特殊性。港口作为国家对外贸易的开放门户，承担着外国船舶、货物、人员往来的通道枢纽功能，具有极

---

[1] 参见胡正良等：《〈海商法〉修改应设立港口货物作业合同法律制度》，载《中国港口》2018年第6期。

强的涉外性。[1] 同时根据国际法法理,港口与同为领海基线内的河流、海湾及其他水域共同构成一国的内水,国家对内水享有绝对的领土主权。“正如国家可以在原则上自由处置领土事务一样,国家也可以选择自由处置内水事务。”[2]因此,港口运营又具有极强的主权象征意义,甚至是一种国家主权行为。例如,港口引航权历来被认为事关民族主权尊严,近代中国所签订的一系列不平等条约中多带有引航权丧失的内容。[3] 正因为涉外性与主权性兼备的特点,港口安全工作并不仅仅关乎人民群众的生命和财产安全,更是国家安全的重要延伸和体现。挪威甚至在其国内港口法中直接规定了港口所有人负有的维护国防安全义务。挪威《港口及水域法》第 31 条规定,港口及港口设施所有人应在战争及危急状态下协助武装部队,并在平时做好应急准备、制订应急计划并进行演习。

拓展港口安全的国家安全内涵,也是当前总体国家安全观指导下的必然要求。在 2017 年 2 月 17 日的国家安全工作座谈会上,习近平总书记特别强调,加强交通运输、消防、危险化学品等重点领域安全生产治理,遏制重特大事故的发生。[4] 因此,港口安全绝非孤立的社会治理问题,更是国家安全体系的重要环节。例如,《海上交通安全法》第 91 条第 1 款规定:“船舶、海上设施对港口安全具有威胁的,海事管理机构应当责令立即或者限期改正、限制操作……”这一规定是典型的港口国管辖内容,对维护国家海洋权益和国防安全具有重要意义。[5]

---

〔1〕 这里仅指经国务院批准的对外开放港口。

〔2〕 Robin Rolf Churchill & Alan Vaughan Lowe, *The Law of The Sea*, Manchester University Press, 1999, p. 61.

〔3〕 例如,中美《望厦条约》第 8 款规定:“凡合众国民人贸易船只进口,准其自雇引水……所有工价若干……中国地方官勿庸经理。”

〔4〕 参见中共中央党史和文献研究院编:《习近平关于总体国家安全观论述摘编》,中央文献出版社 2018 年版,第 12 - 13 页。

〔5〕 参见邢厚群:《论国际海洋法治视域下我国海上交通安全立法》,载《社会科学》2021 年第 6 期。

2001 年“9 · 11”事件后，国际上开始关注港口安全问题，美国和欧盟纷纷将港口安全问题上升为国家重要基础设施安全保障体系的关键，认为一旦这些基础设施遭到破坏，将对经济正常运转与关键社会职能履行带来重大影响，试图增强港口等重要基础设施抵抗安全风险的能力。美国设置国土安全部负责交通基础设施安全保障工作，并推出了《国家基础设施保护计划》(The National Infrastructure Protection Plan)以及“港口保安资助项目”(Port Security Grant Program)支持美国港口保安能力建设。欧盟则发布了《关于加强港口保安的第 65/2005 号指令》(Directive 2005/65/EC of the European Parliament and of the Council of 26 October 2005 on enhancing port security)，在《ISPS 规则》基础上建立了标准更高的欧盟统一港口保安制度框架。欧盟认为，在关键基础设施安全保障方面统一各国法律制度，是维护公平繁荣市场环境的前提。[1]

在我国现行港口安全保障立法中，《海上交通安全法》将维护国家权益设定为立法目标。诞生于 1983 年的《海上交通安全法》虽然也是一部“加强海上交通管理”的管理型立法，但始终秉持更宽广的安全视野，将维护国家权益作为立法最终的落脚点与归宿。与之对比，《港口法》立法目的的落脚点为“促进港口的建设与发展”，表明其主要关注港口产业发展，本质上属于产业促进型立法。而《安全生产法》则多被认为是一部社会法，因为其最终立法目的为“促进经济社会持续健康发展”。[2] 由于立法者对不同的法律有不同的定位，自然导致其在立法目标中的映射有所不同，不必苛求统一。这里强调“维护国家权益”的必要性，是为了表明港口安全保障立法在“维护人民群众生命和财

---

[1] See Wayne K. Talley, *Maritime Safety, Security and Piracy*, Informa, 2018, p. 244.

[2] 社会法概念起源于大陆法系国家对社会结构矛盾所进行的立法回应。2001 年，时任全国人大常委会委员长李鹏在第九届全国人大四次会议上首次将社会法与宪法相关法、民法商法、刑法等法律部门并列，作为中国特色社会主义法律体系的七大法律部门之一。虽然目前学界并未对社会法定义达成共识，但普遍认为社会法具有保护社会弱者、提供社会福利、构建社会权等主要特征。

产安全”“加强港口工作”等核心目标外，尚有国家安全层面的价值目标追求可以被提炼，从而完整揭示不同规范之间的意义脉络，为相关法律强化国家权益维护内容提供了统摄和引领。港口安全绝不仅仅是港口产业乃至交通运输行业自身的安全问题，更是国家建立国际运输通道及国际物流供应链体系的重要基础设施，港口安全工作是维护国家利益的集中表现。

第三节　我国港口安全保障立法内容体系分布

我国港口安全保障立法的理想体系应当由内部结构科学有序的单行立法组成，各部法律在调整对象上环环相扣，彼此衔接。而确定法律调整对象要基于科学严谨的立法需求分析。石东坡教授认为，立法需求的识别建立在对社会问题的客观发现确认以及对立法必要性的主观价值分析和利益权衡基础上。[1] 在港口安全工作中，这种客观性表现为对风险源的分类治理需求以及系统性的安全治理需求，而主观性则表现为安全保障一般法与特别法的区分需要。不同的立法需求引发差异化的法律制度供给，同一立法需求产生的法律在调整功能上有着较强的关联性。由此构成划分港口安全保障法律体系的三个主要线索，对实在法律的分析比较也可由此展开。

一、内容体系的分布标准

安全立法应首先聚焦于“风险”。作为一对互补概念，系统安全程度的上升必然意味着风险的降低，因而安全保障立法在某种意义上等同于风险立法。[2] 风险立法以预防原则为基础。法律不再恪守传统

---

〔1〕 参见石东坡：《立法需求的生成与确立问题探究——析〈立法法〉第72条第4款》，载《法学论坛》2016年第1期。

〔2〕 参见第一章第一节论述。

上消极被动的角色定位，而是将风险防线前移，在事故和损害尚未发生时，一旦行为产生风险就主动进行规制。[1] 这种立法理念导致风险立法往往格外注重对风险源的分类和评估，因为不同类型风险的分散、转移、消解、应对策略迥异，需要法律规则进行针对性设计，立法目标以及权利义务配置模式上的差异很难兼容在一部立法中。不同风险的异质性塑造了与之相匹配的规则体制，每一类规则应与其相对应的风险属性相符。[2]

这种风险规制上的差异可以概括为三个方面：信息获取、标准设定、行为矫正。[3] 所谓信息获取，是指监管者获取监管所必要的风险信息的方式，主要可分为依靠事前的巡逻监督获取信息的“巡查模式”以及事后追溯倒查的“报警模式”。[4] 所谓标准设定，是指监管者矫正风险行为的主要依据，主要包含技术考量与政策考量两类。所谓行为矫正，是指监管者最终矫正风险行为的模式，主要包含通过事前的合规指引督促企业依法治理风险，以及利用事后的法律责任追究威慑责任人主动依法行事。“信息获取是标准设定的前提，标准设定是行为矫正的依据，行为矫正最终决定着规制效果的好坏，三者组成一个完整的规制体系。”[5] 根据第一章的论述，港口安全风险可以划分为四类：港口生产安全事故风险，港口破坏活动风险，港口公共卫生风险，港口自然灾害风险。不同风险类型在风险规制的特征上呈现出显著差异，如表3.1所示。

---

〔1〕 参见李秋高：《论风险管理法律制度的构建——以预防原则为考察中心》，载《政治与法律》2012年第3期。

〔2〕 参见宋亚辉：《风险立法的公私法融合与体系化构造》，载《法商研究》2021年第3期。

〔3〕 See Christopher Hood, Henry Rothstein & Robert Baldwin, *The Government of Risk: Understanding Risk Regulation Regime*, Oxford University Press, 2004, p. 23 – 27.

〔4〕 See Mathew D. McCubbins & Thomas Schwartz, *Congressional Oversight Overlooked: Police Patrols versus Fire Alarms*, 1 American Journal of Political Science 166 (1984).

〔5〕 宋亚辉：《风险立法的公私法融合与体系化构造》，载《法商研究》2021年第3期。

表 3.1　港口安全风险规制特征

风险类型	信息获取	标准设定	行为矫正
港口生产安全事故风险	巡查模式	技术导向	事前+事后
港口破坏活动风险	报警模式	政策导向	事后
港口公共卫生风险	巡查模式	技术导向	事前
港口自然灾害风险	巡查模式	政策导向	事前

在信息获取方面，港口生产安全事故风险、港口公共卫生风险、港口自然灾害风险均采取了巡查模式，即通过各级安全监督管理部门、卫生行政部门及灾害监测机构，对生产安全风险、公共卫生风险、自然灾害风险进行实时掌握探查；而港口破坏活动风险主要采取报警模式，在危险发生之后依赖公众举报启动风险治理程序。在标准设定方面，生产安全事故风险、公共卫生风险在治理应对上都需要极强的专业技术，因此主要采取技术导向的治理进路；相反在预防破坏活动风险、自然灾害风险时要大量考虑公众舆论、社会影响等政策因素，具有政策导向的特点。在行为矫正方面，港口破坏活动风险主要通过严厉的刑事制裁手段进行犯罪风险的震慑与预防，具有事后矫正的特点；港口自然灾害风险与公共卫生风险预防则主要依靠事前矫正，如果无法在危险发生前就做好妥善的风险预防措施，破坏性的自然力与传染病所最终造成的损失将远远超出人类的承受范围；[1]港口生产安全事故风险则采用“事前+事后”模式，一方面通过监督巡查督促企业加强日常安全管理，另一方面也通过法律制裁手段对责任人进行震慑，防止出现严重危害公共安全的后果。

因此，我国港口安全保障法律体系可以首先从风险的角度划分出

[1] 如果事前矫正措施失灵，自然灾害风险与公共卫生风险最终转化为现实的危险，则进入后文中的应急管理与补偿赔偿阶段，不再属于风险治理的范畴。

港口生产安全事故风险治理立法、港口破坏活动风险治理立法、港口公共卫生风险治理立法、港口自然灾害风险治理立法四类。

尽管风险源的区分标准能够作为我国港口安全保障立法内容结构的划分依据之一，但是，仍有一部分实证法律材料未被这一标准容纳。系统安全研究表明，安全治理有三种基本途径：采取预防措施、采取应急措施、采取补偿措施。[1] 风险的客观性决定了人们只能降低风险发生的概率，无法彻底消除风险。因而，单纯依靠风险立法仅能完成对港口安全的常态化治理，尚需应急管理、补偿赔偿立法对风险转化为事故后所产生的社会关系予以规范，从而实现对港口安全的全过程治理。而此类立法并不具备显著的风险差异性。风险一旦演变为现实危险，其在应急管理和补偿赔偿上会趋于相同，可以通过统一立法予以解决。我国《突发事件应对法》就对自然灾害、事故灾难、公共卫生事件和社会安全事件四类突发事件进行统一治理；《自然灾害救助条例》也规定“发生事故灾难、公共卫生事件、社会安全事件等突发事件，需要由县级以上人民政府应急管理部门开展生活救助的，参照本条例执行”。当然，考虑到不同风险在应急处置工作中的细致差异，从精细化、专业化治理需求出发，可以制定一些适用于特定风险的行政法规和规章，如《突发公共卫生事件应急条例》《突发公共卫生事件交通应急规定》等，作为高位阶应急立法在执行层面的补充。因此，本书将港口应急管理与补偿赔偿立法作为第五类立法，与前述四类风险立法并列。

除了客观立法需求，对港口安全保障法律体系的划分还应当考虑安全保障一般法与特别法的区分。如前文所述，两类法律是基于安全生产等特定行业中安全综合监管与行业监管的不同执法需要产生的。这种区分的出发点不是客观上的安全治理需要，因为只要相关立法完备，无论采取安全综合执法还是专项执法体制均能实现既定的安全治

[1] 参见王洪德、石剑云、潘科编著：《安全管理与安全评价》，清华大学出版社 2010 年版，第 4 页。

理目标；而是立法者对安全体制设计的一种主观拟制，为不同机构间的事权划分与沟通合作提供法律依据，其出发点在于提高行政效率，使有限的安全行政资源发挥最大的保障效果。基于客观安全需求对港口安全保障立法所进行的划分具有较强的稳定性，一经确定一定时期内通常不会发生显著变化，而安全综合监管与行业监管的区分却很可能随国家安全体制的变化而不断调整。这种主观性决定了安全保障一般法与特别法的区分虽然是描述安全法律的重要标准，可以将法律法规构成复杂的安全领域进行有序划分，并充分揭示立法与执法的逻辑对应，但必须与风险源、系统安全等客观标准结合，否则将很可能影响安全立法的连续性和整体性，使得本应紧密配合的各法律调整对象因为执法主体的不同被人为割裂为安全保障一般法调整对象和安全保障特别法调整对象。因此，可以不将一般法与特别法标准作为内容体系分布标准，只将其作为体系内部分类标准。

综上，我国港口安全保障法律体系可首先从客观安全治理需求角度区分为港口生产安全事故风险治理立法、港口破坏活动风险治理立法、港口公共卫生风险治理立法、港口自然灾害风险治理立法、港口应急管理与补偿赔偿立法五个制度板块。在此基础上，如果几类立法内部存在安全综合监管与行业监管的执法分工，则可以进一步区分为安全保障一般法与特别法，其基本构成如图 3.1 所示。这一标准可有效兼顾主客观立法需求，并适应我国的安全执法体制。体系布局标准的提出，使得对各法律现实样态的比较分析成为可能。

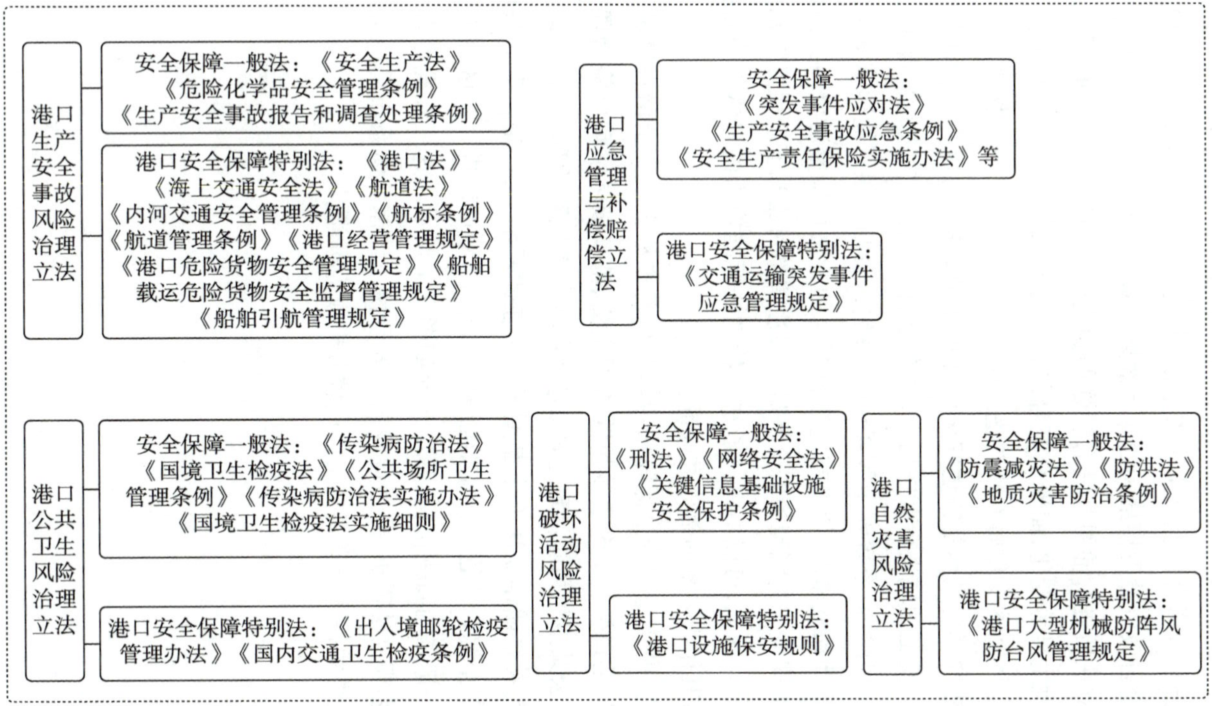

图3.1　我国港口安全保障立法内容体系架构

二、港口生产安全事故风险治理立法

我国港口安全保障立法的发展脉络印证了对港口生产安全事故风险治理立法的体系划分。新中国成立后，为了扭转码头工人生命健康得不到保障的状况，落实《中国人民政治协商会议共同纲领》第 32 条“改进工矿的安全和卫生设备”要求，国务院及劳动部门制定了一批安全生产类的法律法规。例如，1956 年国务院颁布了《工厂安全卫生规程》《工人职员伤亡事故报告规程》，原劳动部根据港口作业实际情况颁布了《关于搬运危险性物品的几项办法》《关于装卸、搬运作业劳动条件的规定》，各地港务部门也依据自身特点在所颁布的港口章程中规定了安全生产内容。当然，受法制工作条件所限，不少上述规范并不构成严格意义上的立法，按照现在的法律划分标准仅仅属于规范性文件，但不可否认其在当时的历史背景下确实承担了类似安全法律的功能。此后，经历了“文化大革命”，港口安全工作严重滑坡，我国于改革开放后着手对安全生产工作进行恢复、整顿、提高，并在港口安全生产领域制定了《对外国籍船舶管理规则》《海上交通安全法》《化学危险物品安全管理条例》《港口煤尘防治规定》等法律法规。1992 年中国共产党第十四次全国代表大会作出建立社会主义市场经济体制决策后，我国港口安全工作也迎来了从为计划经济服务向为市场经济服务的转型，以《危险化学品安全管理条例》《安全生产法》《港口法》的制定为契机，港口生产安全事故风险的法律治理框架最终建立起来。

综上，当前我国港口生产安全事故风险治理立法包括 4 部主要法律，分别为《安全生产法》《港口法》《海上交通安全法》《航道法》。考虑到港口生产活动具有水陆双重性，不仅包含发生在港口陆域的货物装卸、仓储、运输、加工等活动，也包含发生在港口水域的船舶航行、进港、靠泊等同样重要的活动，这导致调整港口生产安全事故风险的法律较为庞杂。相关行政法规主要有《危险化学品安全管理条例》《航标条例》《生产安全事故报告和调查处理条例》等。具体到执法环节，《安全生产法》《危险化学品安全管理条例》《生产安全事故报告和调查处理条例》是安全保障一般法，其余则为港口安全保障特别法。此外，还有一批以上述法律和行政法规为上位法制定的部门规章，包括《港口经营管理规定》《港口危险货物安全管理规定》《船舶引航管理规定》《船舶载运危险货物安全监督管理规定》等。另外，在我国现行的港口管理体制下，地方政府主要承担着本地区港口安全监督和管理工作，因此各地根据自身情况制定了一批地方性港口法规和规章，如各地港口条例、海上交通安全条例等。

三、港口破坏活动风险治理立法

在我国，港口破坏活动风险大致形成了一个较为独立的安全治理领域。中华人民共和国成立后，面临着巩固新生人民政权以及恢复经济建设两大任务，而港口是重要的对外运输枢纽，一时间成为矛盾的爆发点。1950 年毛泽东同志在青岛市公安局上报中央的《青岛市执行中央关于镇压反革命活动的计划方案》中批示道："青岛系重要海港与国防要地，贯彻镇压反革命的方针有特殊重要的意义。"〔1〕此时，我国港口安全风险集中表现为破坏活动风险，因其严重的社会危害性而主要通过刑事法律这种最严厉的制裁措施予以预防和打击。当然在 1979 年之前国家尚未制定刑法典，而是根据形势需要出台了一批单行刑事法律，如《关于惩治反革命条例》《管制反革命分子暂行办法》等。1979 年《刑法》一经诞生，就在第 105 条将破坏港口的放火、决水、爆炸等行为作为危害公共安全罪的罪状加以规定。

除了借助刑罚手段，通过立法要求港航企业加强安全管理制度建设，采取编制保安计划、组织保安培训演习等安全保障措施，同样有助于治理港口破坏活动风险。在"9·11"事件后，根据国际海事组织通过的《SOLAS 公约海上保安修正案》《ISPS 规则》，我国原交通部于 2003 年颁布并实施了《港口设施保安规则》(交水发〔2003〕500 号)这一规范性文件。为了更好地履行公约，提高规则约束力，我国原交通部

---

〔1〕 青岛市史志办公室编：《青岛市志·政权志》，五洲传播出版社 2002 年版，第 465 页。

又于2007年将该文件上升为部门规章《港口设施保安规则》，成为我国在港口保安方面的主要法律规范。近年来，由于港口破坏活动风险从物理空间延伸至虚拟空间，《网络安全法》《数据安全法》等网络安全保障立法也被纳入港口破坏活动风险治理立法的范畴中。这些法律同样采取建立国家网络安全工作体制、督促企业制定并遵守网络安全管理制度等方式来发挥预防打击破坏活动风险的安全保障功能。

综上，当前我国港口破坏活动风险治理立法主要包括《刑法》《网络安全法》《数据安全法》《关键信息基础设施安全保护条例》《港口设施保安规则》。《刑法》虽然有着自身独立的法律部门归属，但由于其调整对象涵盖了社会关系的重要方面，也可以视为港口破坏活动风险治理立法的构成之一。由于破坏港口的行为大多具有严重的社会危害性，刑事立法承担着最主要的治理功能。除《刑法》外，其他安全保障一般法还包括《网络安全法》《数据安全法》《关键信息基础设施安全保护条例》。港口安全保障特别法则为《港口设施保安规则》。

四、港口公共卫生风险治理立法

我国港口公共卫生风险立法历史悠久，最早可追溯至民国时期多部海港检疫立法，包括1928年《海港检疫消毒蒸熏及征费规则》、1930年《海港检疫章程》、1946年《海港检疫标志旗帜及制服规则》等。彼时海港检疫立法的发达有着特殊的时代背景。近代中国丧失了海关自主权，附属于海关的海港检疫机构也由外国控制，海港检疫章程的制定须经各国领事同意，其中的中外差别待遇内容引发了国民的强烈抗议，后经全国人民的不懈斗争海港检疫权最终收回。[1] 可见，发展海港检疫既有着公共卫生安全保障的现实需求，也象征着主权和民族尊严，具有维护国家权益的属性，因此受到高度重视。

新中国成立后，特别是改革开放以来我国航空、铁路运输等跨境运

---

〔1〕参见卜松竹：《1926年，从西方人手中收回检疫权》，载《广州日报》2017年7月26日，A19版。

输方式蓬勃发展，口岸检疫作为一个整体不再制定专门性的海港检疫法律，港口立法中也不规定相关内容，而是统一由《国境卫生检疫法》及其实施细则等口岸立法规定。同时，《传染病防治法》《公共场所卫生管理条例》等一般性的公共卫生立法陆续出台，其中既有适用于全体中国公民和企业组织的普遍要求，也有对港口、交通运输企业的特殊公共卫生安全保障义务要求。上述内容可以聚合成一个有别于其他港口安全风险、相对独立的法律法规体系，包括两部法律《传染病防治法》《国境卫生检疫法》，行政法规《国境卫生检疫法实施细则》《国内交通卫生检疫条例》《公共场所卫生管理条例》，部门规章《传染病防治法实施办法》《出入境邮轮检疫管理办法》。其中，《国内交通卫生检疫条例》是控制检疫传染病通过交通工具扩散的特别立法，《出入境邮轮检疫管理办法》为海关总署规范出入境邮轮检疫监管工作的特别法，其余立法从性质上看均属于安全保障一般法。

五、港口自然灾害风险治理立法

对于重大自然灾害风险，我国在改革开放后先后制定了《防震减灾法》《地质灾害防治条例》等单行立法，港口所发生的自然灾害可直接适用上述立法。整体上，自然灾害风险相关立法数量较少，调整范围广，同时各法律的作用边界相对清晰，因此立法上的冲突和不周延并不明显。

自然灾害风险具有较强的叠加效应，事故往往由自然灾害风险与其他风险因素共同作用造成。这是因为人类虽无法彻底消除自然力所致风险，但可凭借科学有效的风险管理和安全工程技术手段阻断风险向事故的转化链，并在事故发生后降低损害。所以自然界运动引发的事故往往包含人为因素，如海雾天气下进出港船舶发生的搁浅事故，能见度不良固然属于自然灾害风险范畴，但船舶的驾驶、瞭望、引航操作不规范等生产安全风险同样是事故诱因之一。因而港口生产安全事故风险相关立法中的规定同样适用于港口自然灾害风险的预防与治理。

综上，当前我国港口自然灾害风险治理立法主要包括两部单行法律《防震减灾法》《防洪法》，以及行政法规《地质灾害防治条例》，均属于安全保障一般法范畴。由于港口作为开放区域极易遭受风灾影响，原交通部专门制定了专项规章《港口大型机械防阵风防台风管理规定》。对于影响船舶航行安全的海雾等恶劣天气，过去法律中并无相关内容。2021 年《海上交通安全法》修订新增第 52 条，规定海事管理机构在天气、海况恶劣的情况下应采取交通管制措施，补足了这一立法空白。

六、港口应急管理与补偿赔偿立法

将应急管理立法与风险治理立法进行区分，是安全法治理念先进性的表现。两类立法虽然同样以安全治理为立法目标，但在核心思路与立法范式上并不完全一致。应急立法通常适用于"非常态"下的紧急情况，因此具有非程序化的特征，需要打破常规的程序和方法，在有限的时间内凭借有限资源决策；而风险立法作为"常态"立法，强调采取有针对性的措施避免风险以及损失的产生，使安全投入发挥最大效用，具有程序化决策的特征，相关措施须遵循特定的程序和标准化操作规程以避免任意性。[1] 有学者认为，常态管理与非常态管理所反映的是两种截然不同的法律秩序，其切换会对政府和公众产生重要影响。[2] 两类内容如果混同在一部立法中，很容易给安全工作带来负面影响：如应急工作受制于程序束缚，导致相关部门无法及时有效作为；而本应遵循严格程序要求的风险预防工作却遭到行政权力牵制，法定程序正义被破坏。当然，部分安全立法作为风险立法也会规定事故发生后应急救援等内容，但这并非真正的"混同"，如《安全生产法》虽设有第五章"生产安全事故的应急救援与调查处理"，但其主要内容为生产单位救援力量配置、事故报告程序、事故后调查等，本质上仍是程序性的"常态化"立法，与专门规定应急处置措施的《突发事件应对法》等存在较大差别。

---

〔1〕 参见钟开斌：《风险管理：从被动反应到主动保障》，载《学术论坛》2007 年第 11 期。

〔2〕 参见林鸿潮：《公共应急管理机制的法治化》，华中科技大学出版社 2009 年版，第 64 页。

应急管理并不仅仅是危机发生后的响应机制,必然会扩展到危机发生前的预防、准备以及灾后补偿、重建等阶段,这使得应急管理成为沟通事前风险治理与事后补偿赔偿的桥梁。起初,危险发生后的补偿、赔偿法律关系并未纳入安全法律视野,通过一般民事法律制度解决。后各国逐渐建立了覆盖全社会的工伤保险制度,制定专门立法要求企业强制投保,以加强对劳动者的保障。而为了弥补工伤保险"广覆盖低保护"的不足,安全法律领域又出现了专门的安全生产责任保险。从部门法学的研究视角看,工伤保险是由社会保障部门经营的,旨在为处于弱势地位的劳动者在遭遇工伤事故时提供国家和社会物质帮助的一种社会保险制度,属于劳动社会保障法的研究范畴。而安全生产责任保险则将视角转移至企业"责任",旨在满足企业所承担的安全生产责任风险的转移需求,是由商业保险公司经营的商业保险,同时又具有强制投保、提供事故预防服务等有别于一般商业保险的特点,是"带有公益性质的强制性商业保险"[1]。安全生产责任保险虽与工伤保险在最终效果上有部分重合(都具有损害补偿功能),但严格意义上并不属于同一法律部门,最终被纳入了安全法学的研究视角。

综上,当前我国港口应急管理与补偿赔偿法律为《突发事件应对法》,行政法规包括《生产安全事故应急条例》《自然灾害救助条例》《突发公共卫生事件应急条例》,部门规章《交通运输突发事件应急管理规定》《突发公共卫生事件交通应急规定》《突发公共卫生事件与传染病疫情监测信息报告管理办法》,以及规范性文件《安全生产责任保险实施办法》。其中,《交通运输突发事件应急管理规定》《突发公共卫生事件交通应急规定》是交通运输部门应对安全事故及公共卫生风险的特别法,《突发公共卫生事件应急条例》《突发公共卫生事件与传染病疫情监测信息报告管理办法》则是卫生部门应对公共卫生风险的特别

---

〔1〕《应急管理部就〈安全生产责任保险事故预防技术服务规范〉举行发布会》,载中国政府网,http://www.gov.cn/xinwen/2019-08/27/content_5424991.htm?utm_source=UfqiNews。

法，其余立法属于安全保障一般法范畴。

第四节　我国港口安全保障立法路径方法体系选择

价值、内容层面的应然构造，勾勒出一套逻辑统一、体系严密的集成式法律框架。但是，法律体系的最终实现还需要恰当的方法论指引，而蕴藏在这种方法论背后的是对安全立法规律性的把握。我国港口安全保障立法的体系重构，并未沿袭传统部门法理论，不能简单视为“部门法分立格局的行业延伸”[1]；而应践行领域法学理论，实现行政法、劳动法、保险法等不同法律部门的深度融合，通过密切协作实现行业性规制目标。港口安全保障立法体系构建还须遵循“权力叙事”这一安全法的典型规则范式，以规范安全权力为主轴展开制度设计。

一、坚持安全行业法基本属性

从立法的自身属性角度考虑，港口安全保障立法应当首先定位为“安全法”。改革开放以来，随着国家对安全生产工作的重视，安全法治工作取得长足进步。全国人大及其常委会、国务院及有关部委、地方人大及其常委会和地方人民政府，已分别在各自权限范围内制定了数百项安全生产法律法规和规章，同时还诞生一批技术标准、操作规程、司法判例等，内容涵盖综合类安全生产法律法规、矿山类安全法律法规、交通运输安全法律法规、国际劳工安全卫生标准等。[2] 同时，基础性、系统性学科理论构建已逐渐成形。1993 年实施的《国家标准学科分类与代码》（GB/T　13745—1992）将安全法学正式列入法学学科分类中，2009 年版《国家标准学科分类与代码》（GB/T　13745—2009）将

---

〔1〕 宋亚辉：《社会基础变迁与部门法分立格局的现代发展》，载《法学家》2021 年第 1 期。

〔2〕 参见栗继祖、赵耀江主编：《安全法学》（第 3 版），机械工业出版社 2016 年版，第 47 页。

安全法学与宪法学、行政法学、民法学等学科并列作为法学学科中部门法学科分类的分支之一。而安全法学成为标准学科必须具备较为丰富的理论体系和专门方法,并产生了相应的研究教学机构以及专家群体。[1] 可见,安全法已经在立法与学科研究两方面开辟出了独立的发展空间。

"法是调整社会关系的规范。"[2]安全法独立性的本质也源于其调整社会关系的特殊性,表现为在生产生活活动中为保障人身安全健康、财产安全免遭外界因素危害而采取的专门活动所形成的社会关系。而在安全法这一总体框架下,还会继续以行为或社会关系发生的行业领域为划界标准,甚至形成了"一个行业领域一个立法"的局面。[3] 这是因为不同行业或领域中风险特性并不相同,形成了形态各异的风险规制体制,需要在立法上做出区别对待。[4] 以港口行业为例,首先,港口相关风险均发生在港口水域、陆域这一特定空间范围中。其次,由于港口业务的复杂性,其风险横跨破坏活动、生产安全事故、自然灾害、公共卫生风险等多个领域,分别产生不同的规制法律。最后,港口行业治理风险的监管体制特殊,不仅适用安全综合监管,还适用专门的行业监管体制。上述特点使得港口安全保障立法成为安全法之中一个相对独立的行业领域,这一领域不再是"一个行业领域一个立法",而是"一个行业领域一套立法",由诸多立法形成的港口安全保障立法体系构成。其中既包括内容指向港口这一水域、陆域范围,反映港口行业风险特性的安全保障特别法,也包括适用于各安全领域、代表一般安全法律规则的安全保障一般法。

安全保障一般法在港口行业的适用,印证了港口安全保障立法属于安全法分支体系。而在遵循安全保障一般法地位的前提下,港口安全保障特别法还会对一般法内容有所突破,表现为:

---

〔1〕 参见2009年版《国家标准学科分类与代码》(GB/T 13745—2009)。
〔2〕 张文显主编:《法理学》(第5版),高等教育出版社2018年版,第72页。
〔3〕 参见宋亚辉:《风险立法的公私法融合与体系化构造》,载《法商研究》2021年第3期。
〔4〕 参见宋亚辉:《风险立法的公私法融合与体系化构造》,载《法商研究》2021年第3期。

第一，根据港口安全自身特点单独立法。港口安全问题大多数与在港船舶航行、靠泊、装卸等航运活动相关，相较于陆上生产经营活动具备风险特殊性，这是安全保障一般法很少涉及的，对此往往通过专门立法的方式加以调整。由于航运活动的国际性特点，很多港口作业事项受到国际公约调整，我国港口安全保障立法为了与国际规则保持一致，多采取单独立法方式，如根据国际海事组织《ISPS 规则》制定《港口设施保安规则》，以特别提高船港界面活动的保安水平。

第二，根据港口安全自身特点作出特别规定。为适应港口业安全监管特点，港口安全保障立法会对安全生产事项作出特别规定。例如，《港口法》用大量条文规定了港口行政管理部门在安全生产监督管理中的职权；《港口危险货物安全管理规定》规定在港口区域从事危险化学品储存经营的港口经营人应取得港口经营许可证与港口危险货物作业附证，从而取代了《危险化学品安全管理条例》规定的危险化学品经营许可证制度。

第三，根据港口安全自身特点作出细致规定。针对部分安全一般法表述较为原则、可操作性不强的缺陷，港口安全保障立法根据港口业特点作出了细化和具体规定。例如，在《危险化学品安全管理条例》规定港口行政管理部门进行危险化学品港口建设项目安全条件审查的基础上，《港口危险货物安全管理规定》进一步明确了省市级港口行政管理部门的审查职权划分，并详细规定了审查条件、审查程序等内容。

综上，可以将"港口安全保障立法属于安全行业法"这一论述更为准确地阐述为：港口安全保障立法是安全法的组成之一，是安全法适用于港口行业的一般规则与港口特别规则的综合。

二、遵循"权力叙事"规则范式

在港口安全保障立法中，安全权力内容得到大幅强化，与港口生产经营单位所承担的安全义务相对应。[1] 这种现象并非偶然。事实上

---

〔1〕 详见第一章第一节第二部分相关内容。

对权力理论认识的突破,以及传统个人权利义务理论向社会权利义务理论的转变正是风险社会背景下安全法的突出特征,本书以“权力叙事”概括这种新的立法范式变化。

(一)风险社会背景下的安全立法定位转型

传统立法理念一直对权力保持着消极警惕的态度,认为国家权力作为私人权利的集合随时有膨胀、异化的风险,应对权力保持必要的制衡和约束,避免公权力对私权利的侵犯。而在风险社会,权力在抵御风险方面的积极意义被充分挖掘,并以这种新的权力观为基础重塑了与权利义务的关系。这是因为风险社会“迫使我们越来越多地从风险角度考虑问题”[1]。这一现象映射在立法中,表现为法律的价值从对自由的保障转向抵抗由于风险带来的冲击和侵害。[2] 同时,当代社会的风险在多数情况下并非个人选择的产物,更不是个人凭借理性、谨慎、知识、经验所能避免的。2015 年天津港“8 · 12”爆炸事故造成 165 人遇难,2020 年黎巴嫩贝鲁特港爆炸事故造成近 200 人死亡。显然,在这些骇人的港口安全事故面前,个人的抵抗、承受能力是极为有限的,一次事故发生就可能给整个社会带来难以弥补的损失。过往认为个人可以就自己的风险选择承担责任,进而依靠私主体之间“权利—义务”应对风险,将权力置于最后介入阶段的传统法律范式此时已经丧失了合理性基础。

要保障风险社会法律价值的实现,国家理应成为风险的最终承担者与消减者,进行与风险相关的积极作为,为公众提供充足的安全公共产品。为保证其实现,立法者会将越来越多原来由私主体享有但行使困难的安全权利上升为国家权力,交由安全保障机关集中行使,最终表现为安全立法中安全权力内容的大幅扩张。“权力在抵御风险时比权

[1] [英]安东尼 · 吉登斯、[英]克里斯多弗 · 皮尔森:《现代性——吉登斯访谈录》,尹宏毅译,新华出版社 2001 年版,第 77 页。

[2] 参见杨春福:《风险社会的法理解读》,载《法制与社会发展》2011 年第 6 期。

利更集中,也更有力量。”[1]以港口安全工作为例,相关立法交由港口经营主体遵守、安全执法部门进行事后制裁的传统安全治理模式遭受挑战,安全治理的端口前移要求各安全监管部门更主动地介入企业的安全生产行为控制中,行使广泛的事前监督、检查等权力。

可见,在港口安全保障立法中,权力与权利不再被视为消极对抗关系,而呈现出和谐共生的特点。“法律的功能也不再仅仅是约束国家权力以保障个人自由,而是在一定程度上承担督促国家积极作为,提供集体安全的职能。”[2]这使得权力与权利的合作共赢成为可能,崭新的安全法治理念出现。而与蓬勃发展的安全权力相对应的,一方面是安全权力行使的对象——港口经营企业成为安全义务的负担者,此时存在于安全私主体之间的安全权利与义务已经基本演变为安全监管主体与受控主体之间的安全权利与义务。另一方面,享有安全权力的主体将被责任制约。这是因为风险社会的存在会产生一个强有力的公权国家,权力的运行只有受到责任理念的规范,才能在确保公正、合理运行的同时实现安全效能的最大化。[3]

综上,港口安全保障立法将安全权力视为核心概念,秉持更积极进取的权力观,并以此重构与法律权利、义务以及法律责任的关系,这就是“权力叙事型立法”的基本内涵。

(二)“权力叙事型”立法的主要内容

既然港口安全保障立法以安全权力为主轴进行构建,其主要内容也会服务于这一范式。

1. 调整权力授予

遵循“法无授权不可为”的基本理念,一切安全权力均应被置于法律框架中,因而港口安全保障立法首先成为决定安全权力授予的立法。

---

〔1〕 于兆波、刘银平:《风险社会视角下的立法决策观念转变——以权力和权利为中心展开》,载《地方立法研究》2017 年第 1 期。

〔2〕 赵鹏:《风险社会的自由与安全——风险规制的兴起及其对传统行政法原理的挑战》,载《交大法学》2011 年第 1 期。

〔3〕 参见杨春福:《风险社会的法理解读》,载《法制与社会发展》2011 年第 6 期。

这一过程遵循着部门化原则——根据安全工作的性质分设部门,将港口安全执法工作在各个部门间分工,各部门形成明确的职掌与权责关系。[1] 实现部门化的安全权力分工,一方面是由于安全事务的复杂性,分工满足了繁杂事务处理的需要,使主管部门有效地指挥其属员从事分工和协调,避免工作划分不当所造成的困难;另一方面也是基于工作专业化的需要,将安全工作性质相关的活动予以归类、适材适所,才能充分发挥成员的专业特长,促进安全目标实现。

在根据部门化原则分配港口安全权力过程中,大致形成了两种权力配置模式:一种是根据调整对象的不同,将某一调整对象交由某一安全执法部门专司。例如,根据《海上交通安全法》,船舶海上交通安全管理由海事管理部门负责。另一种是根据安全事权的特点,将权力进行进一步区分,分别交由相应部门。例如,在制定《港口法》时围绕港口引航事务究竟应交由港口行政管理部门调整抑或海事管理部门管辖一度产生激烈争论,最终解决方案正是将监督权与管理权分解,在保留海事管理机构对船舶引航享有的安全监督权同时,将对港口引航的管理权交由港口行政管理部门。[2] 当然,上述理想的权力配置模式面临着实践的挑战。这是由于行政权力的部门划分并不总能严格遵循监管对象、事权类型的理想标准,由于机构历史、制度惯性、分权制衡等因素,几个行政部门针对类似安全事项都享有权力的现象客观存在,容易诱发安全立法的权力配置冲突。这也是协调统一的港口安全保障立法体系应力求予以克服的。

2. 规范权力运行

港口安全保障立法在调整安全权力授予关系的同时,还会规范权力运行。虽然"权力叙事型立法"在发掘权力的积极意义,但这并不意味着对权力的消极方面视若无睹,立法仍应对权力的异化保持必要的

---

〔1〕 参见蔡立辉:《明晰职能:理顺权力纵横关系的关键》,载《学术研究》2008 年第 2 期。

〔2〕 参见叶红军:《港口法解析》,人民交通出版社、大连海事大学出版社 2003 年版,第 226 - 227 页。《船舶引航管理规定》第 4 条规定,市(设区的市)级以上地方人民政府港口主管部门负责本行政辖区引航行政管理工作,海事管理机构负责引航安全监督管理工作。

警惕。孟德斯鸠在《论法的精神》中提醒世人:“一个人一旦拥有权力,就会滥用权力。”[1]反思近年来发生的几起重大港口安全事故,几乎都涉及安全监管者以权谋私、玩忽职守。除了避免权力蕴含的负面效应,规范权力运行的另一目的在于提高权力的运行效率,在保证安全权力运行成本最低的同时实现安全效益的最大化。安全权力的运行有着自身的逻辑和流程,其中很多是在过去安全事故中付出巨大代价所获得的经验教训。在具体的安全实践中,这些经过实践所证明行之有效的安全策略和方法需要在最短时间内得到有效贯彻,而不是放任决策者凭借自身未经过安全实践充分检验的理性和非理性自行其是。此外,规范权力还是充分发挥民主、避免任意专断的前提条件。在我国公权力行使要坚持民主集中制这一根本组织原则与决策制度,遵循法定集体讨论或上级批准程序,并依法行政公开,从而克服决策的任意性与专断性。

规范权力运行的主要方式是程序性规制。安全权力的运行要建立在充分的信息、资金、人力、时间等要素的基础上,遵循民主化的决策程序,严格按照安全法律法规所设定的程序和标准进行。[2] 从某种意义上讲,此时安全法律的程序价值甚至超越了实体价值。安全权力面向的是未知的风险,再科学、理性的决策也无法规避风险的客观性和不确定性。如果一味坚持实体安全价值,将导向唯“结果主义”论,仅以最终事故发生与否评价安全法律的实施效果及有关人员责任,这违背了安全科学规律。安全程序是法律基于现有科学研究水平以及安全管理水平做出的较优安排,是为风险治理所提供的一种相对成熟、相对可靠的理性抉择,但并不总是最优安排,更不可能杜绝事故发生。只要行为人严格执行了法定程序要求,就应该被认为尽到了应承担的安全义务,不应该遭到负面评价。安全责任并不与事故结果挂钩,不能从事故的结果反推责任,反之未发生安全事故也不能认为“万事大

[1] [法]孟德斯鸠:《论法的精神》,夏玲译,红旗出版社 2017 年版,第 132 页。
[2] 参见钟开斌:《风险管理:从被动反应到主动保障》,载《学术论坛》2007 年第 11 期。

吉”。根据安全积累原理,一起严重的安全事故发生前可能已经存在不安全状态或者发生了大量未被察觉的不安全动作,如果仅仅因为不发生事故就忽视了对轻微违章的预防,那么重特大事故很可能无法避免。[1]

当然,对程序的重视也不可推至极端。对程序的遵守应建立在充足的时间、人力、信息等决策条件的基础上,一旦上述因素不复存在,程序化规制的必要性和可行性便遇到严峻挑战。以时间节点区分,港口安全保障立法可以区分为事故发生前的风险治理立法与事故发生中及发生后的应急管理与补偿赔偿立法。前文所提到的大多属事故发生前的风险治理立法范畴。一旦重大事故发生,社会随即进入危急状态,此时公权力的运行会进入危机决策模式:公权力行使的目标集中到控制危机蔓延、保障人民群众生命和财产安全、维持社会基本秩序上,其他公共目标在必要时可以舍弃;公权力的行使难度陡增,必须在有限的时间、资源、信息、专业知识等约束条件下针对未知进行决策,常规决策时所拥有的保障条件丧失殆尽;因决策时间紧迫,公权力的行使程序被简化,为保障公权力行使科学性、民主性所需要的程序条件客观上已很难遵守,甚至需要依靠决策者的个人判断、经验,甚至直觉进行。[2] 此时,港口安全保障立法应着重为危急状态下的权力行使创造保障条件,扫除法律上的后顾之忧。对于安全权力的运行不能再坚持严格的程序性要求,而应在保障人民群众最基本权利的基础上,缩减法定程序要求,保证公权力得到迅速实施与有力贯彻。例如,德国《联邦行政程序法》第 28 条规定,因紧急情况或公共利益而需要立即作出决定的,听证可以省除;听证有悖于强制性公益的,也不予以举行。针对应急管理一线部门可能遭遇的决策越权问题,应赋予其必要权力以把握应急处置最佳时机、有效控制危险蔓延,保持法律对危急状态下一线部门勇于任

---

〔1〕 参见吴超编著:《安全科学原理》,机械工业出版社 2018 年版,第 50 页。

〔2〕 参见林鸿潮:《公共应急管理机制的法治化》,华中科技大学出版社 2009 年版,第 68 – 69 页。

事的宽容度。

规范权力运行的另一种方式是完善法律责任制度。这是因为："由行政权力支持的公共行政体现的是'人民主权'的政治理念，它必然表现为责任行政，也就是说，它在获取社会赋予的行政权力的同时，必定要承担对社会的某种责任和义务。这一点是公民与公民、公民与政府进行社会契约的最终目的。"[1]一方面，国家介入导致风险决策主体与承担主体发生分离，此时法律责任将有效遏制公权力滥用的倾向。如果缺乏完善的法律责任制度制约，极易导致风险决策者为获取制度收益肆意妄为，并向被影响者转嫁制度成本使其无辜遭殃的不公正现象。社会风险的显著危害性又将导致公众对政府决策的极度不信任与不满，这种风险决策者与决策被影响者的分裂与对抗将撕裂整个社会稳定的基础。另一方面，法律责任的明确将激励安全部门积极行使安全权力。安全工作是面向未知的决策，将带来潜在的风险。如果不能明确安全监管部门的权责边界，极有可能导致安全行政责任的不当追究，使安全监管部门畏缩不前。

---

〔1〕 刘祖云：《论行政权力的双重规定性：权利与义务》，载《汕头大学学报（人文社会科学版）》2004年第5期。

第四章　体系重构对立法协调性缺陷的回应

第三章揭示了港口安全保障立法体系构造的应然图景，为克服立法结构性缺陷提供了方法论和认识论上的必要准备。以此为基础，本章试图聚焦结构性缺陷中的协调性问题，即分散立法模式所导致的法律调整对象之间结构和逻辑关系混乱失序。当前，我国港口安全保障立法的协调性缺陷主要集中于港口生产安全事故风险治理立法和港口应急管理与补偿赔偿立法中。这是由于在上述领域安全监管体制、职能机构设置最为复杂，同时法律的制定、修改又极为频繁，法律规范数量多而庞杂，如果未能以法律体系思维指导立法过程则极易造成法律冲突。而在港口破坏活动风险治理立法、港口公共卫生风险治理立法、港口自然灾害风险治理立法等领域中，由于立法构成较为简单，法律作用边界相对清晰，因此立法冲突现象并不明显。另外，在港口安全中央与地方立法关系中，受行政权分配、立法技术等因素影响，也出现了法律配置重叠现象，影响了法律实施效果。可以通过立法体系对各类法律素材合理编排组织，尽量消除不同法律规范之间的冲突与矛盾，或提供消除法律冲突的工具手段，最终服务于协调性的整体完善。

第一节　港口生产安全事故风险治理立法的协调

港口生产安全事故是现阶段困扰我国港口的主要安全风险因素，相关法律数量繁多，也是法律冲突最为频繁的领域。由于生产安全事故立法可以进一步划分为安全保障一般法与特别法，这种冲突理论上可表现为安全保障一般法与特别法间外部冲突、安全保障特别法间内部冲突、安全保障一般法间内部冲突三种类型。由于安全保障一般法之间的内部法律冲突属于安全法的普遍性问题，并不具有港口行业的特殊性，因此不在分析之列。本节以最能反映港口安全问题特点的安全保障一般法与特别法冲突、安全保障特别法冲突为研究对象，分析冲突表现并提出法律协调完善方案。

一、安全保障一般法与特别法外部冲突表现

客观上，我国立法者已经对预防港口安全保障特别法与一般法的外部冲突予以一定考虑。《港口法》在第 32 条明确规定，港口经营人必须依照《安全生产法》等法律的规定加强安全生产管理，建立健全安全规章制度，完善安全生产条件，采取安全措施，确保安全生产。这一转介性规定将安全保障一般法的一般性规定输送至安全保障特别法中，使两部法律在安全生产规则上保持了很大程度的统一协调。但是，特别法与一般法的冲突仍然存在，主要原因在于两套立法背后所代表的不同安全执法体制。《安全生产法》第 2 条规定，中华人民共和国领域内的生产经营单位的安全生产适用该法，但法律法规对水上交通安全等领域另有规定的适用其规定；同时第 10 条规定，各级人民政府应急管理部门负责对辖区内安全生产工作实施综合监督管理，其他有关部门按照有关法律、法规对本行业、领域安全生产工作实施专项监督管理。《港口法》第 52 条则规定，港口经营人违反《港口法》第 32 条关于

安全生产的规定的,由港口行政管理部门或者其他依法负有安全生产监督管理职责的部门依法给予处罚。综合上述规定,安全综合执法部门与行业执法部门依据安全保障一般法与港口安全保障特别法,对港口安全工作均具有执法权限,法律冲突由此发生。

理论上,综合监管应该负责安全生产工作中的普遍性、共性问题,而行业监管则解决某一方面或者行业安全生产工作中的特殊性、个性问题。[1] 但在实践中,由于港口生产环节多、涉及部门广,如何把握共性与个性,安全生产综合监管应如何进行,如何与各行业监管部门有效衔接,目前缺乏具备可操作性的法律规定。其结果是在当前安全生产工作的高压态势下,综合监管与行业监管部门存在互相推脱职责、懒政怠政,甚至违法的现象。以天津港"8·12"爆炸事故为例,承担行业监管职责的天津市交通运输委员会违反《危险化学品安全管理条例》《港口危险货物安全管理规定》等法规要求,在明知涉案瑞海公司不具备港口危险货物作业条件的情况下,以批复代替法定行政许可,准许瑞海公司从事港口危险货物存储业务;同时,承担安全综合监管职责的天津市安全监管局、滨海新区安全监管局等单位严重失职失察,未认真履行自身职责对辖区内危险化学品监管工作进行督促,对涉案企业长期违法储存危险化学品未能进行监督查验。[2] 该案集中展现出综合监管与行业监管职责不清所产生的巨大安全隐患,正如国务院事故调查报告中特别指出的,"建议国务院明确一个部门及系统承担对危险化学品安全工作的综合监管职能,并进一步明确、细化其他相关部门的职责,消除监管盲区"[3]。同时,也出现了安全综合监管与行业监管彼此牵制影响,制约安全保障效能发挥的情况。例如,笔者在调研过程中发

---

〔1〕 参见栗继祖、赵耀江主编:《安全法学》(第3版),机械工业出版社2016年版,第137页。

〔2〕 参见《天津港"8·12"瑞海公司危险品仓库特别重大火灾爆炸事故调查报告》,载中国政府网,https://www.gov.cn/foot/2016-02/05/5039788/files/460731d8cb4c4488be3bb0c218f8b527.pdf。

〔3〕 参见《天津港"8·12"瑞海公司危险品仓库特别重大火灾爆炸事故调查报告》,载中国政府网,https://www.gov.cn/foot/2016-02/05/5039788/files/460731d8cb4c4488be3bb0c218f8b527.pdf。

现，一些地方的应急管理部门为履行综合监管职责，对所在辖区港口企业提出了定期开展消防安全演练的要求，而海事部门却以可能污染港口水域为由禁止。

隐藏在上述种种执法失灵现象背后的，正是安全立法所存在的法律冲突现象。为此2016年《安全生产改革意见》特别强调，应"厘清安全生产综合监管与行业监管的关系"。2021年《安全生产法》修订虽然对监管部门之间的合作义务进行了原则性规定，"负有安全生产监督管理职责的部门应当相互配合、齐抓共管、信息共享、资源共用，依法加强安全生产监督管理工作"，但并未彻底厘清两者关系。

需要肯定的是，《安全生产法》所采取的综合监管与行业监管相结合的安全工作体制，参考了国际上安全生产领域的成熟做法。安全生产事关人民群众生命财产安全和社会稳定，涉及各行业部门和社会生活的方方面面，必须有一个综合职能部门统揽全局，并行使必要的协调、监督职能；同时，生产的复杂性和专业性又需要发挥专门的行业安全生产管理部门的优势。[1] 例如，美国劳工部设置职业安全卫生管理局（Occupational Safety and Health Administration），作为全美职业安全健康主管部门，全面负责美国安全生产基础法律——《职业安全与健康法》（Occupational Safety and Health Act of 1970）的执法工作。但是，《职业安全与健康法》并不适用于美国运输部等其他联邦机构根据其自身法律授权所进行的职业安全与健康标准制定以及执法行为。[2] 为了防止多头监管造成的执法漏洞，美国通过司法判例明确了职业安全卫生管理局对雇主企业负有的"兜底"职责，只有在其他联邦机构确

---

〔1〕 参见沈立、汪丽莉、徐辉波：《行业安全生产及其综合监管》，东南大学出版社2010年版，第10页。

〔2〕 See Occupational Safety and Health Administration § 4(b)(1). 原文为"Nothing in this Act shall apply to working conditions of employees with respect to which other Federal agencies, and State agencies acting under section 274 of the Atomic Energy Act of 1954, as amended (42 U. S. C. 2021), exercise statutory authority to prescribe or enforce standards or egulations affecting occupational safety or health"。

有执法权限且实际履行了职能的情况下才解除其监管职责。[1] 英国2008年成立健康与安全执行局(Health and Safety Executive),隶属于英国劳工部,全面负责英国《1974年劳动健康安全法》(Health and Safety at Work Act 1974)的执法及事故调查工作,同时由英国运输部负责运输领域的行业安全监管。具体到港口安全领域,两部门通过订立合作谅解备忘录明确各自职能,以水陆为分界,由健康与安全执行局负责陆上安全生产工作,而运输部下辖海事和海岸警卫队(Maritime and Coastguard Agency)负责船舶和船员安全。[2]

可见,综合监管与行业监管的分工并非问题的症结所在,关键应设法明确综合监管与行业监管的权力界限,保证两套监管制度的高效运行。与安全综合监管相比,港口安全行业监管的特殊性立足于港口生产经营活动的安全特点。港口生产经营以装卸货物为核心,而货物的种类、运载船舶类型复杂,同时港口生产点多、线长、面广,不仅作业流动分散、操作复杂,往往还人机交叉、昼夜连续,部分货物作业需要于露天、深舱、高空等特殊场景下进行,一些货物作业需符合国际上通用的作业标准和技术规范。以上种种都造成了港口生产安全的高风险特性,需具备专业知识、执法能力与条件的部门对其进行行业监管。在我国,对于港口行业的安全监管长期以来由交通行政主管部门负责,其积累了丰富的执法经验和较强的专业能力。在《安全生产法》确立了综合监管体制之后,需重新分配两者之间的监管职责。

二、明确行政权责分工的外部冲突协调机制

2016年《安全生产改革意见》关注到综合监管与行业监管的协调

---

[1] See Secretary of Labor v. Emery Air Freight Corp., 20 O. S. H. C. 1928, 1929(2004).

[2] *Memorandum of Understanding Between the Health and Safety Executive, the Maritime and Coastguard Agency and the Marine Accident Investigation Branch for Health and Safety Enforcement Activities and Accident Investigation at the Water Margin and Offshore*, Health and Safety Executive, https://assets.publishing.service.gov.uk/media/613f75e18fa8f503bc665858/HSE_MCA_MAIB_MOU_2021.pdf.

问题，并首次对安全生产综合监管与行业监管的区分原则进行了阐述：安全生产监督管理部门（综合监管）负责综合性工作，包括安全生产法规标准和政策规划制定修订、执法监督、事故调查处理、应急救援管理、统计分析、宣传教育培训等；负有安全生产监督管理职责的部门（行业监管）依法依规履行相关行业领域安全生产和职业健康监管职责，强化监管执法，严厉查处违法违规行为；其他行业领域主管部门应坚持管行业必须管安全原则，从行业规划、产业政策、法规标准、行政许可等方面指导督促企事业单位加强安全管理。实践中，一些地区将这一原则理解为行业监管承担自身行业领域的直接监管责任，而综合监管部门承担除此以外的综合监管责任。[1]

本书认为，我国综合监管与行业监管并存的体制基础必然导致权力交叉重叠现象的存在，由于港口安全生产的复杂性，很难彻底厘清事权分配。因此，区分安全监管的权力位阶，明确直接责任与间接责任，在很多情况下比单纯的事权划分更为有效，可以有效弥补事权划分所存在的“挂一漏万”现象。这也符合港口安全保障立法“权力叙事型”立法的基本要求，完善的责任规定既能够遏制公权力滥用的倾向，又能够激励安全部门积极作为。考虑到港口等行业的专业性，以及现存的行业领导体制，赋予港口行业监管部门直接监管职责，综合监管部门发挥协调、监督、指导的次要监管职责，是较为可取的。同时，这种权责分工应当通过先进的立法技术加以公布并寻求社会监督。为此，可以考虑建立港口安全生产监管权责清单制度。所谓权责清单，是对安全生产权力清单与责任清单的统称。权力清单是在对安全综合监管部门、行业监管部门所掌握的行政权力进行全面清理、划定边界的基础上，将各行政主体所享有的权力事项公之于众，使之公开、透明，便于社会监督的规范性文件；而责任清单则是在权力清单的基础上，进一步明确行政主体的法律责任并通过规范性文件加以确定及公布。[2]《安全生产

---

〔1〕 参见赵一归：《部分地区安全监管体制改革综述及建议》，载《劳动保护》2018 年第 12 期。

〔2〕 参见康琳娜：《行政权力清单制度新探》，载《北方法学》2019 年第 2 期。

改革意见》明确要求，依法依规制定各有关部门安全生产权力和责任清单，尽职照单免责、失职照单问责。港口安全生产监管权责清单将成为厘清安全综合监管与行业监管分工、消除安全保障一般法与特别法冲突的重要制度保障。

2021 年《安全生产法》修订将“管行业必须管安全”作为行业安全监管原则，同时新增第 9 条第 2 款，要求港区明确负责安全生产监督管理的有关工作机构及其职责，加强安全生产监管力量建设，按照职责对管理区域内生产经营单位安全生产状况进行监督检查，协助人民政府有关部门或者按照授权依法履行安全生产监督管理职责。以此为出发点，各安全保障特别法应当对行业主管部门的安全责任加以确定。事实上这种做法在其他领域的安全特别法中早已出现，如《食品安全法》第 7 条规定县级以上地方人民政府实行食品安全监督管理责任制，《矿山安全法》第 34 条对县级以上人民政府管理矿山企业的主管部门的安全职责加以规定。鉴于此，建议在《港口法》等安全保障特别法中明确港口行政管理部门等行业主管部门对港口生产安全履行直接监管职责；在《安全生产法》《危险化学品安全管理条例》等安全保障一般法中，对于安全综合监管部门负有的协调、监督、指导等间接监管职责进行明确。同时，根据《安全生产法》第 17 条有关安全生产权责清单编制的规定，在《港口法》中明确要求港口行政管理部门、应急管理部门依法编制安全生产权责清单，明确安全监管有关工作机构及其职责，压实部门责任。

三、安全保障特别法间内部冲突表现

除了一般法与特别法之间外部法律冲突，各特别法之间内部冲突也不可忽视。保障港口安全的特别法主要包括《港口法》《海上交通安全法》《航道法》等法律，以及《航标条例》《港口危险货物安全管理规定》《船舶引航管理规定》等行政法规和部门规章。上述立法将港口安全行业监管职权分解，分别交由港口行政管理部门、海事管理部门、航道部门等执行。根据职权法定原则，多头分散的监督管理体制如果未

能通过立法进行科学严谨的职责权限划分，有可能诱发执法冲突。

法律的生命在于实施。港口安全保障特别法内部的冲突主要表现为不同特别法对同一事项确定了不同的主管机关，各机关在实施法律过程中发生了执法权限重叠，或者对法律的理解适用出现偏差。例如，前文提及的某省份航道管理部门与港口行政管理部门出现的航标执法冲突，其产生正是由于航标作为重要的航道设施，《航道法》第5条规定了县级以上地方人民政府航道管理部门承担航道管理工作，同时《港口法》又赋予了港口行政管理部门对港口航道实施监督管理的权力。另外，部分立法虽然整体上不属于港口安全保障特别法的范畴，但其个别条文涉及行业监管，如果与特别法发生冲突，也可以视为特别法内部冲突。例如，《测绘法》规定了军队测绘部门负责管理海洋基础测绘工作，我国在修改《海上交通安全法》过程中曾试图对海事管理部门的港口航道测绘职权予以明确，因与《测绘法》冲突遭遇了极大阻力。[1]

近年来在我国港口安全行业监管领域出现了一种不良工作倾向，即一些港口行政管理部门负担了过重的安全监管职能。不仅一些地区的消防、质监部门将本应由其承担的安全监管职责推脱至港航部门，甚至出现了某地住建部门通知港口管理机构排查港口区域内危房情况的事例。其结果是本应承担行业性安全保障功能的港口行政管理部门成为了地域性的安全保障部门，对港口这一地理区域内所发生的一切安全事务均承担起安全监管职责。这明显违背了各安全行业监管机构依据各安全保障特别法分工负责的国家安全工作体制设计，也远远超出了港口行政管理机构的执法能力范围。看似交由港口行政管理机构统一负责，实则出现了监管漏洞。这种倾向的出现反映了立法冲突的存在，法律中未能对港口行政管理部门与其他安全行业监管部门的职能

---

〔1〕 2017年国务院法制办公室公布的《海上交通安全法（修订草案征求意见稿）》曾在第28条新增规定："海事管理机构负责组织实施海洋测绘，出版海图、航路指南等航海专用出版物，及时发布航海专用出版物的修改、更新或者废止并向社会公告。"相关内容在后续修订草案中删除。

进行有效划分。

针对特别法冲突现象，一种处理方法是将港口生产、经营、存储等生产经营行为做类型化处理，将多个部门权力交叉时的各方职责尽可能在法律中界定清楚。理论上，在港口基础立法中通过明确的法律授权区分各种情形下的监管责任，是协调立法冲突最行之有效的方法。例如，现行《港口法》第34条、第35条分别将船舶（载运危险货物）进出港口、危险货物港区作业过程中港口行政管理部门与海事管理部门的安全监管职权进行了明确界分，从而彻底消除了在上述事项上可能存在的立法冲突。但是，考虑到港口安全事务的复杂性，权力交叉现象繁多，试图通过法律规则设计彻底消除执法权限重叠恐难实现。现代组织学认为，组织间的冲突在很大程度上是不可避免的。[1] 即使高超的立法技术能够消除法律冲突产生的主观基础（如部门利益纠葛、机构设置不合理等），行政事务客观上的复杂性和关联性也将导致行政权限冲突。[2] 例如，实践中质监等部门很难独自履行港口区域内的安全监管职责，类似现场检查等执法活动需要依赖港口行政管理部门、海事管理机构的配合。另外，所谓的法律职权不清、分工不明也并非都源于立法失误，很可能是立法者基于复杂社会生活以及互相监督的需要所做出的有意安排，具有一定的积极意义。

除了寄希望于法律的修改完善，近年来我国在交通运输、应急管理等领域所进行的综合执法改革也在试图解决职责交叉、多头多层次执法问题。根据2021年修订的《行政处罚法》以及国务院办公厅《关于深化交通运输综合行政执法改革的指导意见》（中办发〔2018〕63号），地方层面港口行政、航道行政、水路运政以及地方海事行政等门类的执法职能将被整合，以交通运输综合行政执法的名义统一执法。综合执法改革能够有效消除港口安全执法、检查环节中的权力重叠现象，但所

〔1〕 参见竺乾威主编：《公共行政学》（第3版），复旦大学出版社2008年版，第48页。

〔2〕 参见金国坤：《行政权限冲突解决机制研究——部门协调的法制化路径探寻》，北京大学出版社2010年版，第19－20页。

整合的行政权范围仅限于行政处罚权、检查权和强制权，安全许可等日常监管职权仍保留在港口、海事、航道等行业部门。[1] 这样，相关部门仍要在源头和过程中承担日常监管责任，导致在行业监管内部又产生了安全日常监管与综合执法监管相重叠的格局。

四、行政协助与行政协调二元化内部冲突解决机制

通过以上分析可以发现，特别法冲突所导致的行政权限冲突有其发生的必然性。可见，除了在立法中明确港口安全事权配置，尽量从源头斩断权限冲突的根源，还应正视特别法冲突难以根除这一现实，充分考虑相关争议产生后的解决机制构建，提供一种制度化的冲突化解方式。具体而言，可在《港口法》等相关法律中构建以安全生产行政协助与行政协调制度为核心的二元化冲突解决机制。

（一）引入行政协助制度

2021 年《安全生产法》修正新增"负有安全生产监督管理职责的部门应当相互配合、齐抓共管、信息共享、资源共用，依法加强安全生产监督管理工作"要求，可以视为安全生产领域对行政协助制度的原则性规定。所谓行政协助是指"无隶属关系的行政机关之间，在执行公务的过程中，因某种需要互相提供方便并协助完成职务的行为"[2]。建立行政协助制度可以有效弥补单一行政机关行使其行政职权时力量不足的缺陷，充分发挥各部门专业优势，满足行政权一体化要求，发挥行政机关作为一个严密行政体系的整体效能。[3] 大陆法系国家德国、西班牙、韩国等都在立法中明确规定了行政协助制度，其中以德国规定最为完备，其《联邦行政程序法》对行政协助义务、适用条件及限制、协助机关选择、费用负担等内容都作了明确规定。我国近年来在海洋行政

---

〔1〕 参见李湖生：《新体制下我国安全生产执法队伍改革问题探讨》，载《中国安全生产科学技术》2019 年第 11 期。

〔2〕 关保英：《行政法的价值定位——效率、程序及其和谐》，中国政法大学出版社 1997 年版，第 131 页。

〔3〕 参见王麟：《比较行政协助制度研究》，载《法律科学（西北政法学院学报）》2005 年第 5 期。

领域也引入了行政协助制度。2021年制定的《海警法》第59条规定："海警机构因开展海上维权执法工作需要，可以向有关主管部门提出协助请求。协助请求属于有关主管部门职责范围内的，有关主管部门应当配合。"

在港口安全保障立法中建立行政协助制度是由港口安全工作的复杂性决定的。港口功能的多样性导致很难通过某一职能部门穷尽港口安全生产管理事项，需对各相关部门进行事权划分，在自身职权范围内共同完成港口安全生产监督管理职责。这一机制的有效运作又依赖两大前提：第一，行政职能划分清晰明确，各行政机关之间的职权没有交叉，每个行政机关的行政职权足以保障其完成所有行政职能；第二，行政资源的分配要均衡充分，足以保障各行政机关依赖自身拥有的行政资源独立实现行政职能。[1] 即使能够通过完善立法实现第一个目标，在现行的科层制行政管理体制下后一目标也很难达成。例如，我国港口行政管理部门相较于国家海上交通安全监督管理部门——海事管理部门，在港口水域执法上具有天然的执法资源劣势，其职能的实现很多情况下需依赖海事部门的配合协助，因此在实际执法过程中多采用联合执法等方式。

由此可见，现行《港口法》第36条第2款仅规定各职能部门在"职责范围内对港口安全生产实施监督检查"，未引入行政协助制度是立法上的一大缺憾。实际上，《港口法》第34条、第35条要求港口行政管理部门与海事管理机构在载运危险货物进出港口申报、危险货物港口装卸过驳作业申报过程中履行信息通知、协助义务，恰恰契合了《安全生产法》"相互配合、齐抓共管、信息共享、资源共用"的行政协助要求，只是这些规定过于零散，未能通过概括性条文予以系统化。鉴于此，在未来《港口法》修改过程中建议修改第36条第2款，对行政协助制度作出明确规定，要求负责安全生产监督管理的部门对其他部门予以协助。[2]

---

〔1〕参见王麟：《比较行政协助制度研究》，载《法律科学（西北政法学院学报）》2005年第5期。

〔2〕具体完善建议详见第六章第三节第一部分相关内容。

（二）创设行政协调制度

与以平等自愿协商为基础的行政协助不同，行政协调是一项带有领导意志性的行政管理活动，不以被协调者的意志为转移。行政协助与行政协调通常带有递进关系，在行政主体之间平等协商无效的情况下，一方或双方可以请求共同的上级机关或其他机关对争议予以调处。[1] 但是，行政协调尽管不以被协调者的意志为转移，但仍会尽量尊重其意愿，力争使被协调者达成一致意见。[2] 当前我国环境立法针对跨区域污染问题已引入行政协调制度。《环境保护法》第 20 条规定，国家建立跨行政区域的重点区域、流域以外的跨行政区域的环境污染和生态破坏的防治，由上级人民政府协调解决，或者由有关地方人民政府协商解决。部分地方还出台了针对行政协调的地方性法规，如《湖北省行政执法争议协调办法》《广州市行政执法协调规定》等，对协调主体、协调职权、协调程序等予以详尽规定。

行政协调制度的关键在于确定协调机关，协调机关需具备足够的权威性，以便于协调程序的有效进行以及协调结果的顺利执行。综合目前我国港口安全执法现状，《港口法》可以将地方人民政府确定为主持港口安全执法协调工作的主体。首先，根据《港口法》规定以及此前我国港口体制改革精神，目前我国港口治理结构是以地方人民政府为主导的。因此，从权责一致的角度出发，地方人民政府理应在港口执法争议协调中发挥主要作用，其也有处理好本地港口事务、发展地方港口事业的主观能动性。其次，从行政隶属关系角度出发，港口安全各专项执法部门多由地方政府下辖，行政体制内部的层级控制关系使地方人民政府组织协调成为可能。个别安全执法部门虽属中央垂直领导（如海事部门），但地方人民政府仍可发挥一定的协调作用。因此，可在

---

〔1〕 参见金国坤：《行政权限冲突解决机制研究——部门协调的法制化路径探寻》，北京大学出版社 2010 年版，第 253 页。

〔2〕 参见金国坤：《行政权限冲突解决机制研究——部门协调的法制化路径探寻》，北京大学出版社 2010 年版，第 254 页。

《港口法》中对港口安全执法协调制度加以规定，由地方人民政府协调解决两个或两个以上安全生产监督管理部门在港口安全执法过程中发生的争议。[1]

行政协助、行政协调作为一种程序性的争议解决方式，利用总括性规定对立法冲突预防以及争议发生后的解决方法进行了穷尽式涵盖。立法冲突所导致的执法争议被纳入了法治化轨道予以解决，扭转了过去单纯依靠部门自觉、领导关系等非正式、非常态化冲突解决方式的弊端。

第二节　港口应急管理与补偿赔偿立法的协调

对港口安全风险的有效预防能够从源头上遏制“风险—危险”的转化链条。但是，受制于风险的客观性、安全科学水平的局限性以及人类风险认知局限性等，彻底消除风险并不现实。从统计学角度看，只要风险存在，其转化为现实危险就具有概率必然性。因此，近年来安全法治开始关注危险发生后的应急管理与补偿赔偿问题，从缓和危险发展程度、减少危险所致损失、赔偿补偿受害人、及时恢复生产生活等方面进行事故中及事故后的安全治理。与已经接受过理论与实践充分检验的风险预防立法相比，应急管理与补偿赔偿立法普遍制定时间较晚，规则较为原则抽象，且许多立法以部门规章等形式存在，立法层级不高，带有较为明显的试行探索性质。这些原因造成法律之间的冲突较为普遍，有必要对相关法律关系予以理顺。

一、应急管理一般法与特别法外部冲突

2003 年非典疫情应对确立了系统性的应急管理理念，综合性的应

---

〔1〕 具体完善建议详见第六章第三节第一部分相关内容。

急管理法治此后建立起来。[1] 最终成果表现为2007年实施的《突发事件应对法》，该法适用于突然发生，造成或者可能造成严重社会危害，需要采取应急处置措施予以应对的自然灾害、事故灾难、公共卫生事件和社会安全事件。该法作为一部跨越不同风险类型的综合性立法，改变了长期以来单一风险"一事一法"的应急管理立法格局。

据此，港口安全领域应急管理首先会受到综合性应急管理立法的调整。同时考虑到交通运输行业的特殊性，一些下位立法也成为港口应急法律的组成部分。例如，为加强交通运输领域应急管理工作，交通运输部以《突发事件应对法》为上位法，于2011年制定了部门规章《交通运输突发事件应急管理规定》（以下简称《交通应急规定》）。《交通应急规定》根据行业自身状况进一步解释了《突发事件应对法》中的"严重社会危害"，即交通运输设施毁损，交通运转中断、阻塞，重大船舶污染及海上溢油应急处置等交通运输突发事件。2019年，《生产安全事故应急条例》开始实施。与《交通应急规定》不同的是，该条例的上位法除了《突发事件应对法》还包括《安全生产法》，其适用对象也被规定为"生产安全事故"[2]。

这样，几部制定时间上相互延续，调整内容上密切关联的应急治理立法呈现出了如下错综复杂的关系：

1. 适用范围高度重合。无论是港口自然风险所引发的事故、港口生产安全事故，还是港口严重破坏活动（如恐怖袭击等）所引发的社会安全事件，都属于《突发事件应对法》调整的范畴。同时由于港口是重要的交通运输设施，上述安全事故可能造成交通设施毁损进而导致交通运转中断、阻塞，故此类事故属于《交通应急规定》中的"交通运输突发事件"。另外，港口安全最主要风险类型——港口生产安全事故风险也符合《生产安全事故应急条例》中对"生产安全事故"的要求。可

[1] 参见王宏伟：《提升非常规突发事件的应对能力：应急管理体制改革成败的"试金石"》，载《公共管理与政策评论》2018年第6期。

[2] 对"生产安全事故"的界定，参见第一章第二节第三部分相关内容。

见,3部立法均可适用于港口安全应急领域。当然,上述法律均强调安全事件须具备社会危害性和处置紧迫性。应急立法本就有别于常态立法,不具有严重社会危害性和处置紧迫性的轻微港口生产安全事故、自然灾害和港口破坏活动等不会被纳入应急立法的调整范畴。[1]

2. 法律效力互相冲突。由于《突发事件应对法》作为我国应急治理的一般性法律,存在大量抽象性和原则性规定,故其需要下位立法的配合。而两部下位立法在效力等级上存在严重的冲突情况。从立法的等级效力角度看,《交通应急规定》受制于部门规章限制效力较低;《生产安全事故应急条例》则是国务院制定的行政法规,虽然规定了"法律、行政法规另有规定的,适用其规定"但仍优先于部门规章适用。从特别法与一般法关系角度看,《交通应急规定》相对于《生产安全事故应急条例》虽属于特别法,但根据法理学原理特别法优先原则适用的前提是法律处于同一效力等级。[2] 在规范制定的先后顺序上,《交通应急规定》也要早于《生产安全事故应急条例》。综上,《生产安全事故应急条例》应优先于《交通应急规定》适用。

虽然发生了适用范围上的重叠与效力上的互相冲突,但如果法律的实质内容能够保持和谐统一,这种相互重叠渗透的立法关系尚不至于对安全实践造成影响。但遗憾的是,《交通应急规定》与《生产安全事故应急条例》在具体内容上的不一致也逐渐显现出来。这不仅使港口经营主体在执行法律时无所适从,也导致突发事件应对处置工作遭遇阻力,甚至可能酿成严重后果。两部法律确立了两套互相平行的应急体制,即各级交通运输主管部门主导的交通运输突发事件应急工作体制和县级以上人民政府及其应急管理部门主导的生产安全事故应急工作体制。并行不悖的应急体制在常态化风险治理工作中可能并无不当,反而有利于相互监督与分权制衡;但一旦发生非常态突发事件,任

---

〔1〕 参见杨海坤、马迅:《总体国家安全观下的应急法治新视野——以社会安全事件为视角》,载《行政法学研究》2014年第4期。

〔2〕 参见王玉国、钱凯主编:《法理学》,吉林大学出版社2014年版,第175-176页。

何一点应急权限的冲突都可能造成应急工作的延误和梗阻，对人民群众生命财产安全造成难以挽回的损失。例如，在天津港“8·12”爆炸事故中，各应急部门指挥权限重叠、行政隶属混乱就给救援工作带来了极大的负面影响。[1]

客观上，在《交通应急规定》实施当时，我国的应急管理体制以突发事件发生前的各部门分类管理，事件发生后的政府统一负责为重要特征。[2] 而在《生产安全事故应急条例》实施之时，以成立应急管理部为代表的应急管理体制改革已经进行一年有余，应急管理部被赋予了指导各地区各部门应对安全生产类、自然灾害类突发事件和综合防灾减灾救灾工作，指导应急预案体系建设，统一协调指挥各应急专业队伍，统筹应急救援力量建设，调度应急物资储备和装备等综合应急管理职能。[3] 《生产安全事故应急条例》已对此有所反映，而代表旧行业应急体制的《交通应急规定》尚需与新的应急管理体制相适应，这是港口应急管理立法出现协调性缺陷的根本原因。这种协调性缺陷也使相关立法在具体要求上出现差异。例如，虽然两部法规均作为《突发事件应对法》下位法规定了编制事故应急预案义务，但《交通应急规定》第8条要求政府主管部门与有关企业依据“法律、法规”编制预案，而《生产安全事故应急条例》第6条则要求根据“法律、法规、规章和标准”编制。应急立法要求上的差异导致港口经营主体在执行法律时往往无所适从，进行了大量相互矛盾、彼此重复的安全工作。

二、立法冲突消解与《交通应急规定》修订建议

在立法目的上，《交通应急规定》虽然排除了对一般生产安全事故

---

〔1〕 参见王宏伟：《提升非常规突发事件的应对能力：应急管理体制改革成败的“试金石”》，载《公共管理与政策评论》2018年第6期。

〔2〕 参见张海波：《新时代国家应急管理体制机制的创新发展》，载《人民论坛·学术前沿》2019年第5期。

〔3〕 参见中共中央办公厅、国务院办公厅《关于印发〈应急管理部职能配置、内设机构和人员编制规定〉的通知》（厅字〔2018〕60号）。

应急处置的调整（第46条第2款），但并无意排除发生在交通运输领域的生产安全事故，否则不仅会违背“综合治理”的应急管理工作理念，也将使《交通应急规定》中“交通运输突发事件”所规定的“事故灾难”失去意义。从应急工作实践角度看，排除交通运输领域最主要风险——生产安全事故风险，为其余风险治理单独制定立法也无充分必要。鉴于此，《交通应急规定》与《生产安全事故应急条例》的理想格局仍应是齐抓共管，即在交通生产安全事故应急工作中优先适用《生产安全事故应急条例》，同时在各交通应急领域适用《交通应急规定》，并最大限度保持两部立法规定的一致性，以利于法律的遵守。为此，当务之急是结合《生产安全事故应急条例》对生产安全事故应急工作的最新要求，考虑国家应急管理体制改革精神，对《交通应急规定》予以修订，实现港口安全相关应急法治和谐统一：[1]

1. 协调应急行政体制。《交通应急规定》应该根据《生产安全事故应急条例》以及国务院行政机构改革最新成果，理顺交通运输部门与应急管理等部门的职能和权限。现行《交通应急规定》将调整规范交通运输主管部门在交通运输突发事件中的应急管理职责与权力作为逻辑基础，仍带有过去应急体制条块分割、应急资源分散于各行业的体制残留，这与当前以应急管理部门为代表的国家综合应急体制并不完全契合。[2] 根据十三届全国人大一次会议批准的国务院机构改革方案，应急管理部门已成为我国在事故灾难与自然灾害应急管理领域中的综合应急管理部门。《交通应急规定》第4条“交通运输突发事件应对活动应当遵循属地管理原则，在各级地方人民政府的统一领导下，建立分级负责、分类管理、协调联动的交通运输应急管理体制”的原则性表述并不足以解决体制协调问题。无论是基于当前应急体制架构还是应急力量配置等方面，应急管理部门都应该在交通运输领域生产事故与自

---

〔1〕《交通应急规定》具体完善建议详见第六章第三节第三部分相关内容。

〔2〕参见陈兵、徐文：《重大突发公共卫生事件下应急交通治理的法治之维》，载《东北师大学报（哲学社会科学版）》2020年第4期。

然灾害突发事件处置中发挥主导作用，并由其牵头、组织包括交通运输主管部门在内的各行业部门协同配合。[1] 因此，《交通应急规定》应在现有内容之外增加应急协作内容，发挥自身专业优势，配合地方人民政府及应急管理部门实现更为高效的综合应急管理。

2. 协调具体法律规范。为了减少港口经营人等主体作为行政相对人时适用法律的困难，应尽量消除应急义务规定的不一致。对此最为简洁的修改方式是在《交通应急规定》中增加"其他法律、法规对突发事件应急工作另有规定的，适用其规定"，由此明确《生产安全事故应急条例》中对生产安全事故的应急规定应优先适用。虽然根据前文法律效力层级的论述也可以推导出这一结论，但法律条文中的明确规定无疑有助于减少法律适用过程中的争议。当然，更为理想的法律修改方案是在系统对比两部法律具体差异的基础上，对《交通应急规定》中诸如应急预案编制标准等与《生产安全事故应急条例》不一致之处予以统一。

3. 完善应急处置专家参与制度。在对《交通应急规定》与《生产安全事故应急条例》进行精神理念、文字表述等方面协调工作的过程中，不应忽视港口应急工作的特殊性。统一高效的应急体制确实有利于保证危急状态下应急权力的高效行使，但这种效率并不能以牺牲专业性为代价。在威海"4·19""中华富强"轮火灾事故中，船舶于航行途中发生货物自燃，经过船长、船员的妥善处置火势基本得到控制，但在船舶返港后，由于现场应急救援指挥部未考虑船长关于船舶消防的专业意见，应急处置不当而发生燃爆。[2] 此次事故凸显了港口应急中兼顾水上应急与陆上应急不同专业需求的重要性，特别是因为船舶消防的特殊性，陆上消防力量在缺乏专业意见指导的情况下很容易引发危险。

---

〔1〕 参见张海波：《新时代国家应急管理体制机制的创新发展》，载《人民论坛·学术前沿》2019年第5期。

〔2〕 参见中华人民共和国海事局：《威海"4·19""中华富强"轮火灾事故调查报告》，载中华人民共和国海事局官网，https://www.msa.gov.cn/public/documents/document/mdu0/nte5/~edisp/20211118054519508.pdf。

此前原交通部制定的《港口消防监督实施办法》曾于第 34 条明确规定,扑救船舶火灾时应吸收船方人员参加,共同研究制定灭火方案。该办法虽已废止,但其精神却值得港口安全保障立法借鉴。

三、安全生产责任保险立法的冲突及协调

安全生产责任保险是近年来我国在安全应急管理与补偿赔偿领域最为重要的制度创设之一。保险企业作为专业化的风险管理机构,在风险管理方面具有政府部门和社会组织所不可比拟的制度和技术优势。其参与到港口安全事故发生后的补偿赔偿工作中,能够有效分担港口企业安全风险,妥善解决安全事故纠纷,最大限度保护受害方利益,助力港口企业及时恢复生产。美国于 1927 年制定了《港口和码头工人补偿法》,规定通过保险代替港口企业向雇员支付医疗费用、伤残赔偿以及死亡赔偿费用,并设立特别基金避免出现偿付不能情况。[1]近几年来,我国港口生产经营单位也开始投保安全生产责任保险。事实上,早在 2014 年我国修正《安全生产法》时,根据此前在部分地区和行业试点的经验,就在原第 43 条要求生产经营单位依法参加工伤保险规定的基础上新增一款,于第 48 条第 2 款规定"国家鼓励生产经营单位投保安全生产责任保险",正式于安全生产领域引入责任保险制度。港口企业作为高危行业企业强制投保安全生产责任保险的根据是 2017 年原国家安全生产监督管理总局、原中国保险监督管理委员会、财政部联合发布的规范性文件——《安全生产责任保险实施办法》。此后,相关部门也陆续出台了调整安全生产责任保险的地方性法规(如《广东省安全生产责任保险实施办法》)以及规范性文件(如应急管理部办公厅等部门联合下发的《关于支持安全生产责任保险参保企业应对新冠肺炎疫情的通知》)。

---

[1] See Scott Szymendera, *The Longshore and Harbor Workers' Compensation Act (LHWCA): Overview of Workers' Compensation for Certain Private - Sector Maritime Workers*, Congressional Research Service Reports, 2 (2010).

从整体上看,安全生产责任保险虽然在我国已经具备了一定的实践运行经验,但在全国范围内普遍实施,特别是在港口等高危行业强制实施的时间并不长。作为安全生产领域的新生事物,目前调整规范安全生产责任保险的基本上是地方性法规甚至是不构成法律的规范性文件,带有很强的试行探索性质,未能解决诸如强制投保义务、事故预防服务规范等基本理论问题,与相关法律多有冲突,需要在未来的安全立法中加以统筹考虑,对立法冲突进行协调。港口业是安全生产责任保险的重要实施领域之一,上述讨论也同样适用于该领域并将对保障港口安全产生积极意义。

(一)强制投保义务的立法冲突及协调

根据《安全生产责任保险实施办法》第6条的规定,煤矿、危险化学品、交通运输等高危行业领域的生产经营单位应当投保安全生产责任保险。之所以安全生产责任保险采取法定保险形式,主要是出于经济和政策考虑。从经济学角度看,高危行业安全风险高,波及范围广。据统计当前我国几乎100%的特别重大事故、95%的重大事故、85%的较大事故都集中在高危行业。[1] 但如果采用自愿投保模式,将有很多企业因心存侥幸或风险意识淡漠而拒绝参加,极易发生市场逆选择,不仅导致保险经营难以为继,而且一旦发生事故也会给社会带来高额的外部成本。[2] 而工伤保险等社会保险的保障程度并不充分。所以,世界上一些国家会在传统社会保险制度之外,要求雇主投保相应的雇主、公众责任保险,并作为开展经营活动的准入条件。[3] 而从政策角度看,根据《安全生产改革意见》,安全生产责任保险承继自2004年开始

---

〔1〕 参见《应急管理部就〈安全生产责任保险事故预防技术服务规范〉举行发布会》,载中国政府网,http://www.gov.cn/xinwen/2019-08/27/content_5424991.htm? utm_source=UfqiNews。

〔2〕 参见乔卫兵、陈光编著:《高危行业安全生产责任保险研究》,中国财政经济出版社2009年版,第138页。

〔3〕 参见石少华主编:《安全法学》,中国劳动社会保障出版社2010年版,第223页。

实施的安全生产抵押金制度[1]。过去我国主要通过抵押金制度要求企业提取自有资金作为风险抵押金,用于本企业事故抢险、救灾和灾后处理,实现风险自留。这一内部化的风险治理措施对于高危行业具有强制性,因此替代安全生产抵押金制度出现的安全生产责任保险制度倘若能够合理设置费率,采取强制保险模式并不至于对企业经营带来过重的负担,反而能够盘活企业资金,避免现金流长期于抵押金中积压等弊端。[2]

但是,强制保险毕竟会对保险市场供求带来较高程度的干扰,是对订约自愿原则的违背,因此法律设置了严格的条件。根据《保险法》第11条的规定,除法律、行政法规规定必须保险的外,保险合同订立须秉持自愿原则。因此,无论是各地地方性法规,还是《安全生产改革意见》《安全生产责任保险实施办法》等规范性文件,其实都无权要求港口企业投保安全生产责任保险。这无疑是安全生产责任保险发展所面临的重大法理瑕疵。为此,有效的协调路径应是在法律或者行政法规中对高危行业强制投保义务作出要求。2021年《安全生产法》修正后,已于第51条将此前规定的鼓励投保安全生产责任保险修改为"国家鼓励生产经营单位投保安全生产责任保险;属于国家规定的高危行业、领域的生产经营单位,应当投保安全生产责任保险。具体范围和实施办法由国务院应急管理部门会同国务院财政部门、国务院保险监督管理机构和相关行业主管部门制定。"这一规定赋予了此前颁布的《安全生产责任保险实施办法》以法律效力,将在极大限度上应对安全生产责任保险所面临的强制投保困境。

但是,在《安全生产责任保险实施办法》实施过程中,对"交通运输"的外延又引发了一定争议。一种理解认为,根据文义解释港口行业属于典型的交通运输行业。例如,依据《国民经济行业分类》(GB/T

---

[1] 2004年国务院《关于进一步加强安全生产工作的决定》,要求建立企业安全生产风险抵押金制度。

[2] 参见《有账可算——安责险与风险抵押金哪个对企业更有利》,载《吉林劳动保护》2012年第4期。

4754—2017),港口行业属于“G 交通运输、仓储和邮政业”门类中“水上运输业”大类“水上运输辅助活动”中类,包括“客运港口”和“货运港口”两个子类。根据这种观点,所有类型的港口经营人均应强制投保安全生产责任保险。[1] 另一种理解则认为,特定类型的港口经营行为才具有较高危险性,应购买安全生产责任保险。这种理解较符合港口业的实践需求。2023 年 6 月交通运输部发布的《港口法(修订征求意见稿)》第 42 条第 3 款即明确规定:从事港口旅客运输服务和危险货物港口装卸、驳运、仓储经营的港口经营人,应当按规定投保安全生产责任保险。

对此本书认为,既然《保险法》已明确强制投保义务的设置应通过法律、行政法规进行,《港口法》有权对《安全生产责任法》中的安全生产责任保险投保主体加以明确,以解决实践困扰。这一过程中应重点考虑国家安全生产工作整体部署与港口行业具体情况,在责任保险实施效果与港口企业承担能力之间达到平衡。在要求从事高危生产经营活动的港口企业应保尽保的基础上,建议通过试点的方式评估不同类型港口经营企业投保的必要性与可行性,最终找到恰当的港口企业强制投保范围。同时,可以在《港口经营管理规定》等配套立法中,针对不同港口业务类型的特点,对安全生产责任保险作出差异化规定,如责任限额、承保范围、事故预防与理赔等内容。

(二)事故预防服务规范的立法冲突及协调

与港口企业过去投保的商业责任保险相比,安全生产责任保险的重大创新在于保险服务。《安全生产责任保险实施办法》明确要求保险人为投保单位提供生产安全事故预防服务,否则将承担被勒令整改、纳入安全生产领域联合惩戒“黑名单”等不利后果。2020 年实施的《安全生产责任保险事故预防技术服务规范》(以下简称《事故预防服务规范》)对保险企业提供的事故预防服务进行了进一步规定。根据《事故

---

[1] 参见郑晓玲:《港口企业风险分析与安全生产责任保险研究——以海南港航控股有限公司为例》,载《中国中小企业》2019 年第 9 期。

预防服务规范》,保险人的此项服务应须按照保险合同要求履行,不得以任何理由拒绝,不得另行收取费用。

事实上此前我国保险业已经认识到了事故预防在安全生产中的作用。我国《保险法》规定了保险人对保险标的进行检查、建议以及采取预防措施等内容,其核心内涵与安全生产责任保险中的事故预防服务较为接近。但是,与安全生产责任保险不同的是,《保险法》的规定更多表现为保险人为控制承保风险所享有的合同权利。根据《保险法》第 51 条第 2 款的规定,保险人可以按照合同约定对保险标的的安全状况进行检查,及时向投保人、被保险人提出消除不安全因素和隐患的书面建议;根据该法第 51 条第 4 款的规定,保险人经被保险人同意可以采取安全预防措施以维护保险标的的安全。既然是一项合同权利,那么在保险合同没有约定的情况下,保险人并无权进行安全检查并发出书面建议,也无权在未征得保险人同意的情况下采取预防措施。并且,即使是在保险合同存在上述约定的情况下,保险人仍可放弃行使权利,《保险法》并未规定保险人未行使防灾防损权利的法律责任。

与《保险法》不同的是,《安全生产责任保险实施办法》第 14 条明确要求保险机构按照"事故预防服务"范围[1],在安全生产责任保险合同中约定具体的服务项目及频次。除了需满足合同要求,《事故预防服务规范》对保险人履行事故预防服务亦有具体要求,包括保险人不得为事故预防服务额外收取费用,以及保险人每年应至少为强制投保安全生产责任保险的高危行业大中型企业提供一次安全风险辨识、评估、评价服务或隐患排查服务。同时《事故预防服务规范》言明,"本标准的全部技术内容为强制性条款"。根据《标准化法》第 2 条第 3 款的规定,强制性标准必须执行,则保险人所提供的保险服务不符合强制性标准要求须依法承担法律责任。可见,《事故预防服务规范》对事故预防服务的技术要求似乎已被《标准化法》赋予了强制效力。

---

〔1〕 包括开展安全生产教育培训、协助风险源辨识评估、协助安全生产标准化建设、进行事故隐患排查、编制应急预案和组织演练应急救援、推广安全生产科技等。

强制性标准的设定也基本排除了保险人通过合同约定排除或者变更事故预防服务的可能。在当前的司法实践中，人民法院一般认为违反强制性标准的合同无效。纵使一般论证逻辑即违反强制性标准构成《民法典》第153条第1款违反法律、行政法规的强制性规定导致法律行为无效值得商榷（因强制性标准并不属于法律、行政法规），但生产安全事故预防服务属于《标准化法》第10条“保障人身健康和生命财产安全”应制定强制性国家标准的事项，该标准宣示并彰显了社会公共利益，涉及公序良俗，可依据《民法典》第153条第2款“违背公序良俗的民事法律行为无效”否决相关保险合同条款的效力。[1]

通过上述分析足以窥见立法者及安全主管部门对充分发挥安全生产责任保险事故预防功能的良苦用心。根据保险学基本原理，保险人最主要义务是在保险事故发生或规定的保险事件出现后，赔偿保险事故所造成的实际损失或约定的保险金额。[2] 提供事故预防服务，特别是直接作为保险人的义务规定并不常见。而安全生产责任保险则将事故预防技术服务列为保险人的强制性义务要求，与被保险人的强制投保义务相对应，甚至视为安全生产责任保险的首要功能，以提高企业安全生产风险管理能力和水平。这是根据港口等高危行业安全生产工作实际需求，结合保险业发挥风险预防功能的自身优势，在已有商业责任保险产品基础上实施的重要保险创新举措。[3] 为了防止事故预防措施流于形式，也防止保险人利用自身的优势地位以及格式合同逃避事故预防义务，行业主管部门还通过制定行业强制标准的方式试图规范服务提供方式，其出发点值得高度肯定。

但是，安全生产责任保险作为建立在合同自由基础上的商业保险，对合同双方权利义务的干涉必须符合相关法律法规的要求。而这一点

〔1〕参见谭启平、应建均：《强制性标准对合同效力的影响及规范路径》，载《求是学刊》2017年第4期。

〔2〕参见覃有土主编：《商法概论》（第2版），武汉大学出版社2018年版，第334页。

〔3〕参见初北平、邢厚群：《航运保险创新知识产权保障机制的法律检视与完善路径》，载《政法论丛》2019年第2期。

正是目前安全生产责任保险的薄弱之处。为履行我国加入世界贸易组织时的承诺,2017 年《标准化法》修订已经收紧了强制性标准的范围,除法律、行政法规或国务院决定对强制性标准的制定另有规定外,只有国家标准能够作为强制性标准,行业标准只能作为推荐性标准。因此,制定于 2019 年的《事故预防服务规范》,身为行业标准却仍将自身界定为强制性标准,似乎与《标准化法》的规定产生了一定程度的抵触。

诚然,保险企业所提供的事故预防服务关乎投保企业的人身健康和生命财产安全,根据《标准化法》第 10 条应确定为强制标准,但该条也同时言明此类标准的正确形式为"强制性国家标准"。不可否认的是,从需求的急迫性和时间的有限性等方面考虑,行业性标准相较于国家标准可能更具优势。2015 年国务院《关于印发深化标准化工作改革方案的通知》(国发〔2015〕13 号)也指出,在安全生产领域存在大量强制性行业标准需逐步整合为国家标准,在此之前"安全生产、公安、税务标准暂按现有模式管理",似乎符合《标准化法》国务院决定另有规定的情形。但是,作为最新制定的安全生产领域行业标准,在制定强制性国家标准暂时无法实现的情况下,至少可以采取更合理的措施规避潜在冲突,而不是继续制定新的行业强制性标准。如果无法通过修改《安全生产法》进行规定,可以在《安全生产责任保险实施办法》中对事故预防服务不得收费、提供预防服务措施的频次等保证事故预防服务落实的重要内容进行规定。在高位阶的《安全生产法》等法律修改较为困难的情况下,通过对《安全生产责任保险实施办法》的修订实现规范事故预防服务的功能,并与相关行业标准衔接,是在目前我国立法体系下更为可行的策略,其在法理基础上远比制定强制性行业标准更坚实。如果该实施办法能够进一步上升为部门规章等立法,则通过补充法律责任规定,其可以更好地发挥安全保障作用。

至于保险人滥用合同自由减轻自身事故预防服务义务的担忧,细究起来其实并无必要。安全生产责任保险的保险服务提供受到监管部门的密切关注。根据《安全生产责任保险实施办法》第 23 条,安全生产监督管理部门和有关部门应当建立监管平台,评估保险机构事故预防服务开展情况；该办法第 25 条要求安全生产监督管理部门、保险监督管理机构和有关部门依法对安全生产责任保险实施情况开展监督检查；该办法第 26 条为保险机构设置了责令整改、列入惩戒“黑名单”等不利后果。如果《安全生产责任保险实施办法》在未来修改中将保证事故预防服务落实的若干重要内容纳入，则如此严格的监管制度设计已经能够督促保险人严格履行相关责任，切实发挥安全保障效果。至于保险合同条款的效力，考虑到规避事故预防服务是极端漠视人民群众生命财产安全的表现，完全可以从严重违背公序良俗的角度判定相关条款无效，而不必采取制定强制性行业标准的方式。

第三节　港口航行安全视域下中央与地方立法的协调

根据《港口法》第 6 条的规定，我国实行行业与地方相结合的港口管理体制。这种体制因素传导至立法工作中，导致中央与地方港口立法的分工与协作成为我国港口安全保障立法体系的重要内容，立法之间形成了跨央地层次的复杂关系。但长期以来，我国对地方安全立法的重视程度不足，地方安全治理的潜力并未得到充分发挥。在以《港口法》《海上交通安全法》等为基础的中央层次港口安全保障立法框架基本构造完成后，如何协调地方立法与中央立法，已成为增进我国安全立法协调性的重要议题。本节将以中央与地方立法冲突较为频繁的港口航行安全立法为例，分析冲突现象，探讨地方立法与中央立法的协调路径。

一、港口航行安全中央与地方立法关系诠释

船舶在港口水域的航行对港口安全有重要影响。港口水域并不同于普通水域，交通流复杂，碍航物多，因此不少港口水域制定有特殊航行规则，以进一步规范船舶行为。而船舶一旦在港口水域遇险，又极易

堵塞航道，危害整个港口区域的安全与作业效率，严重时甚至造成港口封闭，危及公共利益，此时需要高效有力的法律规则进行事故处置。不少域外港口立法中都规定有港口航行安全内容。《印度 1908 年港口法》第四章“航行安全和港口保障规则”针对破坏航标设施（第 19 条）、故意解开系驳船舶（第 20 条）等危害港口区域交通安全的行为设置了法律责任。一些国家则进行了专门立法，如英国《1985 年危险船舶法》授权港口当局长官对威胁港口区域安全的船舶予以处置，韩国通过《船舶进出港执行法案》对船舶进出港事项予以系统规范。

我国在 2021 年修正的《海上交通安全法》中规定了港口航行安全内容，弥补了此前的立法空白。《海上交通安全法》第 43 条第 1 款要求船舶进出港口“应当加强瞭望、保持安全航速”，确立了船舶港口水域航行原则，同时要求“遵守前述区域的特殊航行规则”，赋予了地方性航行安全规则以法律效力。该法第 47 条则规定了船舶于港口水域停泊、靠泊的基本原则，“船舶应当在符合安全条件的码头、泊位……停泊。船舶停泊不得危及其他船舶、海上设施的安全。船舶进出港口……应当符合靠泊条件和关于潮汐、气象、海况等航行条件的要求”，并对特殊船舶进出港口作出了特别安全要求，“超长、超高、超宽的船舶或者操纵能力受到限制的船舶进出港口……可能影响海上交通安全的，海事管理机构应当对船舶进出港安全条件进行核查，并可以要求船舶采取加配拖轮、乘潮进港等相应的安全措施”。由以上规定可知，《海上交通安全法》通过修订补充了港口航行安全的基本规则，至于具体的航行技术性要求，如安全航速、锚泊条件、气象水文等则由地方性海上交通安全规章根据各港口实际条件加以规定。

在地方性港口安全保障立法中规定港口区域交通安全内容在国际上不乏先例，一些国际著名港口会根据中央立法规定，在港口所在地地方性法律中规定港内水域交通安全内容。例如，根据比利时《1936 年关于明确港口当局负责人法律地位的法案》第 6 条对港口当局负责人负责监督船舶港内航行、停泊的授权，安特卫普港 2017 年《市属港口当局条例》第 2.17 条要求进入港口区域的船长必须在考虑当地条件、气象、交通流、运载货物等因素的情况下保持安全航速，并且随时调整航速，确保船舶不会因吸力、海浪或任何其他因素对其他船只、系泊设备、货物或港口构筑物造成损害，此外须严格执行港口当局负责人关于航速的指示；违反上述规定也将根据《1936 年关于明确港口当局负责人法律地位的法案》追究刑事或行政责任。[1] 又如，根据荷兰《内河航道当局条例》[2]第 7 章船舶靠泊相关授权，鹿特丹港《2020 年鹿特丹港口条例》第 3.4 条规定："船舶应正确而安全地停泊，海船停泊时其相对于另一纵向停泊船舶的间距应考虑以下因素：对于 120 米以下（含 120 米）总长度的海船，停泊间距为 0.1 乘以船舶长度，且不低于 10 米……"此外，《2020 年鹿特丹港口条例》诸如船舶港内航速、靠泊、瞭望、引航、推进器使用、事故发生时的报告处置义务等细致规定，也均源于《内河航道监管条例》的授权或概括式规定。

结合不同港口航行安全立法可见，由于不同港口水域航行条件千差万别，很难仅依靠统一的中央立法"一刀切"，涵盖港口交通安全治理所有问题。此时地方安全立法就成为容纳差异化安全治理内容的有效途径，与中央立法发挥协同作用。同时，这种立法形式也与其港口管理体制高度匹配。以安特卫普港为例，该港口是由安特卫普市议会管理的市属港口，地方议会享有相关立法权力，自然可以为港口制定专门的条例；而荷兰鹿特丹港是由鹿特丹港务局负责运营，属于鹿特丹市政府与荷兰政府共同持股的公司制运作形式。市政府作为控股人，可以通过制定地方立法的方式加强对港口安全等事务的管理，同时根据荷兰立法体制，地方性立法可以采取规定刑事责任在内的手段保证法律的执行。据此，《2020 年鹿特丹港口条例》第 14.1 条和第 14.2 条规定，违反该条例将承担刑事责任，处 3 个月以下监禁或罚金。

---

〔1〕 See Municipal Port Police Regulations – Antwerp Port Authority, Article 6.2.

〔2〕 参见 https://wetten.overheid.nl/BWBR0003628/2017-01-01。

二、港口航行安全中央与地方立法冲突表现

结合相关国家立法例可以发现，港口安全中央与地方立法的关系并不能随意处置，而是要综合考虑交通安全事务的复杂性、中央与地方立法的优劣势、国家港口管理体制等因素，最终实现中央与地方层次立法的衔接配合。以此观之，我国相关立法的主要症结在于：

首先，地方立法内容缺乏高层次立法支撑。法律体系理论认为，体系之中的上下位立法之间存在某种“发生学关联”，甚至下位法是对上位法的自我授权和自我赋予效力。[1] 为满足体系化对法律外部体系逻辑融贯的深度要求，需关注不同立法层次之间的动态关联。而现行我国地方立法中港口水域交通安全规则恰恰缺乏充分的上位法规则支撑。例如，不少地方的海上交通安全立法明确要求特殊类型船舶（如载运危险货物船舶、大型船舶）在港口区域内航行时应当向海事管理机构申请护航措施。[2] 但实际上我国现行港口安全保障法律和行政法规并无相关要求，仅《内河交通安全管理条例》要求拖带特殊船舶需申请护航。[3] 又如，《深圳市海上交通安全条例》第25条要求港口区域内试航船舶应提前向海事部门报告，这一规定同样难以在中央立法中找到原型。我国《海上交通安全法》在2021年修订前已实施30余年，这期间由于港口航行安全规则处于空白状态，地方立法为了维护本

---

〔1〕 参见雷磊：《法律体系、法律方法与法治》，中国政法大学出版社2016年版，第33－40页。

〔2〕 《青岛市海上交通安全条例》第13条第1款规定：“对需要在港口海域航行的下列船舶，海事管理机构可以根据申请视情安排护航：（一）载运放射性危险货物、爆炸品、液化气体或者闭杯闪点低于23℃易燃气体的；（二）需拖带航行的移动式平台、总长一百八十米及以上或者水上高度六十米及以上的大型起重船、载货驳船、浮船坞、趸船等船舶；（三）海事管理机构公布的可能严重影响海上交通安全的其他船舶。”《厦门市海上交通安全条例》第35条规定：“船舶进出港口和在港内航行，认为有必要护航的，应当采取相应的护航措施。海事机构经过通航安全评估，认为可能严重影响海上交通安全的，应当组织护航。”

〔3〕 《内河交通安全管理条例》第22条规定：“船舶在内河通航水域载运或者拖带超重、超长、超高、超宽、半潜的物体，必须在装船或者拖带前24小时报海事管理机构核定拟航行的航路、时间，并采取必要的安全措施，保障船舶载运或者拖带安全。船舶需要护航的，应当向海事管理机构申请护航。”

辖区港口水域安全探索制定了一系列航行规则。上述内容不仅对维护港口安全具有积极意义，而且是海事管理部门对港口内船舶进行安全监督的重要内容，从提升港口安全执法的严肃性和权威性角度出发，应当在更高层次立法中作出规定。

其次，法律规范的具体内容与立法目的不符。由于改革开放后地方经济的蓬勃发展，统一的中央立法已经很难完全满足地方治理需求，因此需要地方立法提供及时有效的法律制度供给，彰显地方特色因而成为地方立法的突出特征。对于与地方经济发展关系密切、遵循属地管辖原则的港口立法更应如此。但是，从现有港口水域交通安全立法具体规范来看，其地方特色并不显著。各地规范内容往往与上位立法极为相似，甚至存在拼凑、套用的现象。例如，原交通部《船舶引航管理规定》第 9 条规定的申请强制引航船舶包括：(1)外国籍船舶；(2)为保障船舶航行和港口设施的安全，由海事管理机构会同市级地方人民政府港口主管部门提出报原交通部批准发布的应当申请引航的中国籍船舶；(3)法律、行政法规规定应当申请引航的其他中国籍船舶。其中第 2 项所规定的船舶具体类型本可在各地地方性立法中予以明确，但反观我国青岛、厦门等地的海上交通安全立法，仅仅沿用了《船舶引航管理规定》的条文。这导致地方立法的作用大打折扣，也是对宝贵立法资源的浪费。

最后，相关立法与我国港口执法体制并不完全契合。港口安全保障立法是典型的“权力叙事”立法，以安全监管权力为主轴。[1] 这些权力内容体现在立法中，而不同的职能层级所享有的立法权限是不同的。国家港口水域交通执法分为直属海事系统和地方海事系统，主要港口水域一般由交通运输部直属海事部门及其分支机构负责管辖。地方立法对海事事务的广泛介入，极有可能与中央与地方的海事事权划分相冲突，导致行政权力行使的混乱，也违反“依法行政”原则下各级人民政府按照立法分配行政权力的要求。调研发现，实践中为了避免这一

---

〔1〕 对“权力叙事”立法的详细论述请参见第三章第四节第二部分相关内容。

情况,地方海事立法在起草过程中往往会邀请当地直属海事系统参加,由其负责起草法律草案或充分征求其意见。但这毕竟是一种非制度性的立法技术手段,并不能从根本上解决立法权限与机构事权之间的冲突。从这一角度看,中央层次立法也不应放弃对港口水域交通安全问题的调整,而应通过上位法规范对地方立法进行必要的引导与约束。

三、中央与地方立法关系的协调互动

通过前文对港口水域交通安全立法主要问题的分析可以发现,完善港口安全中央与地方立法的关键在于实现央地立法的协调互动。中央立法主要对交通安全的共性、原则性问题予以规定,地方立法则结合各地区不同港口情况,重点发挥补充作用。由于安全事务的复杂性,高位阶的港口安全中央立法往往使用大量概括式的法律概念,如《海上交通安全法》中的“加强瞭望”“安全航速”等,以保证周全并避免挂一漏万。而较低位阶的地方性安全立法则需要更为具体明确,对安全监管部门的权力和当事人义务加以细致阐释,保证立法得到有效的执行和遵守。可见,这一过程中地方立法与中央立法要保持适时的双向互动,即在中央立法中吸取地方立法实践经验,在地方立法中根据中央立法要求不断修改完善,并与国家港口体制相适应,维护港口体制的完整性,最终实现中央与地方立法的主从协调目标。

从夯实上位法依据抑或理顺中央地方海事事权等角度考虑,在中央层级港口安全保障立法层面,特别是《海上交通安全法》《港口法》等高层级立法中,应尽量对航行安全内容加以涵盖。当然,地方立法规范并非一定要存在上位法依据。立法相对于快速发展的社会事实客观上存在滞后性,应当允许地方就自身需要制定立法,探索法治创新路径。根据《立法法》第 82 条规定,除制定上位法的“实施性立法”外,地方立法还可就地方性事务制定“自主性立法”,或者在国家尚未制定法律或者行政法规的情况下制定“先行性立法”。[1] 而根据我国水上交通安全管理体制，我国沿海省、自治区、直辖市及重要港口城市水域由直属海事机构而非地方海事机构管辖，所以在地方海上交通立法中创制的、不具有上位法基础的法律规范性质上更接近先行性立法，不属于自主性立法。[2] 例如，《安徽省港口条例》第33条第3款规定：“在发生突发公共卫生事件时，港口经营人接到船舶关于需要采取应急控制措施的传染病病人、疑似传染病病人通报后应当立即报告所在地卫生健康部门，卫生健康、交通运输等部门应当依照传染病防治法律、法规的规定，采取控制措施。”此条规定并无《港口法》相关条文支撑，属于安徽省结合港口公共卫生安全实际需求所创设的“先行性立法”。

先行性立法的出现恰恰对中央立法提出了更高要求，需要密切关注地方法治经验，及时将行之有效的地方法治探索成果纳入中央立法中，否则将很可能发生中央与地方立法的抵触，有损国家法治的统一。2021年《海上交通安全法》的修订，正是建立在地方立法的丰富实践基础上，吸纳各地立法所普遍规定的内容并接受了海事实践检验的法律规范及时在中央层次安全立法中体现，弥补交通安全保障漏洞。例如，该法第48条对水上水下施工作业范围进行了明确，其实早在2005年制定的《深圳市海上交通安全条例》已经作出了类似规定。[3] 因此，在未来修订《港口法》以及进行海上交通安全配套立法等中央立法的过程中，可参见继续吸收采纳地方港口航行安全立法相关内容，如规定港口水域船舶试航要求等。

在总结提炼地方立法规范充实中央立法的同时，以《海上交通安

---

〔1〕 参见魏治勋、汪潇：《论地方立法技术的内涵、功能及科学化路径——基于当前地方立法现状的分析》，载《云南大学学报（社会科学版）》2019年第1期。

〔2〕 这里的性质分类是对相关法条性质而言的，而非针对整部立法。

〔3〕 根据《海上交通安全法》第117条第4款的规定：“施工作业，是指勘探、采掘、爆破，构筑、维修、拆除水上水下构筑物或者设施，航道建设、疏浚（航道养护疏浚除外）作业，打捞沉船沉物。”根据《深圳市海上交通安全条例》第27条第2款的规定，施工作业包括：（1）勘探、采掘；（2）构筑、设置、维修、拆除水上水下构筑物或者设施；（3）铺设、检修、拆除水上水下电缆或者管道；（4）架设桥梁、索道；（5）打捞、拆解沉船沉物。

全法》的全面修订为契机，也应对地方立法予以全面审视和完善。一方面，修订地方立法条文使之符合《海上交通安全法》的最新要求。例如，根据修订后《海上交通安全法》第 43 条的规定，地方立法可对港口、锚地水域具体安全航速、特殊航行规则加以规定；根据该法第 47 条第 2 款的规定，地方立法可对船舶靠泊的潮汐、气象、海况等具体航行条件作出要求；根据该法第 47 条第 3 款的规定，地方立法可以扩展原有船舶护航规则，延伸至加配拖轮、乘潮进港等其他安全措施。另一方面，在遵循中央立法规定的同时，应着力提升地方法律规范的实用性与地方特色，为当事人遵守法律与安全监管机关执行法律提供明确依据。近年来地方立法工作开始关注更具针对性的“小切口”立法，要求聚焦社会治理难题，集中立法资源予以解决。[1] 各地海上交通安全立法同样不应贪多求全以所谓的体系圆满为要务，而应采用灵活的章节设置形式，尽量避免制定原则性、准用性规范，注重条文的实用性与通俗性。例如，汕头市根据本地港口水域水深特点禁止超过 500 总吨船舶并靠港内锚地，[2] 威海市根据本地海上休闲船舶数量较多这一状况对其进出码头加以规范。[3] 上述差异化的航行安全规则理应成为未来地方性港口安全保障立法关注的重要内容。

---

〔1〕 参见李振宁：《地方立法“小切口”特征和要求初探》，载《北京人大》2019 年第 4 期。

〔2〕 参见《汕头经济特区水上交通安全条例》第 15 条。

〔3〕 参见《威海市海上交通安全条例》第 36 条、第 37 条。

第五章　体系重构对立法周延性缺陷的回应

理想的港口安全保障立法体系应能涵盖主要风险源，使风险治理活动均有法可依。但正如拉伦茨指出的，法律体系所呈现的是一种历史性的结构，并且“保留将来获得更好认识的可能性”。[1] 因此，体系的不周延性既是一种客观存在的现象，也是体系得以不断演化发展的驱动力。对照现有的体系格局可以发现，港口安全保障立法的周延性缺陷主要体现在港口破坏活动风险治理立法未考虑网络安全风险，缺乏港口公共卫生安全保障法律规则，以及港口安全保障规范性文件未获得法治容纳等方面。上述内容是现行港口安全保障立法在制定之时未能考虑或未予以充分考虑的，需要及时进行完善，弥补立法不周延造成的安全保障疏漏。

第一节　港口破坏活动风险治理与网络安全规则补充

港口网络安全风险的产生，意味着港口破坏活动威胁已由传统物

---

〔1〕 参见［德］卡尔·拉伦茨：《法学方法论》，黄家镇译，商务印书馆2020年版，第610页。

理空间延伸至虚拟空间。近年来我国各港口正在加速数字化转型升级,这在显著提升了港口自动化水平和生产作业效率的同时,也带来了新的网络安全风险:一方面,港口的网络系统可能因为终端系统漏洞和员工操作失误等遭到网络攻击;另一方面,港口在信息化建设中通过电子数据交换技术实现了与船舶、海事、海关、边检等系统的联通,这些第三方系统可能自身存在安全隐患,并通过与港口发生的信息交互威胁到港口网络安全。但与此同时,虚拟空间与现实空间又具有相对性。由于目前人类的生产力无法脱离物质世界单独存在,无论虚拟空间多么发达最终仍要回归到物质的社会生活中发挥影响。[1] 所以,网络袭击风险最终侵害的仍是现实中的安全社会关系,仍属于港口破坏活动风险范畴。

一、现行港口网络安全立法的治理短板

当前我国并未制定专门的港口网络安全法律规则。解决网络安全问题首先应适用我国信息安全一般立法——《网络安全法》及其配套立法。2017 年施行的《网络安全法》是目前我国网络安全治理领域的基础性法律,适用于所有在我国境内建设、运营、维护和使用网络的活动,因而也适用于发生在我国港口的网络活动。各港口在根据《网络安全法》中网络安全等级保护制度的要求采取风险评估、安全加固、等级保护测评等一般措施的同时,还将作为关键信息基础设施[2]进行重点管理。而港口生产中的重要网络设施、信息系统等对于战略物资和大宗商品运输,对于区域经济发展以及物流网络畅通都将产生重要影响,可能构成关键信息基础设施。根据《网络安全法》以及 2021 年国务院《关键信息基础设施安全保护条例》,关键信息基础设施的运营者

[1] 参见杨嵘均:《论网络虚拟空间对国家安全治理界限的虚拟化延伸》,载《南京社会科学》2014 年第 8 期。

[2] 根据《网络安全法》第 31 条的规定,关键信息基础设施是指公共通信和信息服务、能源、交通、水利、金融、公共服务、电子政务等重要行业和领域,以及其他一旦遭到破坏、丧失功能或者数据泄露,可能严重危害国家安全、国计民生、公共利益的信息基础设施。

负有加强安全保护、建立健全网络安全保护制度和责任制、接受国家安全审查、定期进行网络安全性评估等义务。

《网络安全法》并不能彻底解决行业网络安全管理问题。根据《网络安全法》所确定的"1 + ×"监管体制，在国家网信部门负责统筹协调网络安全和相关监督管理工作的同时，行业主管部门也负有行业安全管理职责。《网络安全法》第 8 条明确要求有关机关依照该法和有关法律、行政法规的规定，在各自职责范围内负责网络安全保护和监督管理工作。事实上在《网络安全法》生效前，我国交通运输主管部门就一直承担着行业网络安全监督管理职责，制定了《交通运输行业信息系统安全等级保护定级指南》，对交通运输行业信息系统实行分级管理。而《网络安全法》确立了分级管理与重点管理相结合的新型网络安全工作体制，且于 2019 年 12 月开始实施最新的《网络安全等级保护基本要求》(GB/T 22239—2019)国家标准，这一系列重大变化对交通运输主管部门进行港口网络安全专项监督管理提出了新的要求。

考虑到港口行业的特点，现行立法在应用于港口安全治理的过程中仍存在一些治理短板：

首先，港口并非一个独立的法律实体，而是一个集合性概念。一个港口容纳众多港口生产经营单位，这些企业规模不一，隶属关系复杂，业务相互依赖但又存在一定竞争，从而形成复杂的生态关系，国外学者称为"港口生态"(port ecosystem)。[1] 在这种环境中，各运营单位都在进行着复杂的网络安全设施共享、信息交流、网络安全维护等活动，实际上是在共同承担着针对特定港口的网络安全运营单位职责。这导致《网络安全法》在实施时需要相关规则进一步分配各港口生产经营单位的网络安全保障责任与义务，避免出现职责不清状况。在基础性的《网络安全法》等应用于港口业的过程中，尚需港口网络安全特别规则弥合这一制度空间。

---

〔1〕 See Dr. Athanasios Drougkas et al., *Good Practices for Cybersecurity in the Maritime Sector*, The European Union Agency for Cybersecurity, 2019, p. 11.

其次,现有立法未能调整数据安全问题。对于港口企业,其在信息化过程中掌握并储存有海量数据,其中诸如战略物资进出口数据、关键信息基础设施及供应链数据、危化品运输存储数据等对国家安全、国民经济等公共利益可能产生重要影响。《网络安全法》虽然也涉及网络数据安全但规定较为原则,对于上述数据的安全保障更多依靠2021年9月施行的《数据安全法》进行。《数据安全法》第21条建立了数据分类分级保护制度,充实了《网络安全法》第21条规定的网络运营者应"采取数据分类、重要数据备份和加密等措施"义务要求,并明确授权交通运输主管部门承担本行业的数据安全监管职责,并确定本部门的重要数据具体目录。但是,当前无论在港口立法抑或交通立法中均未规定数据安全内容。

最后,港口不是一个自我隔绝的信息孤岛,其履行物流枢纽职能必须与外部保持充分的信息往来,这也是近年来港口数字化建设的主要环节。信息联通的需求导致航运业应当在网络安全立法方面进行统一的法治建设,以提高整体网络安防水平,否则任何一点漏洞都容易在行业内部通过信息的交互与共享发生扩散,最终侵害港口网络安全。[1]但同时也不能因为对网络安全的过度关注阻碍来之不易的数字化港口建设,应进一步加强整个港航产业的数据联通开放。例如,调查发现,不少我国港口从业者呼吁海关与港口部门共享货物数据,改变港航电子信息沟通不畅现象。而在安特卫普港等国外港口,已存在类似"TradeLens""NxtPort"等供应链数字化平台,为港口、海关、货代等部门提供航运供应链数据共享服务。[2] 对此,应从港口行业的网络安全需求出发,立足于港航产业以及海上供应链体系进行统一的网络安全法律规则建设,突破行业壁垒,实现交通运输、海关等不同行业领域的

---

〔1〕 参见方阁、初北平:《海事网络安全风险保险的法律治理研究》,载《江西社会科学》2020年第5期。

〔2〕 See Eric Van Hooydonk, *Botport law – The regulatory Agenda for the Transition to Smart Ports*, in New technologies, artificial intelligence and shipping in the 21st century, Informa, 2020, p.103.

协作。

二、港口网络安全国际立法的经验启示

相较于越发严峻的港口网络安全态势，当前国际层面网络安全立法建设仍较为滞后。2001 年“9·11”事件后出台的《ISPS 规则》侧重于防御物理层面攻击，对于网络安全的关注程度不足。《ISPS 规则》仅在第 21 条“港口设施安全评估”中提及网络安全问题，但仅是将计算机和网络系统作为评估港口物理安防水平的因素之一，并未将网络安全保障视为与物理保障同等重要的安防领域，也未规定任何针对港口计算机系统和网络安全的具体防护措施。[1] 而各国国内的港口保安立法基本上是以《ISPS 规则》为蓝本制定的，如我国《港口设施保安规则》，因而同样无法对本国港口网络安全防护发挥切实的保障作用。

直到 2017 年，国际海事组织才在海上安全委员会第 98 次会议上通过了《安全管理体系中的海事网络风险管理》[MSC.428(98)]决议，要求船舶在安全管理体系中引入网络风险管理制度，并鼓励各船旗国检查船舶安全证书实施情况。此外，国际海事组织还发布了《海事网络风险管理指南》(MSC - FAL.1/Circ.3)，对航运企业加强网络安全管理提供了指导建议。上述成果与最终形成完善的航运网络安全国际立法相去甚远，且目前以船舶网络安全为保障重点，并未充分考虑港口业的安全诉求。

由于国际海事组织主导的海事立法进度缓慢，一些航运发达国家和地区开始主动进行港口网络安全规则的制定工作。例如，受英国交通部委托，英国工程技术学会(The Institution of Engineering and Technology)先后于 2016 年、2020 年发布《良好实践指南：港口与港口系统网络安全》(Good Practice Guide: Cyber Security for Ports and Port Systems)，从建立

---

[1] See Jenna Ahokas et al., *Cybersecurity in Ports: A Conceptual Approach*, in Digitalization in Supply Chain Management and Logistics, epubli, 2017, p.343.

网络安全评估和计划,应对安全漏洞以及改善网络安全治理结构、职责和流程等方面给出了具体操作建议。[1] 与之类似,欧盟网络安全处(European Union Agency for Cybersecurity)也于2019年发布了《港口网络安全:海运领域网络安全的良好实践》(Port Cybersecurity: Good Practices for Cybersecurity in the Maritime Sector),从港口网络运营、网络安全风险分类、应对风险的政策技术管理措施等方面详细阐述了现有研究成果。显然,上述文件既非法律也非技术标准,不具有约束效力,只是具有建议性质的实践指南,主要作用在于唤起业界对港口网络安全问题的重视,描述本国在这一领域的先进做法与创新举措,为相关从业者加强网络安全自我管理提供指引,并塑造本国(地区)在网络安全领域的国际声望。当然,如果从"软法"的角度看,上述规则虽然不具备"硬性"的拘束力,但因代表了一定社会共同体的公共意志而具有"软性"拘束力,故属于软法范畴,是进行公共治理的重要规则,可以在一定程度上弥补硬法保障不足的缺陷。[2]

此外,与我国做法类似,一些国家还将港口等交通运输基础设施列为信息安全重点保护对象。例如,美国国家标准技术研究院(NIST)制定了《提升美国关键基础设施网络安全的框架规范》(Framework for Improving Critical Infrastructure Cybersecurity),要求港口作为关键基础设施接受信息安全重点保护;[3] 欧盟部分港口是欧盟《网络与信息系统安全指令》(The Directive on Security of Network and Information Systems)[4] 中的信息基础设施,由各国网络信息部门进行重点管理。

---

[1] 两版规则名称略有差异:2016年版名为《实践规程:港口与港口系统网络安全》(Code of Practice: Cyber Security for Ports and Port Systems),2020年版名为《良好实践指南:港口与港口系统网络安全》。

[2] 参见罗豪才:《为了权利与权力的平衡:法治中国建设与软法之治》,五洲传播出版社2016年版,第135-139页。

[3] See Jenna Ahokas & Tuomas Kiiski, *Cybersecurity in Ports*, HAZARD Project, 2017, p. 30.

[4] DIRECTIVE (EU) 2016/1148. 参见 https://eur-lex.europa.eu/eli/dir/2016/1148/oj。

三、港口网络安全保障规则填补

当前我国港口正在数字化领域加速发展，迫切需要网络安全立法保驾护航。作为人员、财产、资金、信息高度密集的交通基础设施，如果不能通过完善的制度建设规避数字化所带来的风险，我国港口很可能因网络袭击而产生人员伤亡、港内船舶被控制、港口营业中断、商业秘密泄露等严重损失。可以说，网络安全保障水平对我国港口的数字化转型能否成功具有重要影响。而《网络安全法》《数据安全法》等安全保障法律的实施，已为我国港口网络安全法治建设奠定了良好的制度基础。虽然国际上缺乏可供参照的港口网络立法经验，但应该看到，我国智慧港口建设位居世界前列，不能一味等待跟随国际规则发展，而应基于自身丰富、领先的港口建设经验主动出击，制定符合我国港口网络安全治理需要的法律规则。这也有助于我国在未来国际海事网络安全规则建设中赢得话语权。当然在立法领域的制度自信并不妨碍我国参考其他国家的做法。网络安全是工业化向数字化生产方式转型所带来的社会问题，只要生产方式相同，必然具有一定的共同性，与国家体制以及国情差异的关联度并不大。其他国家在网络安全方面的软法探索可以成为我国完善港口安全治理的重要参考，具体如下。

首先，应设法明确港口各网络运营者的网络安全权利义务。虽然主要权利义务可以直接适用《网络安全法》《数据安全法》等规定，但仍有部分事项需要创设规则予以补充明确。其一，港口的协同生产特征使港口网络建设具有很强的区域公共属性，港口区域内各运营者可能在同一网络架构下进行协同生产活动。此时港口网络安全规则既要设法明确各经营人之间网络安全责任划分，如要求签署网络安全责任协议书并进行审批备案，防止因责任不清发生推诿拖延，造成网络安全漏洞；又要建立统一的安全响应机制，保证同一港口区域内的网络运营者在重大网络安全风险事件中接受统一领导、协调彼此行动。2019 年荷兰阿姆斯特丹港推出了网络安全计划，通过创设网络安全热线以及专用网络实现了港口区域各企业在网络安全问题上的集体响应。[1] 我国网络安全规则可参考这一做法,建立港口网络安全共同响应机制。其二,应在网络安全法治建设中融合数据安全保障的最新立法要求,明确港口生产经营单位的数据安全保护义务。同时,交通运输主管部门应落实《数据安全法》有关数据分类分级保护制度的要求,尽快出台港口行业重要数据目录,履行行业数据安全监管职能。

其次,应重视港航业网络安全整体建设需求。对安全的重视意味着信息传递的便捷性将不可避免地受到影响。而在智慧港口背景下港口已从传统的物流枢纽转变为信息枢纽,因此不能仅仅着眼于港口自身的网络安全,而要实现整个行业的全面发展,否则既有可能因其他环节的网络安全隐患影响港口自身安全,也可能因彼此之间安全措施相抵触对贸易、物流畅通造成不良影。因此,应实现港口、船舶、货代、海关等各航运当事方在货物信息、安全等级、安保行动上的有序一致。这一原则在港口物理安全保障领域已通过《ISPS 规则》中船舶与港口保安协作机制得到了良好的贯彻,应当进一步延伸至网络领域。除了依靠各种技术标准与行业规范,还应在立法中对数据互联互通加以规定。另外,根据《网络安全法》对行业主管部门建立网络安全监测预警和信息通报制度的要求,还应建立航运网络安全情报共享机制,在网络安全规则中要求各航运当事方负有网络安全信息通报义务。

最后,应重视港口网络安全"软法"建设。网络安全领域具有明显的软法治理特征,受限于硬法治理的滞后性、政府管理性等内在缺陷,各类不具有法律约束力的"软性"规则诞生,并成为网络安全治理的重要依据。[2] 在港口网络安全领域,英国、欧盟有关组织已发布了相关指南、建议,在业界产生了巨大影响。我国在船舶网络安全领域亦由中国船级社组织编写了《海事网络风险评估与管理体系指南》。在港口

---

〔1〕 See Rob O'Dwyer, *New Cyber Programme for Port of Amsterdam*, Smart Maritime Network (Jan. 30, 2019), https://smartmaritimenetwork.com/2019/01/30/new-cyber-programme-for-port-of-amsterdam/.

〔2〕 参见石佑启、陈可翔:《论互联网公共领域的软法治理》,载《行政法学研究》2018 年第4 期。

网络安全领域，可以由行业组织或者研究机构牵头制定适用于我国港口的网络安全建设与防护指南，对国内外网络安全保障工作经验以及先进做法加以总结提炼，将国内网络安全立法中的原则性规定转化为具体操作建议，为港口企业加强网络安全防护提供切实可行的指导，塑造我国在港口网络安全领域的国际声望。

第二节　港口公共卫生风险治理与特别法规则创设

港口业在抗击新冠疫情的斗争中作出重大贡献。按照“外防输入、内防反弹”和“人物同防”的抗疫指导方针，中国港口业既成为运输国内外抗疫物资、助力国家及全球经济复苏的物流供应链支柱，又承担着阻隔病毒于国门之外的防火墙职责。实践证明，作为总体国家安全观的重要一环，港口安全应该对公共卫生安全保持高度关注，将公共卫生安全的理念与制度融入港口安全保障立法。

一、港口安全保障特别法中公共卫生安全内容缺失

我国公共卫生立法中不乏港口和交通运输行业公共卫生风险治理内容。《传染病防治法》第 32 条要求港口疾控机构在发现甲类传染病时履行信息通报义务，《国境卫生检疫法实施细则》更是设置专章“海港检疫”规范船舶入港检疫相关事宜。同时作为重要的交通基础设施，《国内交通卫生检疫条例》《突发公共卫生事件交通应急规定》中大量内容也直接适用于港口生产经营单位。

但是，与日趋完善的公共卫生安全立法相比，我国港口立法中相关内容却极为匮乏。从《港口法》多处条文表述中不难发现，《港口法》在制定之时并未将公共卫生安全纳入港口安全的考虑范畴。例如，《港口法》第 32 条、第 33 条仅要求港口经营人及港口行政管理部门编制危险货物事故应急预案、重大生产安全事故旅客紧急疏散和救援预案以

及预防自然灾害预案,并未要求制定突发公共卫生事件应急预案;《港口法》第 27 条规定的港口经营人优先作业对象仅包括抢险物资、救灾物资以及国防建设物资运输,并不包含抗疫物资及相关人员运输。事实上整个《港口法》针对公共卫生安全所作出的规定仅有第 17 条港口实施卫生除害处理的专用场所应符合国家检验检疫要求,《港口经营管理规定》等配套立法中同样缺乏相关内容。

不仅在《港口法》及其配套立法中,《海上交通安全法》相关规则设计同样欠缺公共卫生安全考量。在船舶遭遇严重海上风险的情况下,入港避险是保障船货安全行之有效的方法之一。在本国法律中规定针对外国船舶的避难港规则,将有助于本国船舶在外国享受同样优待,所产生的良性循环使整个航运业受惠。因此,各国法律在港口准入规则之外通常会允许外国船舶在紧急情况下入港避险而无须获得许可。2016 年《海上交通安全法》第 11 条规定,外国籍非军用船舶因人员病急、机件故障等意外情况未及获得进入内水或港口批准时,可以在进入的同时向主管机关紧急报告,并听从指挥。这一规定在 2021 年修订的《海上交通安全法》中基本得以沿用。[1] 但是,在 2021 年新冠疫情暴发后,国际上已出现多起船舶因疫情隐患而被港口当局拒绝入港的事例。如果利用我国《海上交通安全法》中避难港条款,船舶可以以人员病急、给养耗尽等理由合法进入我国内水甚至港口,虽然根据《国境卫生检疫法》船上人员无法下船,但仍然会使我国的应急处置工作变得极为被动。[2]

---

〔1〕 现行《海上交通安全法》第 55 条规定:"除依照本法规定获得进入口岸许可外,外国籍船舶不得进入中华人民共和国内水;但是,因人员病急、机件故障、遇难、避风等紧急情况未及获得许可的可以进入。外国籍船舶因前款规定的紧急情况进入中华人民共和国内水的,应当在进入的同时向海事管理机构紧急报告,接受海事管理机构的指令和监督。海事管理机构应当及时通报管辖海域的海警机构、就近的出入境边防检查机关和当地公安机关、海关等其他主管部门。"

〔2〕 参见陈鹏:《〈海上交通安全法(修订草案)〉评析》,载《世界海运》2021 年第 2 期。

当然根据领域法学观点，我国公共卫生立法中适用于各行业的一般法内容，以及针对港航、运输业的特别法内容均应纳入港口安全保障立法范畴。因此，理论上如果公共卫生安全保障一般法内容足够详细全面，那么在港口立法中无再规定的必要。但公共卫生立法毕竟是公共卫生领域一般性法律，不可能充分考虑港口行业生产作业特点，规定一些与港口公共卫生安全相关的特色内容。港口行业立法的存在恰好为一般法规则在行业的特色应用创造了空间。借此，散见于卫生立法中的碎片化内容得以进行总结提炼并接受适合港航业情况的改造，港口行政管理部门及港口生产经营单位所承担的公共卫生安全义务经过港口立法提示将变得更为明晰，从而提升我国港口公共卫生安全治理整体水平。

另外，在抗击新冠疫情斗争中，我国交通运输主管部门先后发布共12版《港口防疫指南》，对港口企业及港口行政主管部门疫情防控重点环节及关键操作给予指导，有力地保障了港口公共卫生安全。《港口防疫指南》核心内容及各版本的主要变化见表5.1。从中可以发现，《港口防疫指南》通过不断修订完善构筑起了较为严密的港口防疫规则体系。在调整内容上，《港口防疫指南》实现了港口防疫处置全流程的闭环管理，试图消除监管死角；在调整视角上，既有“港口企业、引航机构应加强与船舶代理及海关、边检、海事、卫生健康等单位的协作和信息共享”等较为宏观的要求，又包含“引航机构应安排已完成新冠病毒疫苗接种的引航员引领国际航行船舶”等中观规定，甚至还规定了诸如环境通风频次、时间，消毒剂配比等微观技术性内容；在调整手段上，除了依靠港口企业及有关机构自觉履行，还引入了一些惩戒手段，包括调后疫情船舶引航次序、禁止有关单位人员进入港口特定区域等限制措施。

表 5.1 《港口防疫指南》各版本关键内容汇总

版次	适用范围	总体要求	加强信息管理和报告	规范和严格作业程序	作业人员防护要求	加强环境卫生防护工作	做好应急处置
第一版（2020 年 4 月 11 日发布）主要内容	(1)新冠肺炎疫情期间，船舶引航、靠离泊和装卸等作业过程； (2)引航员、码头装卸人员和其他登船作业人员	依法、精准、有效防控境外疫情输入	(1)掌握到港船舶船员信息； (2)人员、车辆信息管理； (3)加强信息报送	(1)船舶进港前风险研判； (2)在港船舶消毒、通风、值守； (3)国际航行船舶检疫要求； (4)船岸交流限制； (5)人员体温监测	(1)码头作业人员防护； (2)引航员防护； (3)其他登船人员防护	(1)通风和环境卫生要求； (2)清洁消毒管控； (3)卫生防护要求	(1)引航、港口企业信息共享； (2)船员发热处置； (3)疑似人员呕吐物处置； (4)疑似人员隔离后处置
第二版（2020 年 6 月 12 日发布）主要变化			(1)增加边检单位信息共享要求； (2)增加健康码要求	(1)增加精简作业人员原则； (2)增加国际航线转为国内航线船舶检疫要求			

续表

版次	适用范围	总体要求	加强信息管理和报告	规范和严格作业程序	作业人员防护要求	加强环境卫生防护工作	做好应急处置
第三版（2020 年 7 月 22 日发布）主要变化				新增装卸人员上船工作要求	新增来自中高风险地区船舶引航员封闭管理要求	新增海关消杀要求	
第四版（2020 年 11 月 13 日发布）主要变化		（1）增加防疫接种内容；（2）增加诚信管理内容；（3）支持引航机构采取调后引航次序措施	（1）增加卫生健康单位信息共享要求；（2）加强冷藏货物信息管理	扩大核酸检测国际航行船舶范围	（1）新增码头作业人员定期核酸检测要求；（2）调整引航员闭环管理要求，要求引航员按照地方卫健部门指导进行作业；（3）调整国际船舶代理外勤等其他登船人员防护要求，增加冷藏货物作业人员防护要求	（1）增加含氯消毒液喷洒量要求；（2）增加进口冷链食品港口作业卫生防护要求	

续表

版次	适用范围	总体要求	加强信息管理和报告	规范和严格作业程序	作业人员防护要求	加强环境卫生防护工作	做好应急处置
第五版（2021 年 1 月 26 日发布）主要变化	（1）适用时间从“新冠肺炎疫情期间”修改为“冬春季新冠肺炎疫情防控期间”； （2）适用对象新增船舶修理、第三方检验服务等登轮作业人员的港口通道		标题修改为“加强信息报告和登轮通道管理”		提高核酸检测频次，加强港口登轮通道管理，配合加强登轮现场管理，严控登轮人数	加强重点场所通风消毒	强化应急处置和信息通报要求
第六版（2021 年 5 月 25 日发布）主要变化	适用时间从“冬春季新冠疫情防控期间”修改为“新冠肺炎疫情防控期间”				（1）严格船舶靠港作业和登轮通道管理，明确要求引航机构、港口企业安排已完成新冠疫苗接种人员登临中高风险船舶；		新增登轮作业船舶发生船员确诊感染时通报要求

续表

版次	适用范围	总体要求	加强信息管理和报告	规范和严格作业程序	作业人员防护要求	加强环境卫生防护工作	做好应急处置
					（2）新增登临中高风险船舶并与船员近距离接触引航员、港口工作人员防护服穿戴要求		
第七版（2021年8月3日发布）主要变化		增加引航员岗位接种要求	（1）增加船舶垃圾消杀、转运等信息管理要求； （2）核酸检查结果查验频次由7天缩短至2天	增加船舶垃圾处理内容	新增港口高风险岗位闭环管理要求		
第八版（2021年11月2日发布）主要变化		（1）增加第三方外包单位主体责任；	明确从港口登轮作业的船舶航修企业的作业人员属于适用范围	（1）加强国际转国内航线船舶靠港作业疫情防控；	强调新冠疫苗免疫接种	精准规范作业人员防护要求	

续表

版次	适用范围	总体要求	加强信息管理和报告	规范和严格作业程序	作业人员防护要求	加强环境卫生防护工作	做好应急处置
		(2)增加每日自查发现漏洞和薄弱环节要求		(2)强化船舶生活垃圾、生活污水接收			
第九版(2022年3月3日发布)主要变化		(1)将登临国际航行船舶的高风险岗位人员的集中居住点纳入地方联防联控机制统一管理; (2)进一步明确登临国际航行船舶的引航员等高风险岗位人员防护服穿戴要求和引航员引航期间用餐如厕要求	本部分顺序由第三调整至第四	本部分顺序由第四调整至第五 进一步强化有关船检人员的疫情防控要求	本部分顺序由第五调整至第三 新增进口冷藏集装箱拆箱作业预防性消毒相关要求		

续表

版次	适用范围	总体要求	加强信息管理和报告	规范和严格作业程序	作业人员防护要求	加强环境卫生防护工作	做好应急处置
第十版（2022 年 7 月 5 日发布）主要变化				修订拟由国际航线转为国内航线的船舶靠港作业相关要求	修订港口高风险岗位人员的核酸检测频次以及封闭管理作业模式		
第十一版（2022 年 11 月 15 日发布）主要变化					将港口高风险岗位人员封闭管理作业后的 7 天集中或居家隔离医学观察相关要求，调整为 5 天居家健康监测		（1）增加“港口所在地区出现疫情，要加强形势研判，必要时提前安排作业人员进驻港口，实行封闭管理” （2）为保障进驻人员基本生活，要求相关单位进一步完善预案

续表

版次	适用范围	总体要求	加强信息管理和报告	规范和严格作业程序	作业人员防护要求	加强环境卫生防护工作	做好应急处置
第十二版（2022 年 12 月 8 日发布）主要变化				船舶靠港前不再需要向港口企业提供船员新冠病毒检测信息，进港人员不再需要提供健康码或 2 天内核酸检测证明	（1）修改港口非高风险岗位人员核酸检测要求为愿检尽检； （2）港口内贸作业不再限制港口作业人员登轮、船员进入码头作业区域		优化了应对突发疫情的应急处置有关要求

但是,依据《港口防疫指南》规范指导港口公共卫生安全保障工作仍存在一定的法理瑕疵。《港口防疫指南》并非符合《立法法》要求的正式法律渊源,"指南"一词也表明,其仅仅是期待个人或组织自愿遵守的规则。[1] 因此理论上,一旦相关企业及个人不遵守《港口防疫指南》上述要求,将很难对其施以法律上的否定评价。但比照实际内容,《港口防疫指南》中不少规定其实隐含着强制性的命令或要求,如"禁止体温超过37.3℃的人员进入港口""除生产生活必须和紧急情况外,船员不得上岸"等。当然,不能仅凭"禁止""不得"等措辞就认定相关条文具有类似法律的拘束力,更为重要的是这些措辞已经成为行政机关行政裁量的基准,从而与法律责任相联系。例如,2021年8月深圳盐田港一工作人员因未按《港口防疫指南》规定穿戴防护装备接触船员,根据《治安处罚法》被处以行政拘留处罚。[2] 这种理论上的规范效力与实质效力的背离现象,折射出的仍是立法问题。由于公共卫生安全内容缺失,不得已只得利用行政权力为《港口防疫指南》等规范性文件背书,发挥临时性的安全保障作用。这种治理方式未经过严格的立法程序约束,同时规避了《立法法》对制定主体、权限等的限制,给公共卫生法治带来了冲击与挑战。随着港口疫情防控工作从应急管理转向常态化管理,应及时将《港口防疫指南》创新措施吸纳上升至立法中。显然港口安全保障特别法相较于安全保障一般法更适合容纳上述内容。

二、港口公共卫生风险治理域外立法实践

全球抗击新冠疫情期间,日本、菲律宾等国家曾出于对疫情的担忧,禁止外国邮轮停靠本国港口,引发世人对港口卫生风险的高度关注。根据《联合国海洋法公约》,港口与同为领海基线内的河流、海湾

---

〔1〕 参见沈岿:《软硬法混合治理的规范化进路》,载《法学》2021年第3期。

〔2〕 参见吴维:《盐田港码头一船代人员 违反防疫规定被行拘》,载《深圳商报》2021年8月10日,A02版。

及其他水域共同构成沿海国的内水。“正如国家可以在原则上自由处置领土事务一样，国家也可以选择自由处置内水事务。”[1]因此，沿海国可以对进出本国港口的外国船舶进行管制。[2] 曾有观点认为，港口向各国商船开放构成一项国际习惯法规则。[3] 但是，这一观点并未得到国际实践的支持，国家间大量双边通商航海协定从反面否定了这一观点。正如联合国贸易和发展会议秘书处在 1975 年发布的《外国船舶港口待遇》报告中指出的，公约和双边协定的存在恰恰表明各国仍将港口的开放视为有必要通过条约予以规定的事项。[4] 值得注意的是，即使这些观点认为港口准入属于国际习惯法规则，但并不否认各国可以自行确定港口准入条件。1920 年 Strathearn S. S. Co. v. Dillon 案中，美国联邦最高法院指出，一国政府有权决定外国船舶准入港口条件。[5] 在 1986 年 The Military and Paramilitary Activities in and against Nicaragua 案中，国际法院在判决中明确表示沿海国可以基于主权管制其港口准入。[6] 港口国准入条件大量出现在《国际防止船舶造成污染公约》《ISPS 规则》等国际海事公约中。[7]

不过，过于严格的港口卫生措施也可能对贸易及物流畅通造成不当影响。2020 年 3 月联合国贸易和发展会议秘书长基图伊(Kituyi)曾发出呼吁：“在 COVID－19 大流行的全球危机中，保持全球供应链开放并保护海上运输和跨境贸易，包括维持开放的港口，允许船舶停靠和

---

[1] Robin Rolf Churchill & Alan Vaughan Lowe, *The Law of The Sea*, Manchester University Press, 1999, p. 61.

[2] 参见刘晨虹：《疫情邮轮的责任困境与海洋法律体系的完善》，载《中国海商法研究》2020 年第 1 期。

[3] 相关观点参见美国法学会发布的 Restatement (Third) of the Foreign Relations Law of the United States, § 513 (1987)。

[4] See Economic Cooperation in Merchant Shipping – Treatment of Foreign Merchant Vessels in Ports, UNCTAD/TD/B/C. 4/136 (Sep. 9, 1975).

[5] See Strathearn S. S. Co. v. Dillon, 252 U. S. 348 (1920), p. 356.

[6] See Military and Paramilitary Activities (Nicaragua v. United States), 1986 I. C. J. 14 (Jun. 27), p. 111.

[7] 参见《国际防止船舶造成污染公约》第 5 条第 3 款，《ISPS 规则》第 9 条第 2 款。

最大限度地减少运输壁垒,比以往任何时候都更为重要……”[1]公共卫生安全与海上运输自由应维持平衡。因而全球公共卫生风险治理的基础性法律——《国际卫生条例(2005)》既致力于应对公共卫生风险,又竭力避免“对国际交通和贸易造成不必要干扰”。与我国情况类似,该条例作为公共卫生安全领域一般法,包含港口安全保障内容。《国际卫生条例(2005)》一方面对提升缔约国港口公共卫生安全治理能力进行了规定,如第 20 条要求缔约国根据附件 1 要求发展、加强、保持本国港口等口岸单位的卫生核心能力,第 28 条第 4 款要求入境船舶的船长尽早通报港口当局本船所发现的可疑传染病病人以及公共卫生风险证据,第 34 条要求缔约国港口保持集装箱和集装箱装卸区域公共卫生条件;另一方面也在尽可能限缩卫生措施的影响范围,如第 25 条要求缔约国应该允许为过境船舶提供补给,第 33 条规定不得扣留无须转运的转口货物等。

在综合性的公共卫生安全立法之外,域外港口安全保障立法中也不乏公共卫生安全内容。考虑到港口立法不太可能对涉及公共卫生安全的专业性内容作出详尽规定,不少国家采取授权立法形式,为制定港口公共卫生安全保障特别法预留上位法基础。《1908 年印度港口法》(The Indian Ports Act, 1908)第 6 条第 1 款(p)项授权印度各港口当局制定法规,防止流行性疾病借由靠港船舶扩散危害公共卫生安全;第 17 条授权各港口任命健康官员,负责对船舶及船上人员健康以及医疗状况进行检查。南非在新冠疫情防控期间曾根据其《2005 年国家港口法》(National Ports Act, 2005)[2]第 80 条第 1 款(g)项授权紧急制定了 2020 年第 173 号《国家港口法(限制人员、货物传播新型冠状病毒肺炎)法规》[National Ports Act (COVID – 19 Restrictions on the movement of persons and crew) Regulations],全面规范了港内船舶人员上下

[1] 杨海泉:《联合国贸发会议呼吁保持海上运输畅通》,载《经济日报》2020 年 3 月 27 日,第 9 版。

[2] 参见 https://www.gov.za/sites/default/files/gcis_document/201409/a12 – 051.pdf。

船、消毒、疫情信息追踪等事项。[1] 上述立法模式有助于避免类似我国因缺乏法律依据不得已运用行政权力过度干涉港口安全事务的法治困境出现。

三、安全保障特别法融入公共卫生安全法治理念

根据总体国家安全观可知,各领域安全问题相互依存,并可能在一定条件下互相转化。因此,港口安全法治须始终坚持动态安全观,不断更新调整自身视域。考虑到新冠疫情暴发后港口公共卫生安全问题的重要性,应当在港口安全保障立法,特别是安全保障特别法中增加公共卫生安全保障内容。

首先,我国《港口法》《港口经营管理规定》中"安全"含义相对狭窄,无法扩展至公共卫生安全,如《港口法》第 27 条紧急运输以及第 32 条、第 33 条应急预案制定,还有《港口经营管理规定》第 24 条禁止匿报、谎报危险货物和禁止运输物品规定中未包含来自疫区物品,《港口经营管理规定》第 25 条港口经营人须配备安全、消防、救生、反恐防范设施规定中未包含公共卫生设施等。应在法律修改过程中将公共卫生安全作为港口安全的应有之义,遵循这一目标重新调整相关条文表述。对于《海上交通安全法》中避难港规则,建议可将船舶来自检疫传染病疫区、被检疫传染病污染等公共卫生风险情况作为避难港规则适用的例外情形,从而实现船舶入港避险权利与沿海国海洋安全权益之间的平衡。

其次,对分散在公共卫生立法中的港口相关内容,港口立法应恰当地予以总结提炼。当然这并不意味着"另起炉灶",港口法从专业性上

---

[1] 参见 https://commons. laws. africa/akn/za/act/genn/2020/173/eng@2020-03-18. pdf,该法规现已废止。此后南非根据《2002 年灾害应对法》(Disaster Management Act 2002)第 27 条第 2 款受权发布了《应对、预防、抗击 1 级警报状态下新型冠状病毒肺炎在海港内传播指令》(Disaster Management Act: Directions: Measures to address, prevent and combat spread of Coronavirus COVID-19 for Alert Level 1: Sea ports),参见 https://www.gov.za/sites/default/files/gcis_document/202101/44121gon61.pdf。

远不及公共卫生立法，不太可能就各当事人公共卫生安全权利义务进行详细规定，所发挥的更多是一种提示作用，指引当事人注意并履行相关公共卫生立法要求。我国港口立法中本就存在不少转介性规定，如《港口法》第 32 条要求港口经营人必须依照《安全生产法》等要求加强安全生产工作。表面上这种规定并没有创设新的权力、权利和义务，增加了体系的重复性和冗余性，但从法律实施的角度看这种转介性规定是有实际作用的。这是因为转介性规定的存在最大限度保证了安全保障特别法与一般法的一致性，而特别法与一般法背后是各自的安全执法体系。在港口公共卫生实践中，港口行业主管部门承担着主要的港口卫生管理职责，卫生行政部门则多发挥监督作用。转介规定既为港口行业主管部门——港口行政管理部门提供了特别法上的执法依据，又确保了执法标准与一般法的统一。

再次，《港口防疫指南》等规范性文件在性质上并非立法，理论上不能创设新的权力、权利和义务，只能根据港口行业需要对各种法律法规、部门规章中业已创设的公共卫生安全规定进行抽取、梳理、组合、解释，充当法律的具体执行方案。其存在保证了确定性、强制性的安全立法能够在实施过程中拥有一定的灵活性和可调整性，是提升立法实施效能的重要工具。特别是在疫情等存在诸多不确定因素的风险环境中，要允许实践部门根据风险状况灵活处置，给予其试错并不断调整的空间。印度、南非等国家的港口立法中都有类似的授权性规定，其背后的理念不谋而合。但上述国家仍然在港口法治的框架下进行相关立法活动，而我国由于港口立法中公共卫生法律规范缺失，不得已只能先行先试，在缺乏上位法充分依据的情况下利用《港口防疫指南》创设、补充了一些行为规范，对港口企业、引航机构、船舶代理企业及其员工产生了事实上的外部拘束力。为了弥补《港口防疫指南》的法律效力瑕疵，同时充分发挥其制度优势，当务之急是在港口立法中预留接口，为制定下位立法或者规范性文件提供法律依据。结合前述转介性条文的规定，可以在《港口法》《港口经营管理规定》等港口安全保障特别法中要求港口经营人除了遵守有关法律法规外，还需遵守国务院交通运输主管部门有关传染病防控、卫生检疫等的规定。此外,可以将《港口防疫指南》中的相关内容凝练总结为港口行政管理部门的安全监管权力与港口经营人、港口引航机构、船舶代理机构等港口生产经营单位的安全保障义务,在《港口经营管理规定》等立法中体现,包括港口经营人信息报告和登轮通道管理义务、规范港口作业义务、执行安全防护和环境卫生防护技术标准义务等。[1]

最后,我国作为《国际卫生条例(2005)》的缔约国,应加强对条例有关内容的国内法转化。《国际卫生条例(2005)》虽作为一部安全立法,却能够自觉避免干扰国际交通和贸易运行,兼顾安全与发展利益,其立法精神值得高度肯定。反观我国不少公共卫生安全立法恰恰缺乏对安全与发展的辩证思考,规定安全措施的刚性过强,并且容易在执行过程中遭遇"层层加码",于港口业适用可能干扰港口正常运行。可效仿《国际卫生条例(2005)》的做法,在港口安全保障立法中对不应受到卫生安全措施影响的事项加以明确界定,厘清公共卫生安全与海上运输便利、自由间边界,维持港口供应链的正常运转。[2]

第三节　港口安全软法治理与规范性文件的法治容纳

在港口安全工作中,有一类虽不满足立法的形式特征,未被纳入《立法法》调整范畴,但同样对港口安全监管主体和受控主体具有一定约束力,且在实践中被广泛应用的"软法"规范,此类规范由行政机关制定,在我国被统称为"规范性文件"。规范性文件产生于行政机关为履行职权逐级下达政令的需要,而这一过程中书面传达的效果显然要好于口头,于是便产生了以书面形式存在的规范性文件,如《港口防疫

〔1〕《港口经营管理规定》具体完善建议详见第六章第三节第三部分相关内容。

〔2〕具体完善建议详见本书第六章第二节第一部分相关内容。

指南》《安全生产责任保险实施办法》等。据统计，目前我国各级行政部门所制定的规范性文件数量远超立法数量。有专家认为，这是由于制定规范性文件成本更低，灵活性强，同时仍具有与立法类似的约束力。[1] 行政规范性文件作为行政机关下达决定命令的一种方式，在规范政府行政权力，提高政府行政效能方面发挥了巨大作用。但在推进依法行政、建设法治政府的总体部署和要求下，具有外部约束力的规范性文件对整个法治体系所产生的负面影响也不容忽视，甚至成为依法行政建设的“最后一公里梗阻”。[2] 因此在构造港口安全保障立法体系的过程中，处理好立法与规范性文件的关系，将具有软法作用的规范性文件纳入法治化轨道，使之与立法和谐共生，就成为港口安全法治工作的重要环节。

一、我国港口安全规范性文件现状

所谓规范性文件，根据国务院办公厅《关于加强行政规范性文件制定和监督管理工作的通知》（国办发〔2018〕37 号，以下简称《行政规范性文件通知》）的规定，是指除国务院的行政法规、决定、命令以及部门规章和地方政府规章外，由行政机关或者经法律、法规授权的具有管理公共事务职能的组织依照法定权限、程序制定并公开发布，涉及公民、法人和其他组织权利义务，具有普遍约束力，在一定期限内反复适用的公文。可见，规范性文件在性质上应属于党政机关实施领导、履行职能、处理公务的文书，同时必须关涉行政相对人，因此排除了只调整行政机关内部事务的管理规范、工作制度等，还需要针对不特定主体反复适用，因此不包括行政处理决定、处罚决定等具体行政行为。规范性文件之所以会产生约束力，一方面是由于行政相对人在面对执法机关时天然处于被管理的不利地位，有强烈地遵守行政机关指示和命令的

---

〔1〕 See Stuart Shapiro, *Agency Oversight as Whac - a - Mole*: *The Challenge of Restricting Agency Use of Nonlegislative Rules*, 37 Harvard Journal of Law & Public Policy 528 (2014).

〔2〕 参见曹鎏：《管好“红头文件”建设法治政府——对推进行政规范性文件法治化的思考》，载《紫光阁》2018 年第 11 期。

倾向;[1]另一方面,规范性文件虽不是法律,但在一些情况下同样可以被司法裁判所引用,成为确定当事人权利义务的依据。最高人民法院《关于适用〈中华人民共和国行政诉讼法〉的解释》第100条第2款规定:"人民法院审理行政案件,可以在裁判文书中引用合法有效的规章及其他规范性文件。"

在港口安全工作中,规范性文件随处可见。仅以2019年为例,交通运输部先后发布了《关于印发2019年交通运输安全生产工作要点的通知》(交安监发〔2019〕1号)、《关于开展2019年"安全生产月"活动的通知》(交安委〔2019〕7号)、《关于开展安全生产风险防控和隐患排查治理百日行动的通知》(交安委〔2019〕8号)、《关于建设世界一流港口的指导意见》(交水发〔2019〕141号),应急管理部则发布了《关于印发〈危险化学品企业生产安全事故应急准备指南〉的通知》(应急厅〔2019〕62号)、《关于高危行业领域安全技能提升行动计划的实施意见》(应急〔2019〕107号)。各地方港航管理部门、应急管理部门、海事管理部门所发布的规范性文件更是不计其数。

此外,还有一类规范性文件同样承担着一定的港口安全保障功能,这就是港口章程。《港口法》第41条规定,港口行政管理部门应当组织制定所管理的港口的章程,并向社会公布;港口章程的内容包括对港口情况的说明以及本港口贯彻执行有关港口管理的法律、法规和国务院交通主管部门有关规定的具体措施。这表明港口行政管理部门是《港口法》授权的港口章程制发主体,港口章程的内容是对港口经营主体和监管主体权利义务的解释说明,且在一定时期内能够反复适用。因此,港口章程也属于规范性文件的范畴。编制港口章程本身是国际上港航业的一种习惯做法,告知挂靠船舶自身航道、泊位等状况以及港口管理部门的职能分工、联系方式等信息对维护港口安全具有积极意义。除了第三方组织会出版《进港指南》(Guide to Port Entry)一类港

[1] See William Funk, *A Primer on Nonlegislative Rules*, 53 Administrative Law Review 1340 (2001).

口资料供入港船舶使用外，各港口当局也会主动发布文件对自身情况予以公告。当然，由于立法习惯、历史传统等因素，港口公告的最终形式也有所不同。例如，日本通常通过制定规章等立法形式对港口事项进行说明，而根据我国的立法传统，单纯的介绍、解释、说明性内容很难规定于立法中，因此便通过规范性文件予以规定。

二、规范性文件安全治理效果实证分析

不容否认的是，规范性文件在维护港口安全方面发挥着重要的作用。从安全治理传统的角度看，我国港航部门一直以来都是最主要的港口安全监管者。特别是在港口"政企分开"改革之前，港航部门承担着大量本属于企业的安全监管职责；而由于安全立法的不健全，相关监管行为又缺乏充分的执法依据，不得已只能通过发布规范性文件的形式填补立法空白，保证安全权力的有效实施。久而久之，这种治理模式形成了一种制度惯性，港口安全监管主体习惯于通过发布规范性文件来规范安全事务。例如，在天津港"8·12"爆炸事故发生后，交通运输部为加强港口危险化学品管理先后发布了一系列规范性文件，有效遏制了港口危险化学品生产安全事故高发态势。[1]

时至今日，虽然港口体制改革业已完成，港口安全保障立法也逐步健全，但规范性文件仍然有着自身独特的安全保障作用。这是因为安全事务具备极强的专业性，单纯依靠民选代表组成的立法机关很难具备足够的专业知识，保证安全立法的精确性。为求周全，安全立法必然存在大量原则性或模糊性规定。而在这部分应然法律与安全监管机关执行的实然法律之间，正是规范性文件发挥作用的空间，其发挥着弥合成文安全立法局限性的重要作用。以港口章程为例，我国所进行的"政企分开"港口行政机构改革，使大量监管主体和经营主体出现，不

---

〔1〕 参见交通运输部《关于严格落实法律法规要求加强危险化学品港口作业安全监管的若干意见》（交水发〔2016〕13 号），交通运输部《关于印发〈危险货物港口作业安全治理专项行动方案（2016—2018 年）〉的通知》（交水发〔2016〕75 号），交通运输部《关于牢记事故警示加强危险货物港口作业安全生产工作的通知》（交水明电〔2016〕17 号）等。

仅安全主管部门很难知晓自身权力范围以及被监管主体具体情况，港口经营主体与社会公众也难以对安全事务与监管部门建立起正确的权力映射关系，最终在这种“黑箱”状态下法律的适用遭到干扰。为此，《港口法》第41条创设了港口章程制度，试图通过各港口章程对港口状况以及贯彻执行法律法规和行政命令的具体措施加以阐述。但是，原本理想的一种制度设计，在实际执行过程中却对港口安全保障的效能发挥带来了意想不到的负面作用。下文将通过对港口章程文本的分析以及内贸码头集装箱安全治理的实例，来揭示这种现象及其主要成因。

（一）港口章程文本分析

港口章程在理论上充分考虑了我国港口体制改革需要以及国际港口管理的成功经验，但其在港口安全实践中所发挥的作用却并不理想。究其原因，除了部分地区港航部门对港口章程编制工作不重视、信息公开不充分等外部原因外，港口章程本身制定水平不高恐是主要因素。调研发现，不少港航从业者表示当地港口章程条文规定较为笼统，缺乏实用价值，往往被“束之高阁”。一些港口章程制定时间较早，此后港口情况随行政体制改革、港口产业发展发生了显著变化，章程却未能进行同步更新，极为陈旧。为了充分掌握我国港口章程总体制定情况以及主要问题，有必要对我国港口的现行港口章程文本予以实证分析。本书通过互联网检索、政府信息公开等途径查询了上海港、广州港、天津港、青岛港、黄骅港、日照港、大连港、厦门港、海口港、福州港、佛山港、清远港、太仓港、贵港港、桃源港共15份港口章程。上述样本包括了2022年我国港口货物吞吐量排名前十位[1]港口中的5家，包含黄骅港、海口港、潍坊港等大中型港口以及清远港、佛山港、桃源港等小型港口，既包含沿海港口也包含内河港口（佛山港、清远港、贵港港、桃源港），基本反映了我国港口章程的整体水平。

---

〔1〕 2022年中国港口货物吞吐量排名前十位的港口包括：宁波舟山港、唐山港、上海港、青岛港、广州港、苏州港、日照港、天津港、烟台港、北部湾港。

分析结果发现,港口章程样本在章节设置上大致相似,都由港口地理条件概况、港口设施概况、港口管理部门概况、船舶航行和进出港、港口经营、港口服务、港口安全与环境保护、应急处置、附则(附录)等部分构成。与港口安全相关的内容主要集中于“船舶航行和进出港”、“港口安全与环境保护”以及“应急处置”等部分。虽然各港口章程在整体结构上较为一致,但对港口安全内容规定的差异较大,而内容选择又缺乏合理性。例如,港航公安体制事关港口治安状况,近年来各地正在进行由交通行业公安向地方公安建制序列转变的改革,正需要港口章程等行政规范性文件将相关改革成果确定下来。此外,在安全事件发生后,港口章程中有关港口治安管理、刑事案件侦查、交通管理、消防管理等事权的规定也是公众寻求公权力救济的重要参考。但目前只有少数地方港口章程规定了上述内容。

相反,被各港口章程不吝篇幅规定的事故与灾难应急救援、港口禁止行为、港口设施保安等内容基本是对相关法律规则的简单重述或者概括。例如,关于港口设施保安,大部分港章措辞类似于为航行国际航线的客、货船服务的港口设施,应当符合《港口设施保安规则》和《船舶保安规则》的有关规定。此类笼统的规定只具备有限的提示功能,缺乏可操作性。只有少数港口章程根据本地区情况进行了针对性规定,如《日照港口章程》第 46 条“港口设施保安”分别规定了当地港口保安主管部门、适用港口设施的范围、港口设施保安证书申报流程、保安评审和检查等事项,使当事人和港口主管部门能够凭此规定对自身的权力(利)义务取得清晰的认识和掌握。

(二)内贸集装箱码头安全治理实例

规范性文件在安全治理中的局限性还可以用另一实例揭示。内贸集装箱超载问题是困扰我国内贸港口安全的一大顽疾。集装箱超载容易诱发码头集装箱吊具断裂或吊车翻机,甚至导致船舶倾覆等重大安全事故。为治理内贸集装箱运输乱象,促进水路内贸运输健康发展,交通运输部曾在 2008 年以部门通知的形式发布了《关于开展水路内贸集装箱超载治理工作的通知》(交水发〔2008〕192 号,以下简称《内贸集装箱超载治理通知》),开展专项治理行动。《内贸集装箱超载治理通知》规定了内贸集装箱码头、港口经营人、发货人和船公司等主体为预防集装箱超载而应履行的措施,同时引入了经济制裁手段,要求"发现违规超载箱的港口经营人,除收取基本装卸费用外,还应按照不低于200 元/箱的费率标准,向超载箱的货主收取超载箱减载作业费。具体收费标准由港口经营人自定,并报所在地港口行政管理部门备案"。这些手段在实施初期确实取得了较好的治理效果,集装箱超载现象得到了一定的遏制。

但是,过度依赖规范性文件的弊端也在执行过程中逐渐显现。行政规范性文件制发程序往往较为简单,一些文件缺乏评估论证、公开征求意见、合法性审核、社会公布等必要程序,极易与其他法律及规范性文件相抵触,如交通运输部在发布《内贸集装箱超载治理通知》后,又会同国家发展和改革委员会印发了《港口收费计费办法》,明确要求港口经营人不得超出《港口收费计费办法》范围另行设立港口收费项目,而超载箱减载作业费并不在港口收费项目内,两规定发生了抵触。此外,缺乏科学严谨的制发程序还会影响到规范性文件内容的适当性。《内贸集装箱超载治理通知》一方面规定内贸集装箱码头"对超载箱采取退回措施或就地进行减载",另一方面又要求港口企业收取超载箱减载作业费,导致不少港口经营人受经济利益驱使最终将规定异化为"以费抵超",超载集装箱只需缴纳减载作业费就可以正常装卸。而随着各港口竞争的逐渐加剧,较低的减载作业费收费标准又成为部分港口吸揽货源的卖点之一。这些现象无疑与《内贸集装箱超载治理通知》"制止水路内贸集装箱超载和装卸"的初衷相违背,也给港口安全带来了隐患。[1]

从国外治理集装箱超载问题的经验中可以发现,行政处罚是较为普遍的治理方式。例如,加拿大交通执法部门规定,如果托运人申报的

---

〔1〕 参见倪志平:《内贸集装箱超重现象的治理建议》,载《中国港口》2017 年第 8 期。

货物总质量与港口执法部门复核的货物总质量误差超过规定范围，将对托运人处以600～1200加拿大元的罚款；英国海事及海岸救援局规定，如果采用累加计算法提供集装箱总质量的企业存在故意瞒报的欺骗行为，则取消其采用累加计算法确定集装箱总质量的优惠权利，强制采用整体称量法。[1] 而根据我国《行政处罚法》，规范性文件不得设定行政处罚，上述处罚只能诉诸立法解决。虽然2020年交通运输部通过对部门规章《船舶安全监督规则》的修正，对集装箱重量验证、验证方式、超载法律责任等进行了规定，但该规定适用于国际运输集装箱，目前对于内贸集装箱仍缺乏处罚托运人的法律依据。

三、港口安全规范性文件的法治化进路

从法治建设的角度看，无论是港口安全监管部门发布的各种“红头文件”，抑或港口章程，作为规范性文件都承担着弥补安全立法局限性的重要功能。但是，长期以来行政部门仅仅将规范性文件视为政令下达的手段，甚至将其作为“依法行政”背景下逃避立法工作严格程序要求的工具，这导致了规范性文件与港口安全法治的脱节。随着全面依法治国的不断推进，有必要将港口安全规范性文件融入港口安全法治化轨道：一方面加强制度建设，严格规范性文件的制发程序；另一方面拓宽行业协会等社会力量参与规范性文件制定的渠道，促进制定过程的民主化。

（一）加强制发程序规范性

制度化建设是切实减少规范性文件制发过程的随意性，提升规范性文件质量的最有效路径。为此2018年国务院办公厅专门发布了《行政规范性文件通知》，对各级政府部门规范性文件的发布程序作出了严格要求。港口安全主管部门应该对现行港口安全类行政规范性文件进行全面梳理整治，全面提升发文程序的规范性。

---

〔1〕 参见成海涛：《将核实载货集装箱总质量新规引入我国内贸集装箱运输的建议》，载《集装箱化》2017年第3期。

第一,应确保规范性文件内容的合法性与必要性。安全主管部门须秉持“法无明文规定不得为”的基本准则,制定主体要在法定职权范围内制定行政规范性文件,文件内容必须合乎上位法要求、不得越界。同时,《行政规范性文件通知》要求:“凡法律、法规、规章和上级文件已经作出明确规定的,现行文件已有部署且仍然适用的,不得重复发文;对内容相近、能归并的尽量归并,可发可不发、没有实质性内容的一律不发,严禁照抄照搬照转上级文件、以文件‘落实’文件。”对照这一标准,部分港口安全规范性文件如果仅仅是对现有法律法规内容的复述或者强调,如要求港口企业“强化《油船油码头安全作业规程》《散装液体化工产品港口装卸技术要求》《危险货物集装箱港口作业安全规程》等标准规范执行,严格执行装卸管理人员从业资格管理的有关规定”[1],此类内容并无必要发文,应当尽量予以归并。

第二,应实现对规范性文件的全流程监管。在规范性文件制定过程中,应当根据《行政规范性文件通知》要求,严格执行评估论证、公开征求意见、合法性审核、集体审议决定、社会公开发布等程序。在规范性文件发布后也不能一发了事,应加强后续监督审核工作。一方面建立健全对规范性文件的动态清理工作机制,随时根据中央全面深化改革、本地区港航业发展变化以及港口法律制定修改等需要,对文件进行清理修改;另一方面建立港口相关行政部门的衔接联动机制,利用各港口安全部门及社会监督力量,及时发现并纠正规范性文件所存在的问题。

第三,应充分发挥行政规范性文件与立法各自在安全治理中的优势。诚然,规范性文件具有高效、灵活,能够弥补成文立法局限性等优势。但与之相比,安全立法仍具有不可替代性:首先,法律的稳定性保证了有关政令不会朝令夕改,能够形成一种长效治理机制。由于法律修改程序的复杂性,行政机关通常会避免轻易修改法律,尽量维持立法

---

〔1〕 交通运输部安委办《关于加强水路运输危险货物安全管理的紧急通知》(交安委办明电〔2018〕10号)。

所确定的做法。更重要的是,行政立法避免了规范性文件易受机构变迁、负责人更迭、主管机关工作重点转变影响的缺陷。[1] 例如,在前文内贸集装箱超载案例中,相关法律法规不健全,未形成超载长效治理机制就被认为是我国内贸集装箱超载问题长期存在的症结。[2] 其次,行政立法的严格程序保证了内容的科学性和民主性。[3] 根据《国务院规章制定程序条例》,即使是位阶较低的部门规章制定也需经过"立项—起草—审查—决定—公布"等一系列复杂程序,保证较高的立法质量。在确保行政规范性文件内容合法性与必要性的基础上,应当推动行政规范性文件及时向行政立法转化,将经过实践检验、内容合理有效的规范性文件做法上升为法律进行推广。

第四,应减少规范性文件对企业具体安全行为的干预。由于长期存在的制度惯性,港口安全主管部门习惯于使用规范性文件对企业安全生产行为进行监督管理,不少内容甚至直接介入具体安全操作领域,如交通运输部办公厅《关于加强港口危险货物储罐安全管理的意见》(交办水〔2017〕34 号)要求:"装卸作业期间,相关作业人员要按规定穿戴防静电工作服、防静电工作鞋,使用符合防爆要求的工具。"这种细致入微的直接监管模式在实践中呈现出僵化、教条等缺陷,因安全监管部门难以掌握生产经营一线情况,许多决策措施并不符合实际,在欧美已逐渐被后设监管等安全治理模式取代。而在我国,随着《安全生产改革意见》的发布以及《安全生产法》等法律的修改,企业的全员安全生产责任制得以确立,政府安全监管的重心也从生产一线转换到确保企业落实主体责任。港口企业日常安全操作中的监管应属于企业风险分级管控、隐患排查治理体系的工作内容,政府安全部门不宜通过规

---

〔1〕 See Stuart Shapiro, *Agency Oversight as Whac-a-Mole: The Challenge of Restricting Agency Use of Nonlegislative Rules*, 37 Harvard Journal of Law & Public Policy 534 (2014).

〔2〕 参见成海涛:《将核实载货集装箱总质量新规引入我国内贸集装箱运输的建议》,载《集装箱化》2017 年第 3 期。

〔3〕 See Stuart Shapiro, *Agency Oversight as Whac-a-Mole: The Challenge of Restricting Agency Use of Nonlegislative Rules*, 37 Harvard Journal of Law & Public Policy 534 (2014).

范性文件直接介入,应赋予企业一定的安全自主权。对于确实带有普遍性、危险性,有必要向港口企业强调的安全隐患,也应通过制定行业标准或推动制定国家标准等方式进行治理。

(二)增强制发程序民主化

我国各地港口章程所面临的调整范围不合理、针对性不强等问题,很大程度上源于分散化的港口章程编写主体。诚然,从属地港口管理体制出发,各港口安全主管部门是最适格的港口规范性文件制发主体。但是,丧失了对港口章程应规定内容的宏观把控,各地安全部门对法律政策理解的偏差很容易导致港口章程质量参差不齐。《港口法》第41条虽然规定了港口章程应包含的主要内容,包括对港口地理位置、航道条件、港池水深、机械设施和装卸能力等情况的说明,以及本港口贯彻执行有关港口管理的法律、法规和国务院交通主管部门有关规定的具体措施,但上述规定仍较为概括,不能实现对港口章程的有效指引。即使《港口法》不吝篇幅,效仿《民法典》列明合同内容[1]以及《海商法》规定提单内容[2]的做法,对港口章程应包含的内容加以全面列举,仍很难提升具体内容的可操作性和法律指向性。

纵观世界港口管理的成功经验,行业组织常常是“软法”制定过程中的中坚力量,有效实现了港口立法的民主化,如英国专门成立了由港口、航运、贸易界代表,交通、海事、海警部门代表以及其他专业机构代表所组成的工作小组,专门负责制定《港口海事安全规程》(Port Marine Safety Code),并定期进行评估更新。该规程并非港口立法,而是从港口业实际需求出发对港口企业在英国法下的安全义务进行的编纂重述,带有操作指南的性质,其作用是缓解英国港口安全保障立法的碎片

---

〔1〕《民法典》第470条规定:“合同的内容由当事人约定,一般包括下列条款:(一)当事人的姓名或者名称和住所;(二)标的;(三)数量;(四)质量;(五)价款或者报酬;(六)履行期限、地点和方式;(七)违约责任;(八)解决争议的方法。”

〔2〕《海商法》第73条规定:“提单内容,包括下列各项:(一)货物的品名、标志、包数或者件数、重量或者体积,以及运输危险货物时对危险性质的说明;(二)承运人的名称和主营业所;(三)船舶名称;(四)托运人的名称;(五)收货人的名称……”

化现象，便利港航企业理解并执行法律。无独有偶，我国《安全生产法》第 14 条也要求有关协会组织为生产经营单位提供安全生产方面的信息、培训等服务，发挥自律作用，促进生产经营单位加强安全生产管理。因此，在不改变现有规范性文件制发主体的前提下，为进一步提高港口章程等规范性文件的制定水平，一条较为可行的完善路径是充分发挥港口行业协会力量，通过制定港口章程范本等方式，为各地港口行政管理部门制定、修改港口章程以及其他规范性文件提供参照。[1] 通过拓宽制定参与途径，增强制发过程的民主化，最终切实提升我国港口安全规范性文件的法治化程度，完善港口安全治理。

---

〔1〕 具体完善建议详见第六章第二节第四部分相关内容。

第六章　我国港口安全保障立法体系重构的实现进路

前述章节对我国港口安全保障立法的体系架构、重构港口安全保障立法体系的基本设想、体系重构过程中对立法结构性缺陷的回应等问题予以了阐述。但是,正如前文所指出的,这里的体系重构并非制定法典、法律汇编等体系化方法,而是搭建一个存在于思维层面的法律规范认知体系。对于前者,体系化既是目的又是手段;但对于本书中的体系重构,主观目标与客观方法、途径却是分离的。前文所提出的关于体系重构的设想,最终要归拢汇聚于实在法中,通过对现行法律的修订完善加以体现。因此,本章提出体系重构的实现进路,为完善我国港口安全保障立法、提升港口安全保障整体效能提供借鉴。

第一节　完善我国港口安全保障立法的整体思路

体系化研究作为法学研究的一项"永续任务"[1],是各国完善自身

---

〔1〕［德］卡尔·拉伦茨:《法学方法论》,黄家镇译,商务印书馆2020年版,第220页。

立法的一种普遍性方法；然而这种普遍性方法尚需与各国法律实践的特殊性相结合，才能确立具有各国特质的法律完善进路，有的放矢地进行立法工作。对于我国港口安全保障立法，这种普遍性表现为以整体谋划促进局部发展的法律完善思路，中国特色则体现为法治建设与不断进行中的安全行政体制改革相互促进。坚持普遍性与特殊性相结合构成了具有中国特色的港口安全保障立法整体完善思路，也成为立法体系重构的首要方面。

一、以整体谋划促进局部发展

长期以来，我国港口安全保障立法的制定及修改一直采取先局部后整体、自下而上积累的模式，即通过不断积累单行立法，涵盖各安全关键领域，最终逐渐构筑起法律体系大厦。最终产生的法治效果是局部从无到有的立法突破虽快，但整体受制于法律规定相互矛盾抵触、原则性规定过多等局限，安全保障水平却并不理想。由此引发的危险已一再重演：在天津港“8·12”爆炸事故中，安全综合监管与行业监管因法律职责不清同时失效；在威海“4·19”“中华富强”轮火灾事故中，现场应急救援指挥未考虑船舶消防的特殊性，贸然救援导致燃爆发生。正如系统论观点认为，系统整体功能会涌现出各要素在孤立状态下所没有的性质，组合特征不能以孤立部分的特征进行解释。[1] 因此，仅仅着眼于法律体系的部分或要素，并不能全面、充分地认识和理解体系整体及其部分、要素之间的相互关系，更不能科学地描述法律体系的整体效用。[2] 从时代背景的角度看，与西方发达国家历时数百年的安全问题发展渐变态势不同，我国在1949年以来短短70余年的工业化发展历程中，安全问题呈现出互相牵制和彼此纠缠的特点，这使自下而上、先局部后整体的立法完善模式呈现出越来越多的局限性。

---

〔1〕 参见赵秀娥：《马克思主义整体性研究》，内蒙古大学出版社2015年版，第67页。

〔2〕 参见柯坚：《中国环境与资源保护法体系的若干基本问题——系统论方法的分析与检视》，载《重庆大学学报（社会科学版）》2012年第1期。

为此,我国港口安全保障立法的完善不能仅从局部着眼,孤立地分析每一部法律的成败得失并提出修改方案,而应走出一条以整体促进局部发展的完善进路。通过体系赋能为港口安全治理活动提供更有效的法律制度供给,将立法顶层设计的体制优势与具体法律的修改活动结合起来,形成以整体谋划带动局部发展的新态势。近年来,这种以全局思维带动局部发展的法治建设思路已经得到了广泛应用。例如,针对抗击新冠疫情的经验教训,2020 年 4 月全国人大常委会通过了《十三届全国人大常委会强化公共卫生法治保障立法修法工作计划》,这是全国人大常委会首个专项立法修法工作计划,对公共卫生安全保障法律的修改及制定进行了统筹安排;2020 年 11 月交通运输部发布了《关于完善综合交通法规体系的意见》,提出综合交通法规体系的六大基本系统与若干子系统,构筑起综合交通法律体系的建设框架。当然,上述立法规划属于立法机关及政府部门为积极有序推进立法工作所作出的整体安排,而对港口安全保障立法的体系重构则属于学理层面上的统筹设计,但两者在思想内核上仍是一脉相承的。

二、安全法治建设与安全行政体制改革同向同行

重构港口安全保障立法体系,须与安全行政体制改革同步进行,消除立法与执法两大环节的隔膜。通过第二章对立法体系性缺陷的分析可知,不少立法环节的漏洞从本质上应归结为行政体制漏洞。近年来,我国安全行政体制改革逐渐驶入“深水区”:2013 年党的十八届三中全会提出“加快完善互联网管理领导体制”“完善国家安全体制”[1];2016 年《安全生产改革意见》提出“深化安全生产监管执法体制改革”;2021 年党的十九届六中全会提出“加强国家应急管理体系和能力建设”[2]……这些都对安全法治建设寄予了更高要求。正如 2014 年习近平总书记在主持召开中央全面深化改革领导小组第二次会议时强调的:

[1] 《中共中央关于全面深化改革若干重大问题的决定》第 50 条。

[2] 《中共中央关于党的百年奋斗重大成就和历史经验的决议》第四章第八部分。

“凡属重大改革都要于法有据。在整个改革过程中,都要高度重视运用法治思维和法治方式,发挥法治的引领和推动作用,加强对相关立法工作的协调,确保在法治轨道上推进改革。”

遗憾的是,当前我国行政体制改革与法治建设状况并不平衡。大部分中央行政机构在成立或改组之时是根据《国务院机构改革方案》,由“三定规定”[1]解决职责、内设机构和人员编制问题。[2] 由于立法的滞后性,反映体制改革最新成果的“三定规定”等文件很可能与之相冲突。这实质上是“三定规定”代替立法,承担起明确政府事权的任务,导致最终决定行政权力配置的仍是行政化的分权而非法治,既不利于事权划分的稳定,也侵蚀了法律的实施空间。[3] 同时这与2015年中共中央、国务院《法治政府建设实施纲要(2015—2020年)》提出的“推进机构、职能、权限、程序、责任法定化”部署相违背。

具体到港口安全保障立法中,其对安全行政体制改革的支持程度要落后于不断进行的改革。诚然,安全立法也试图反映部分行政体制改革成果。例如,2021年修订的《海上交通安全法》用国务院交通运输主管部门和海事管理机构取代港务监督机构,作为海上交通安全主管部门,反映了此前水上安全监督管理体制改革成果[4];2021年修正的《安全生产法》规定应急管理部实施安全生产综合监督管理工作,落实了2018年《深化党和国家机构改革方案》中有关安全生产监督管理总局改组为应急管理部的决定。但是,仍有诸如《港口法》《危险化学品

---

[1] “三定规定”是中国特色行政管理的重要内容,即在不断进行的党政机构改革中,以确定职能为核心,以确定机构和编制为主要内容,界定部门的职能分工,划分彼此之间的事权关系,用规范化、流程化的协商博弈过程和正式文件形式实现精简机构、明晰职能、理顺关系的改革目标。参见郭为民、刘为民:《“三定”的功能与完善途径》,载《中国行政管理》2011年第11期。

[2] 参见马英娟:《走出多部门监管的困境——论中国食品安全监管部门间的协调合作》,载《清华法学》2015年第3期。

[3] 参见刘剑文、侯卓:《事权划分法治化的中国路径》,载《中国社会科学》2017年第2期。

[4] 1998年国务院办公厅印发的《交通部职能配置、内设机构和人员编制规定》(国办发〔1998〕67号)规定,国家港务监督局与船检局合并组建成立中华人民共和国海事局(原交通部海事局)。

安全管理条例》等大量港口安全保障立法尚未及时修改。并且,即使是已经修改的立法,其具体规定的事权划分内容仍较为模糊。例如,《安全生产法》第10条虽然规定了以应急管理部门为代表的安全综合监督管理体制与四大行业部门为代表的安全行业监管体制,但其具体职能规定仍语焉不详,如"依照本法和其他有关法律、行政法规的规定,在各自的职责范围……",这些内容一部分须查阅其他立法或者"三定规定"得出,另一部分可能涉及职能交叉、事权配置模糊的内容更是直接处于缺位状态。

某种程度上,这种改革行动优先于法律规则、法定程序的路径源自改革的基本逻辑:改革本质上是破旧立新,很难完全遵循旧有的制度实现。[1] 因此,由于改革的紧迫性和持续性,将"三定规定"作为行政机构设立和职能调整的临时性、过渡性依据是具有合理性的;但也应在事后通过立法的制定或修改尽快解决职能配置的合法性问题,使改革方案得到法治确认。根据我国安全事权划分规范化、法治化的基本要求,我国港口安全保障立法应通过不断完善,为进行中的行政体制改革提供法律支持,并为各级安全部门积极履行法定事权提供法律保障。一方面,应在立法中尽可能明确不同安全监管部门间的职能分工,及时根据改革成果修改补充法律。在体制改革尚未完成,厘清事权分配存在一定难度的情况下,也应设法将党和国家所确定的安全执法体制改革原则、方向写入立法,为深化改革提供一定的前瞻性支持,避免法律因具体改革方案悬而未决而长期缺位。例如,根据《安全生产法》"管行业必须管安全"的安全工作基本原则,可以尝试将行业监管的直接责任与综合监管的间接责任写入港口安全保障立法,进行体制改革的试点探索。另一方面,应正视行政职能交叉导致法律冲突必然存在这一现实,设法为安全监管部门之间的协调合作创造法律空间,如可通过设置行政协助与行政协调法律规则,为解决权限冲突提供法治化手段。

---

[1] 参见钱大军:《当代中国法律体系构建模式之探究》,载《法商研究》2015年第2期。

第二节　我国港口安全保障立法的总体布局

遵循不同风险源的分类治理需求以及系统性的安全治理需求，可以将我国港口安全保障立法划分为港口生产安全事故风险治理立法、港口破坏活动风险治理立法、港口公共卫生风险治理立法、港口自然灾害风险治理立法、应急管理与补偿赔偿立法五大制度板块。根据法律体系理论对立法层次结构的要求，位于同一制度板块中的立法应形成层层递进的金字塔形结构：位于较高层次的安全立法突出原则性，能够以较少的法律条文涵盖尽可能多的安全社会关系；低位阶的安全立法则更加侧重可操作性，是对上位立法基本原则和立法精神的贯彻，规范数量也更多。这也应该成为完善我国港口安全保障立法总体布局的基本要求，需要在体系重构中予以考虑。

一、核心立法与体系框架搭建

具有较高立法位阶的安全立法构成了各制度板块的基础，整个体系均以其为框架进行搭建。《港口法》《网络安全法》《突发事件应对法》等法律无疑是港口安全保障立法体系的核心。此外，根据《立法法》第72条第2款的规定，国务院就“宪法第八十九条规定的国务院行政管理职权的事项”可以制定行政法规，因此《危险化学品安全管理条例》等行政法规也可以在缺乏法律的情况下发挥类似的体系支撑作用。对港口安全保障立法的完善应首先从核心立法层面进行规划布局，夯实立法体系基础框架。

（一）《港口法》与《海上交通安全法》完善

港口生产安全事故是港口在生产经营活动中最为常见的风险，历来被视为安全立法关注的重点。港口生产安全事故风险治理板块基本是以业务类型为标准划定立法的调整范围：《安全生产法》对各生产经营单位的生产活动进行普遍性调整,《港口法》则调整各港口经营单位的典型业务,两部法律以其调整范围的广泛性奠定了治理生产安全事故风险的基础;对于发生在港口水域的运输活动,《海上交通安全法》调整船舶航行安全,《航道法》与《航标条例》调整航道及航标设施的管理维护;对于港口陆域生产活动,通过《危险化学品安全管理条例》对危险性最突出的港口危险化学品作业进行调整,其他港口作业活动则并无专门的法律,适用《安全生产法》的一般性规定。

近年来我国在生产安全事故风险治理立法完善方面进展迅速,除《安全生产法》与《海上交通安全法》于2021年接受修改以外,《危险化学品安全管理条例》的修订工作已经正式启动并确立了上升为"危险化学品安全法"的基本路径[1],《港口法》修订也进入交通运输部近几年立法工作计划。《安全生产法》等一般法的修订以及安全执法体制改革成果构成了相关立法完善的重要背景与思想指引。[2]

维护港口安全作为《港口法》的重要立法目的以及主要章节内容,也应是该法修订的重点之一。从治理生产安全事故风险的角度出发,建议将《安全生产法》的规定进行具有港口行业特色的特别法转化:根据《安全生产法》修订所新增的不同安全监管部门之间相互配合及信息共享义务,明确港口行政管理部门与应急管理部门之间的安全监管跨部门协调主体、程序、适用范围、法律责任等内容;根据《安全生产法》生产经营单位建立健全全员安全生产责任制、构建并实施安全风险分级管控和隐患排查治理双重预防体系等义务要求,重新划定港口经营人的生产安全主体责任。

《海上交通安全法》2021年的修订弥补了1983年《海上交通安全法》规定过于原则、不适应海事执法实践等缺陷。在此基础上,未来可以从以下方面继续进行完善:首先,应畅通地方立法与中央立法间联系

---

[1] 制定"危险化学品安全法"已被列入全国人大常委会2021年度立法工作计划。2020年10月,应急管理部公布《危险化学品安全法(征求意见稿)》,面向社会公开征求意见。

[2] 对《港口法》《海上交通安全法》的修订完善建议详见本章第三节第一、二部分相关内容。

渠道，不断将地方性海上交通安全立法所普遍规定并接受了海事实践检验的法律规范及时在《海上交通安全法》中体现。其次，应为现有法律中的避难港规则设置例外规定，拒绝存在公共卫生风险的船舶进入我国港口或内水，平衡船舶入港避险的权利与沿海国海洋安全权益。

（二）《港口设施保安规则》上位法规范制定

港口破坏活动风险治理立法可以划分为物理层面与网络层面。网络层面风险已通过《网络安全法》《数据安全法》等进行治理，而物理层面的风险治理却并无核心立法。当前，交通运输部《港口设施保安规则》是预防港口物理破坏活动风险的唯一立法，这一部门规章的适用长期缺乏上位法规定。根据《立法法》第 91 条的规定，部门规章减损、增加公民、法人和其他组织的权利义务需要以法律、国务院的行政法规、决定或命令为依据。这一缺失直至 2021 年修订《海上交通安全法》第 32 条规定国务院交通运输主管部门确定保安等级、要求港口采取保安措施才予以弥补。并且，《港口设施保安规则》于第 79 条针对港口经营人擅自提供港口服务设置了警告、责令停止违法行为并可处以 3 万元以下罚款的行政处罚规定，上述规定仍不存在上位法依据。根据《行政处罚法》第 13 条以及国务院《关于进一步贯彻实施〈中华人民共和国行政处罚法〉的通知》要求，行政法规可以因行政管理的迫切需要在国务院确定的限额以下设定警告、通报批评或者一定数额罚款的行政处罚；但从建设法治政府、完善政府立法体制机制的角度考虑，还是建议在《海上交通安全法》中对港口设施保安及相关法律责任加以规定。

（三）《国境卫生检疫法》融入国际卫生公约要求

《传染病防治法》与《国境卫生检疫法》是目前我国公共卫生风险治理的核心立法，从性质上看均属于安全保障一般法范畴。自新冠疫情发生以来，《国境卫生检疫法》呈现出一些缺陷与不足，对法律的修订工作已经全面启动。[1] 从完善港口安全保障立法体系的角度出发，建议在修订中融入国际公约中有关平衡港口检疫与国际交通和贸易正常运行的有关内容。《国境卫生检疫法》制定于1986年，其条文总数仅27条，较为原则，无法充分体现我国加入的《国际卫生条例(2005)》的相关要求。而我国港口行业在新冠疫情中面临着防止境外疫情输入与保持贸易物流畅通的双重压力，在各级人民政府高度重视人民群众生命健康安全的背景下，港口供应链的运转极易遭到过于严格的卫生防控措施阻碍。对此应当在国内法律中明确《国际卫生条例(2005)》第25条关于过境船舶不采取卫生措施、第33条关于无须转运的转口货物不应接受卫生措施或出于公共卫生目的而被扣留等内容，厘清公共卫生安全与海上运输便利、自由间的边界。

（四）《防洪法》等单行立法转向自然灾害综合立法

港口自然灾害风险治理板块的法律规范结构较为简单，可直接适用相关安全一般法。《防洪法》调整洪水的防治以及洪涝灾害的防御、减轻工作；《防震减灾法》调整地震监测预报、预防、救援、灾后过渡安置以及恢复重建等防震减灾活动；《地质灾害防治条例》调整地质灾害防治以及预防减灾活动。在应急管理部成立前，自然灾害立法"一事一法"模式与分灾种、分部委负责的自然灾害执法体制是基本契合的。但是，在统一领导自然灾害应急工作的应急管理部成立后，新确定的综合治理理念需要与之相适应的立法进行贯彻。目前我国深圳、贵州等地已经开始探索制定综合性的自然灾害防治条例。[2] 未来统合碎片化的单行立法制定自然灾害防治综合立法可能成为一条更为可取的立法完善进路。[3]

---

〔1〕 参见《十三届全国人大常委会强化公共卫生法治保障立法修法工作计划》。

〔2〕 参见深圳市应急管理局《2021年法治政府建设年度报告》(深应急〔2021〕293号)；贵州省人大常委会法制工作委员会《关于公开征求〈贵州省自然灾害防治条例(草案)〉修改意见的通知》。

〔3〕 参见李一行、刘兴业：《自然灾害防治综合立法研究：定位、理念与制度》，载《灾害学》2019年第4期。

二、配套立法与体系内容填充

仅凭法律、行政法规等高位阶立法并不足以形成内容全面的立法体系。由于安全事务的复杂性,高位阶立法往往使用了大量不确定的法律概念,如《安全生产法》要求安全工作应"以人为本",《港口法》规定港口经营人建立"全员安全生产责任制"等,以保证周全,避免挂一漏万。而位于较低位阶的行政法规[1]、部门规章等配套立法则往往更加具体明确,对安全监管部门的权力和港口生产经营单位的义务周详地加以阐释。近年来,一种观点将安全立法体系的症结归咎于部门规章等较低位阶立法的大量存在,认为部门规章造成了法制的碎片化,应进行系统性的整合并上升为法律或行政法规。[2] 本书认为,这种认识其实并不符合法律体系要求。在一个调整内容统一、调整逻辑自洽的立法体系中,不同位阶立法之间应该形成疏密有致的比例关系,兼顾普遍性和可操作性,不能一味提升立法位阶了事。根据《立法法》第91条的规定,部门规章在功能上被定位于执行"法律和国务院的行政法规、决定、命令",这是与长期以来"宜粗不宜细,宜疏不宜密"的立法政策相适应的。为了具体执行上位法较为原则、概括性的规定,需要大量的部门规章进行具体诠释。因此在关注核心立法修改完善的同时,也应通过完善配套立法充分发挥行政法规和部门规章"实施性立法"的重要功能,在核心立法所确立的体系框架基础上"添砖加瓦",进一步丰富充实权利义务内容,确保立法得到有效的执行与遵守。

---

[1] 这里的行政法规是指根据《立法法》第72条第2款第1项"为执行法律的规定需要制定行政法规"的情形,不同于根据该条第2项"宪法第八十九条规定的国务院行政管理职权"所制定的行政法规。

[2] 参见《天津港"8·12"瑞海公司危险品仓库特别重大火灾爆炸事故调查报告》,载中国政府网,https://www.gov.cn/foot/2016-02/05/5039788/files/460731d8cb4c4488be3bb0c218f8b527.pdf;李玮:《论我国公共卫生应急法治的完善——基于新冠疫情的思考》,载《苏州大学学报(法学版)》2020年第3期。

(一)港口生产安全事故风险治理配套立法完善

港口生产安全事故风险治理的配套立法以《港口经营管理规定》与《港口危险货物安全管理规定》为基础构成,两部立法是港口领域执行《港口法》《安全生产法》《危险化学品安全管理条例》等核心立法的最主要部门规章。根据港口行业生产经营管理的一些最新情况和特点,二者保持着较为频繁的修改频率,《港口经营管理规定》自 2009 年发布以来已进行 7 次修正,《港口危险货物安全管理规定》自 2012 年发布以来也已进行 2 次修正。但是,这种修正仍无法超越上位立法所确立的基本框架。因此,配套立法应密切关注核心立法的完善动向,在上位立法调整之后及时对自身内容加以补充完善。[1]

(二)港口破坏活动风险治理配套立法完善

港口业作为关键信息基础设施受到《网络安全法》《数据安全法》等的重点管理与保护,而法律中的一般性规定在适用于港口等交通运输行业时尚需与之配套的特别法加以衔接,以适应两部法律共同确定的国家网信部门与行业主管部门共同负责的网络安全监管体制。2021 年 9 月实施的《数据安全法》采取了"自上而下"的规制模式,也需要通过行业立法解决其于具体行业的适用问题。[2] 这些内容应该成为港口网络安全配套立法完善的着眼点。此外,交通运输主管部门还应根据《数据安全法》的要求及时出台港口行业重要数据具体目录,以便港口生产经营单位明确自身的数据安全保障义务。

(三)港口公共卫生风险治理配套立法完善

港口公共卫生安全领域的配套立法主要包括国务院卫生主管部门根据《传染病防治法》与《国境卫生检疫法》制定的《传染病防治法实施

---

[1] 对港口生产安全事故风险治理配套立法的修订完善建议详见本章第三节第三部分相关内容。

[2] 参见王华、冯忞、张进:《数据合规:港航企业数字化转型的助力和挑战》,载《中国远洋海运》2022 年第 2 期。

办法》《国境卫生检疫法实施细则》。根据《传染病防治法》第 44 条对国务院制定交通卫生检疫具体办法的特别授权，国务院还制定了行政法规《国内交通卫生检疫条例》，负责控制检疫传染病通过交通工具及其乘运的人员、物资在非国境口岸的传播，与专司国境卫生检疫的《国境卫生检疫法》相互补充。此外，《出入境邮轮检疫管理办法》规定了国家出入境检验检疫机关（海关总署）执行出入境邮轮检疫监管的特别法依据。

对比一般法与特别法格局不难发现，我国港口公共卫生治理立法在结构上并不均衡：主要法律依据为一系列安全保障一般法；特别法不但数量极为有限，甚至很少存在专门适用于港口、交通运输行业的规定。这种失衡状况造成了安全保障一般法中的普遍性、原则性规定难以真正适用于港口行业，一些具有港口业特色的安全保障内容也缺乏栖身空间。对此，考虑到立法资源的有限性，很难制定专门的港口公共卫生安全治理特别法，建议充分利用《港口法》《港口经营管理规定》，容纳港口行业应对公共卫生风险的特色、差异化做法。[1]

（四）港口自然灾害风险治理配套立法完善

原交通部制定的《港口大型机械防阵风防台风管理规定》是预防港口自然灾害的配套部门规章，针对风灾这一严重影响港口生产安全作业的自然灾害风险制定。该规定的内容极为详尽具体，不仅规定了港口企业与安全监督管理机构的安全保障义务，还不吝篇幅规定了港口机械设计使用风速、安全距离、操作注意事项等大量技术性内容，使得该规章可操作性极强，有利于切实加强防风管理，保障港口安全作业。但是，立法中规定大量的技术性内容其实模糊了法律保障手段与技术保障手段的界限。考虑到法律措施的局限性，安全保障法律并不宜过多规定如何进行港口防风技术准备与操作注意事项等安全工程技术内容。反观交通运输部近年来发布的《港口大型机械防阵风防台风

〔1〕 对港口公共卫生风险治理立法的修订完善建议详见本章第三节第一、三部分相关内容。

安全工作指南》以及正在进行的安全标准建设活动,其实更适宜容纳相关的技术性规则。因此,建议在未来《港口大型机械防阵风防台风管理规定》的完善过程中删除微观技术性规则,仅保留港口企业防风主体责任以及行政机关安全监督的有关内容。当然,《港口大型机械防阵风防台风管理规定》于2003年4月11日通过之时《港口法》尚未通过,随着《港口法》以及与之配套的《港口经营管理规定》相继实施,特别是2020年修正的《港口经营管理规定》已经于第21条规定了港口经营人应按照国家有关规定落实防风措施,并于第42条规定了相关法律责任,也可考虑废止《港口大型机械防阵风防台风管理规定》,将港口防风相关技术性内容移入规范性文件或者技术标准中,采用“法律(《港口经营管理规定》)+软法(《防风工作指南》、防风技术标准等)”的协同治理模式,发挥法律和安全工程技术等不同安全保障措施的优势,避免安全行政机关过度介入企业安全准备、安全技术操作等领域。

(五)港口安全应急管理与补偿赔偿配套立法完善

以《突发事件应对法》为上位法,根据不同风险在应急具体实践层面的差异化需求,诞生了一批专门应对某一风险类型的配套立法:《自然灾害救助条例》主要规范自然灾害的应急管理;《生产安全事故应急条例》是生产安全事故的应急配套立法;《突发公共卫生事件应急条例》负责调整公共卫生事件应急管理工作。还有一批由应急职能部门所制定的部门规章:《交通应急规定》规范交通运输部门针对各类安全突发事件的应对活动,《突发公共卫生事件交通应急规定》则规范交通运输部门应对公共卫生突发事件,《突发公共卫生事件与传染病疫情监测信息报告管理办法》规范卫生行政部门突发公共卫生事件与传染病疫情监测信息报告活动。上述配套立法同样应对接《突发事件应对法》,实现应急管理一般法与各领域特别法的结合,将应急管理工作中多元主体的权力(利)、义务、责任进行明确界定。同时,建议根据行政法规《生产安全事故应急条例》要求对部门规章《交通应急规定》进行完善,与当前国家应急管理工作体制相适应。

对于港口安全补偿赔偿立法,2021年修正的《安全生产法》第51条授权规定使得此前制定的《安全生产责任保险实施办法》获得了法律依据,有利于安全生产责任保险的顺利实施。但是,该办法不仅存在行政授权转授地方、事故预防服务规定不具体等内容缺陷,更因其规范性文件的性质严重制约了调整效能发挥,无法设置行政处罚督促法律实施。目前《安全生产责任保险实施办法》是中央层面调整安全生产责任保险的唯一配套规范,建议尽早启动安全生产责任保险部门规章的制定工作,吸收原规范性文件中有关保险机构承保条件、保险激励扶持制度、保险业监督管理等经实践检验已经比较成熟的制度,并对相关缺陷予以完善,保证安全生产责任保险得到更充分有效的实施。

三、地方立法与体系差异化布局

港口安全地方立法是整个法律体系中易被忽视的一环。地方立法在体系中的独特作用在于结合本地实际情况作出特别规定,弥补了中央立法规定过于原则、缺乏可操作性的弊端。[1] 但是,正如第四章第四节所揭示的,当前我国地方立法的安全效能发挥并不理想。究其原因,一方面,地方立法在具体内容的设置上并未充分体现地方特色,这也是困扰我国地方立法的普遍性问题。这也导致港口安全地方立法难以发挥其本应具有的澄清上位法模糊原则性规定、补充中央立法制度供给缺口、弥补法律体系不周延等作用,易被"束之高阁"。[2] 另一方面,地方立法容易遭到法律适用机关的有意回避。出于对"法制统一"的高度重视,我国地方立法权限受到较为严格的限制,如地方立法机关根据《立法法》第73条制定先行规定,以及地方安全规定内容涉及中央直属海事系统的地方分支,行政机关和司法机关也很可能出于防止法律适用风险的审慎目的而拒绝适用。这加剧了地方立法的边缘化。

因此,为了充分发挥港口安全保障地方立法的体系功能,应从以下

〔1〕 参见向立力:《地方立法发展的权限困境与出路试探》,载《政治与法律》2015年第1期。
〔2〕 参见俞祺:《地方立法适用中的上位法依赖与实用性考量》,载《法学家》2017年第6期。

方面着手：首先，提升地方立法质量。秉持更为务实的立法工作态度，不照搬中央立法体例，避免地方立法长期存在的“法典式”倾向；仅保留真正彰显地方特色、集中反映实践迫切需求、发挥安全差异化治理功能的内容。例如规定当地港口水域的安全航速、特殊航行规则、船舶靠泊具体条件等，使地方立法向“短小精悍”的“小切口”立法发展；不必为了保持立法的体系完整性大量借鉴中央立法内容，造成法律规定冗余。其次，地方立法要在创新与稳定之间形成平衡。造成法律适用机关审慎态度的一个主要原因，是上下位法律之间的“抵触”标准不够清晰，究竟是对上位法的完善还是与之相抵触，实践认定不明。[1] 当然，这有待立法学研究以及立法实践的不断深入，这里暂且不做探讨。但是，港口安全保障地方立法仍可采用一定的立法技术手段，尽可能减少法律适用的阻力。例如，地方立法可参考司法解释的规定形式，瞄准澄清上位法的某一条文概念或弥补其漏洞，明确体现出上位法依据，辅以法律适用指南等立法说明文件，通过严谨、详尽的立法理由阐述地方立法创制内容的合理性与合法性，消除法律适用机关的疑虑。最后，还应建立港航系统专业化的地方立法信息收集渠道，传递基层真实立法诉求。目前，我国一些地区已经建立起地方立法联系点制度。[2] 应利用好这一制度，在港口企业、进出口企业、航运企业、行业协会等单位建设联系点，发挥上述企业、组织熟悉港航领域情况、了解掌握实践需求的优势，实现对地方港口安全保障立法需求的更有效掌握，从而提高地方立法的针对性。

四、规范性文件与体系衔接

长期以来，港口章程等规范性文件是港口安全法律保障中较易被

---

〔1〕 参见俞祺：《地方立法适用中的上位法依赖与实用性考量》，载《法学家》2017 年第 6 期。

〔2〕 近年来我国各地开始于基层社会组织中选定建设立法基层联系点，发挥收集和反映社会公众对法规规章草案提出的立法意见和建议、参与立法起草调研活动等功能，参见《烟台市司法局基层立法联系点工作规定》《太原市人民政府立法联系点管理办法》《广东省人民政府立法基层联系点工作规定》等。

忽视的一环。一方面，一些规范性文件被视为“可有可无”，长期处于沉睡状态，如不少地方制定的港口章程。另一方面，也有不少规范性文件承担着不应有的治理功能，作为规避法律制定严格程序的变通措施；遵循安全工作惯性制定大量规范性文件过度介入企业安全管理，模糊企业安全主体责任。在重新构造港口安全保障立法体系的过程中，应将安全保障规范性文件视为软法相衔接，从而将法律保障的触角进一步延伸，打通法律实施的“最后一公里”。

与地方性立法类似，充分发挥规范性文件的安全保障作用，关键之一也是切实提升文件质量。国务院《行政规范性文件通知》已经从内容、程序、监督机制等方面确立了规范性文件管理的基本要求。在此基础上，可利用港口安全保障立法进行特别规定。针对不少地区港口章程缺位、陈旧等状况，建议各地港口行政管理部门对其管辖区域内各港口章程的制定情况加以全面梳理，并结合港口资源整合、建设一流港口等发展部署，在地方性港口条例、港口管理规定等立法中督促各港口行政管理部门根据港口改革精神及时制定、修订、公布港口章程，并增加港口章程备案、公开征求意见、实施效果反馈评估、动态清理更新等要求。

此外，建议规范性文件的具体内容减少对企业安全行为的直接干预，保障企业安全主体责任得到落实。规范性文件尽量减少对安全工程技术、安全管理内容的创制性规定，特别是未获得上位法支持、未接受实践检验的安全成果，避免诱发制度风险。可将规范性文件视为联结法律保障手段与其他安全保障手段的纽带，在阐释说明港口生产经营单位安全法定义务的过程中，融入现行安全标准、安全管理措施等内容，使得安全立法能够衔接安全工程技术、安全管理研究成果，并根据安全智识的增进不断做适应性发展。[1]

最后，在规范性文件的制定过程中，还可以充分发挥行业协会的力

---

〔1〕 参见赵鹏：《风险社会的自由与安全——风险规制的兴起及其对传统行政法原理的挑战》，载《交大法学》2011 年第 1 期。

量。根据我国港口实践，中国港口协会是港口业唯一的全国性行业协会，其会员包括港口企事业单位、港口管理机构及其他与港口相关的单位、社团法人，能够在很大程度上起到政府与企业间的桥梁作用。港口协会所采用的挂靠体制使得其自身与港口行业主管部门——交通运输部保持着顺畅的沟通交流，有助于正确理解并把握港口相关法律与政策走向。这些有利因素使得港口协会能够承担起港口章程以及其他规范性文件范本的制定起草工作。在高质量的范本完成后，各地港口行政管理部门再根据自身实际情况对相关条文予以修改或增删，并补充本地港口情况、港口主管部门信息等必要内容。

第三节　我国港口安全保障特别法修订的具体设想

遵循前文立法完善的整体思路，以及我国港口安全保障立法的基本布局，本节将尝试提出修订我国港口安全保障特别法的具体内容和结构设想，作为重构港口安全保障立法体系的具体实施方案。这里之所以仅涉及特别法，是因为修订安全保障一般法主要是为了解决安全综合管理体制以及当事人的基本权利义务问题，带有安全行业的普遍性和共同性，港口等个别行业的安全立法诉求很难充分反映在一般性立法的修改中。因此这里聚焦特别法的修订，不对安全保障一般法提出具体的完善建议，而是结合本章第二节法律体系布局将其视为修订完善特别法的重要立法背景和指导依据。

一、修订《港口法》发挥安全保障作用

透过对港口安全保障立法体系的分析可以发现，无论是对不同风险类别的分类治理，还是安全综合立法与港口专项立法间的外部协调，抑或安全专项立法间的内部协调，其实现往往要依赖港口安全保障特别法的核心立法——《港口法》。一方面，《港口法》的行业法属性使其

能够容纳各类港口安全治理内容。通过《港口法》的统合，可在很大程度上避免不同立法分散规定的“碎片化”倾向，有利于法律体系的深度融合。另一方面，《港口法》是一部由全国人大常委会制定的高位阶法律，其在法律适用上具有较强的优先性。安全保障一般法的基本原则、法律规则向特别法的转化，通常要在《港口法》这部港口领域核心法律中首先体现；安全特别立法间的内部协调，尤其是处于不同位阶立法的协调，通常也要在《港口法》中首先作出上位法规定。因此，《港口法》是构成港口安全保障立法体系的重要组成部分，修订《港口法》对于弥补立法体系缺陷将发挥纲举目张的效果。具体如下：

第一，《港口法》中加强港口管理的立法目的已不能反映深化改革背景下我国港口业发展诉求，不仅与当前国家安全行政体制改革目标冲突，还干扰了“维护港口经营秩序”等其他立法目的。建议将《港口法》第 1 条立法目的条款由“为了加强港口管理”调整为“为了加强港口工作”，实现由管理向治理的立法理念转型，为《港口法》的全面修订起到引领作用。

第二，《港口法》中“港口安全与监督管理”一章中的安全内涵仅局限于生产安全，无法适应当前我国港口行业所面临的复杂安全风险，建议延伸至公共卫生安全、预防港口破坏活动风险等领域。首先，可以将《港口法》第 32 条港口经营人须依照《安全生产法》等法律法规加强安全生产工作的规定加以修改，要求港口经营人还应履行《传染病防治法》《网络安全法》《数据安全法》等法律法规中的安全义务，并遵守国务院交通运输主管部门有关传染病防控、卫生检疫、网络安全等的规定。通过上述转介条文，将港口安全主体在公共卫生风险治理、破坏活动风险治理等立法中的权利义务概括式地引入港口立法体系中，并为交通运输部出台安全部门规章以及规范性文件提供法律依据。其次，应在该章中以列明方式规定部分重要的安全保障义务，如港口经营人编制公共卫生应急预案、优先组织抗疫物资及人员作业、投保安全生产责任保险、建立健全港口设施保安制度等，同时赋予港口行政管理部门监督检查的权力并设置法律责任。

第三,《港口法》未能妥善解决不同安全监管主体以及安全监管主体同港口生产经营单位之间的责任义务分配问题。考虑到港口安全监管职责具有跨部门、跨事项的复杂性,建议通过创设法律冲突协调规则,为安全职权的交叉提供程序化的解决机制。对于安全保障一般法与特别法间的外部冲突,可以规定港口行政管理部门履行直接安全监管职责,并要求港口行政管理部门、应急管理部门等依法编制安全生产权责清单,依法公开寻求社会监督。对于特别法间的内部冲突,一方面,可以在《港口法》第36条"各职能部门在职责范围内对港口安全生产实施监督检查"的规定基础上,进一步增加安全生产监督管理部门彼此之间的行政协助义务:负责安全生产监督管理的部门和其他有关部门依照法律、法规的规定,在各自职责范围内对港口安全生产实施监督检查,并对其他部门予以协助;被请求机关除依法或依职权的性质,或有其他正当理由不能提供协助外,不得拒绝。另一方面,还可以规定不同部门间出现安全执法争议时由港口所在地人民政府进行协调解决:两个或两个以上依法负有安全生产监督管理职责的部门在港口安全执法过程中发生的争议,由地方人民政府协调解决,但法律、法规对行政执法部门在行政执法过程中发生争议或问题的协调有其他规定的除外。

第四,《港口法》应实现网络安全与数据安全的统筹保障,关注以港口为媒介的港航活动中的网络安全保障问题,统一网络安全技术标准与安全保障措施,消除港航业"信息孤岛"效应。当然,上述目的的实现主要可通过制定行业标准等安全工程技术手段以及先进的安全管理措施,但也需要在《港口法》中作出指引性规定。首先,建议在《港口法》"总则"部分对"新基建"部署下港口信息技术建设的总体原则进行规定:国家鼓励和支持先进信息技术在港口工作中的应用,促进信息基础设施建设和数据互联互通,保障港口网络信息和数据安全,实现港口与海事、海关、边检等相关行业的融合发展。其次,建议在《港口法》第三章"港口经营"中将保障港口网络和数据安全的要求融入,规定港口网络运营者应当建立健全网络和数据安全保护与责任制度,同一港口区域内有关联性影响的网络运营者应当签订网络和数据安全保护与责任协议。最后，应当赋予港口航运活动相关当事方网络安全信息通报义务。具体可效仿波罗的海国际航运公会（BIMCO）推出的“2019 网络安全标准合同条款”（Cyber Security Clause 2019），要求港口、海关、船舶、货代等当事方在得知有可能对其他航运相对方产生影响的网络安全事件发生时履行通知义务，并持续告知有助于减轻或防止事件影响的任何后续信息，且为违反这一义务创设法律责任。

二、修订《海上交通安全法》兼顾国内国际双重视域

《海上交通安全法》是另一部港口安全保障核心立法，其与《港口法》分工调整港口水域与陆域的安全事项，适应了海事管理部门与港口行政管理部门的监管职责分工。2021 年《海上交通安全法》的修订以服务国内法治为面向，将近 40 年来我国海事执法实践中的经验做法体现在法律中；贯彻了国际海洋法治视域，引入了港口国管辖、无害通过等大量国际海洋法内容。[1] 这种兼顾国内与国际双重视域的法律修改思路应该予以发扬。从强化港口安全法律保障的角度出发，建议继续从国内与国际两个层面对此前法律修订未能完全解决的港口安全问题进行完善：

第一，完善港口航行安全法律规则。1983 年《海上交通安全法》规定较为原则，港口水域船舶航行安全内容着墨不多。2021 年该法律修订于第 47 条新增港口航行安全的基本规则，并赋予了地方海上交通安全立法确定船舶安全航速、锚泊条件、气象水文等标准的权力。但是，仍有港口水域船舶护航、试航等地方海事执法实践中呼声较高的安全管理内容未得到体现。建议进一步完善该法第 47 条第 3 款关于海事管理机构对影响海上交通安全的进出港船舶进行安全检查并采取安全措施的规定，将船舶试航作为影响海上交通安全的情形之一纳入管理

---

〔1〕 参见邢厚群：《论国际海洋法治视域下我国海上交通安全立法》，载《社会科学》2021 年第 6 期。

范畴,并明确海事管理机构可采取的安全措施包括组织护航。当然考虑到立法资源的有限性,也可保留现有法律中的原则性规定,转而在未来贯彻《海上交通安全法》的配套规章中对上述情况加以列举补充。[1]

第二,规定港口经营人违反港口设施保安义务的法律责任。《海上交通安全法》第32条为船舶、海上设施和港口一并规定了根据保安等级采取保安措施的法律义务;但是,该条仅规定了船舶和海上设施违反这一义务的法律责任[2],遗漏了港口经营人。虽然也可另行在《港口法》中进行规定,但从体系完善的角度《海上交通安全法》还是应设法补齐这一漏洞,避免出现有假定及行为模式却无法律后果的情况。建议在此明确港口经营人法律责任,为交通运输部《港口设施保安规则》提供上位法依据。

第三,完善避难港规则。基于人道主义考虑,《海上交通安全法》第55条第1款允许外国籍船舶因人员病急、机件故障、遇难、避风等紧急情况未及获得许可即进入我国内水,体现出高度的国际责任感。但是,近年来抗击新冠疫情的经验表明,履行人道主义救助不能以牺牲沿海国安全为代价,因此应竭力避免存在公共卫生安全风险的外国船舶凭此规定未经许可进入内水,使我国陷入人权与公共卫生安全交织的困境。建议于该款增加但书规定:但是,船舶发现检疫传染病、疑似检疫传染病或者有人非因意外伤害而死亡并死因不明的除外。当然这并不表明我国一概拒绝接受此类船舶,而是赋予了海事管理机构决定存在公共卫生风险船舶能否进入内水的权力,从而在后续的安全治理活动中拥有更强的灵活性。

---

〔1〕 根据2021年11月交通运输部发布的《交通运输"十四五"立法规划》,在"十四五"时期交通运输部将"推进重点法律法规配套规章制修订。落实《中华人民共和国海上交通安全法》,制修订船舶安全、通航安全、防污染、劳工条件、航道测绘等相关规章,完善海上安全管理配套制度"。

〔2〕 事实上这种规定并非明确规定,而是根据《海上交通安全法》第103条"船舶在海上航行、停泊、作业,有下列情形之一的,由海事管理机构责令改正,对违法船舶的所有人、经营人或者管理人处……",以及该条第13项兜底规定"其他违反海上航行、停泊、作业规则的行为"得出的。

三、修订交通运输配套部门规章充实安全保障内容

在对高位阶的《港口法》《海上交通安全法》进行完善的基础上，还需要同步进行对交通运输相关部门规章的修订完善工作。

（一）修订《港口经营管理规定》

《港口经营管理规定》是《港口法》之外调整规范港口企业生产经营活动的重要法律规范，在其最近的修正过程中也将加强港口风险防范和安全管理作为重要目标之一。但是，受限于上位法调整范围，《港口经营管理规定》仅能将与生产安全事故风险治理相关的内容写入。如果未来《港口法》得到修订，建议同步扩张《港口经营管理规定》的安全保障范围。可以将《港口经营管理规定》第 21 条港口经营人应负的安全保障义务增加依法投保安全生产责任保险义务，将第 24 条禁止匿报、谎报危险货物和禁止运输物品的外延扩展至来自疫区物品，将第 25 条港口经营人须配备安全、消防、救生、反恐防范设施的要求扩展至公共卫生设施。

同时，考虑到保障网络和数据安全已成为智慧港口对我国港口企业经营活动的重要要求，建议《港口经营管理规定》增加相关义务规定：港口网络运营者应当按照网络安全等级保护制度、关键信息基础设施保护制度、数据分类分级保护制度等的要求，建立健全网络和数据安全保护与责任制度。同一港口区域内有关联性影响的网络运营者应当签订网络和数据安全保护与责任协议，并报网络安全主管部门备案。发生重大网络安全事件或者发现重大网络安全威胁时，同一港口区域内网络运营者应当根据网络和数据安全保护与责任协议要求及时通报、相互配合、信息共享、资源共用。

另外，可根据交通运输部《港口防疫指南》实施经验，将该指南中一系列经过防疫实践检验的安全管理措施上升为法律规定：第一，规定港口企业信息报告和登轮通道管理义务。要求港口企业、引航机构及时掌握船舶、载货和船员信息，并加强与船舶代理及海关、边检、海事、

卫生健康等单位的协作和信息共享，及时报送疫情防控信息。加强进出港口人员、车辆信息管理，加强港口登轮通道管理。第二，增加港口企业规范港口作业义务。要求引航机构、港口企业等单位执行“非必要不登轮”要求，严格控制登轮人数，加强登轮人员信息登记与防护，限制登轮人员活动范围。第三，增加港口企业执行港口作业人员安全防护、环境卫生防护技术标准义务。港口安全保障立法并不适合对诸如港口作业人员公共卫生安全防护、港口环境公共卫生安全防护等技术性内容加以详细规定，因此应尽快制定相关国家或行业标准，并通过安全立法赋予其对港口单位及个人的约束力。第四，规定港口行政管理部门应对港口企业、引航机构、船舶代理机构等单位的公共卫生安全保障义务履行情况加以监督检查，并设置法律责任条款。

《港口经营管理规定》第 26 条第 1 款要求：“港口经营人应当优先安排突发事件处置、关系国计民生紧急运输和国防建设急需物资及人员的港口作业。”该条文既与上位法不符（根据《港口法》第 27 条，港口经营人应当优先安排抢险物资、救灾物资和国防建设急需物资的作业），也不同于《突发事件应对法》等法律的规定（根据《突发事件应对法》第 76 条第 2 款，“履行统一领导职责或者组织处置突发事件的人民政府，应当组织协调运输经营单位，优先运送处置突发事件所需物资、设备、工具、应急救援人员和受到突发事件危害的人员”）。对比相关规定可以发现，《港口经营管理规定》同时受困于《港口法》规定的优先作业对象过于狭窄（不包含抗疫物资作业，不包含人员运输），以及《突发事件应对法》虽调整范围较广但将义务主体局限于人民政府的缺陷，不得已只得采取杂糅式规定。未来一旦《港口法》修改突破了现有局限，建议结合《突发事件应对法》完善该规定：港口经营人应当优先安排突发事件处置、关系国计民生紧急运输和国防建设急需物资、设备、工具及人员和受到突发事件危害的人员的港口作业。

（二）修订《港口危险货物安全管理规定》

《港口危险货物安全管理规定》的上位法同时包括《安全生产法》

《危险化学品安全管理条例》,因此其完善工作也应在《危险化学品安全管理条例》上升为“危险化学品安全法”后适时启动。其目标是适应一般法所确立的综合监管与行业监管相结合的危险化学品安全管理体制,建立更严密的港口危险货物安全监管法律制度,重点解决国务院天津港“8·12”爆炸事故调查报告中所明确指出的“监管盲区”问题。

第一,应从源头上优化从事港口危险货物作业的企业布局,预防和减少事故发生。现有《危险化学品安全管理条例》仅强调各有关部门依据各自职责进行危险化学品生产、储存行业规划布局,不仅责任单位规定笼统,也未涵盖港口危险货物装卸行业。这导致下位立法《港口危险货物安全管理规定》仅关注具体港口建设项目中的安全审查,未将安全监管的触角延伸至更基础的区域规划阶段。对此应在该规定中对涉及危险货物贮存、装卸的港口区域以及相关物流园区的规划部门、规划基本原则以及规划审批程序等作出规定。

第二,应强化法律实施保障机制。长期以来我国安全工作中存在一定的误区,即一旦发生安全事故,很容易轻率地将法律法规不健全不完善作为事故主要原因之一。[1] 天津港“8·12”爆炸事故中,涉案港口行政管理部门竟以行政命令取代《港口危险货物安全管理规定》所建立的港口危险货物经营许可制度,其他负有监督管理职责的安全监管部门也同时失职,执法领域缺陷成为事故主要原因。吸取该事故的惨痛教训,港口安全保障立法应加强对法律实施领域的关注,强化《港口危险货物安全管理规定》中的实施保障机制。建议在该规定中要求港口行政管理部门建立危险化学品联合监督检查机制,联合海事、海关、口岸、商检等职能部门实施港口危险货物联合监督与统一查验,并建立统一的危险货物监管信息平台;通过各部门之间公开透明的安全协作措施强化监督,防止单一部门执法可能存在的执法缺陷与信息不流通问题。

---

〔1〕 参见张永理:《从上海“11·15”火灾看突发事件应对中的突出问题》,载《经济》2011 年 Z1 期。

(三)修订《交通应急规定》

《交通应急规定》是交通运输领域应对各类突发事件的部门规章，应根据近年来国家应急管理体制改革最新成果以及《突发事件应对法》修订成果完善相关条文，消除法律冲突，理顺交通运输部门与应急管理部门应对港口突发事件的事权分配：

第一，增加应急协作内容。发挥交通运输部门专业优势，配合地方人民政府及应急管理部门实现更为有效的综合应急管理。建议在《交通应急规定》第25条交通运输突发事件风险评估机制基础上，规定应向应急管理部门报送有关内容；在第21条应急演练规定的基础上，增加应急协作演练内容，增强交通应急力量与其他应急力量互相配合协作的能力。在完善上述常态化应急管理内容的同时，还应对该法第四章“应急处置”中指挥调度交通应急队伍内容加以补充。该法第32条虽然对交通运输突发事件应急处置由各级人民政府统一领导进行了原则性规定，却未能明确交通应急队伍指挥权，未对交通应急队伍接受应急管理部门统一指挥调度作出规定，容易造成危急状态下救援力量自行其是，无法形成统一高效的领导。为了使危急状态下应急权力能够顺畅行使，应赋予应急管理一线部门在处理事故灾难、自然灾害时指挥领导相关行业应急力量的必要权力，以把握应急处置最佳时机、有效控制危险蔓延。

第二，协调具体法律规范。应将《交通应急规定》第8条应急预案的编制依据由“法律、法规”扩展至“法律、法规、规章和标准”。此外，该法第11条要求交通运输企业编制应急预案向所属地交通运输主管部门备案，而根据协调应急行政体制的完善思路应进一步增加向所属地应急管理部门备案的要求。此外，可结合交通运输行业特点，进一步细化《生产安全事故应急条例》实施。例如，该条例第8条第2款要求危险物品的生产、经营、储存、运输单位应当至少每半年组织1次生产安全事故应急救援预案演练，《交通应急规定》可以据此规定不同业务类型港口企业的演练频次。

第三，完善专家参与制度。建议在《交通应急规定》第 19 条专家咨询制度的基础上，进一步要求交通运输突发事件发生后，负责或者参与应急处置的交通运输主管部门应邀请专家进行现场评估和会商研判，根据专家意见对交通运输突发事件应急处置工作进行组织、部署。

结　论

法律是保障港口安全的重要措施之一。我国港口安全保障立法进程以2002年《安全生产法》及2003年《港口法》为开端，历经20余年发展形成了基本完备的港口安全保障法律体系，涵盖了主要安全风险。这些立法可以划分为代表安全综合监管体制的安全保障一般法以及代表安全行业监管体制的安全保障特别法。但是，这种二元化架构仅仅是一种松散的立法体系营造，尚未依据价值理念、调整对象、功能联系等标准进行更具体系化的排列组织，揭示蕴藏在立法背后的深层脉络关联。正是这种立法体系性的不足，导致了我国港口安全保障立法在协调性以及周延性上的种种缺陷。

为此，本书提出了我国港口安全保障立法的体系重构设想。港口安全保障立法体系由发挥理念统领作用的立法价值体系、实现体系构造目标的方法路径体系以及揭示调整对象分工关系的立法内容体系三方面构成；其中核心部分立法内容体系又可以划分为五个相对独立的立法领域，分别为港口生产安全事故风险治理立法、港口破坏活动风险治理立法、港口公共卫生风险治理立法、港口自然灾害风险治理立法、港口应急管理与补偿赔偿立法。这种体系架构能够为增进立法的协调性与周延性提供方法论工具，最终服务于相关立法的修订完善。

港口安全保障立法体系能够通过对法律调整内容的科学划分识别

立法冲突。对于港口生产安全事故风险治理立法,应区分发生在安全保障一般法与港口安全保障特别法间的外部冲突与发生在特别法内部的冲突,前者可以通过完善安全综合监管部门与行业监管部门权责分工进行协调,后者则可通过于《港口法》中规定行政协助与行政协调制度加以解决。港口应急管理与补偿赔偿立法的冲突发生在两方面。《交通应急规定》与遵循应急管理体制的《生产安全事故应急条例》并不完全协调,应对《交通应急规定》加以调整,增加应急协作内容,实现应急管理部门主导、交通运输主管部门分工配合的综合应急管理。《安全生产法》的修正解决了安全生产责任保险强制投保义务的合法性困境,但也带来了地方确定投保范围越权的问题,建议在法律中对此作出规定。同时还应改变当前依靠行业强制性标准规范事故预防服务的做法,在《安全生产责任保险实施办法》中进行调整,并将其从行政规范性文件上升为立法。此外,不应忽视港口安全中央与地方立法间的冲突,应随时根据中央立法精神不断完善地方港口安全保障立法,并及时将地方法治探索成功经验吸收至中央立法,实现中央与地方立法的良性互动。

立法体系作为一种基于现行法律所呈现的"历史性"结构,应适应不断扩张的港口安全治理法治需求,实现体系的自我扩容。当前港口破坏活动风险治理立法正由物理空间延伸至虚拟空间,在适用《网络安全法》《数据安全法》的同时,应在《港口法》《港口经营管理规定》中创设港口网络安全保障规则,妥善分配同一港口区域范围内各港口生产经营单位的网络安全保障权利义务,并逐步实现港口、航运、海关等整个海运供应链体系的协同保障。公共卫生风险治理立法的主要困境在于现行港口安全保障特别法并未考虑公共卫生安全需求,应通过在《港口法》中设置转介条文等方式要求港口经营人全面履行公共卫生安全立法要求,将现有《港口法》应急预案编制、重要物资优先运输等法律规则扩展至公共卫生安全保障领域,吸纳交通运输部《港口防疫指南》经过实践检验的内容至《港口经营管理规定》,并根据《国际卫生条例(2005)》修订《国境卫生检疫法》,保证基本贸易事项不受卫生安全措施影响。行政规范性文件等软法规范长期以来被安全立法体系忽视;作为法律实施的“最后一公里”,规范性文件需要被纳入法治化轨道,通过严格的程序规范和广泛的民主参与,充分发挥其安全保障效能。

参考文献

一、中文文献

（一）教材及学术著作类

1.《〈安全生产责任保险实施办法〉学习读本》编写组编著：《〈安全生产责任保险实施办法〉学习读本》，煤炭工业出版社2018年版。

2. 曹兴国：《海商法自体性研究》，法律出版社2020年版。

3. 曹兴权：《保险法学》，台北，元照出版有限公司2015年版。

4. 陈成文：《社会弱者论：体制转换时期社会弱者的生活状况与社会支持》，时事出版社1999年版。

5. 董皞：《论法律冲突》，商务印书馆2013年版。

6. 傅贵：《安全管理学——事故预防的行为控制方法》，科学出版社2013年版。

7. 方匡国编著：《再现世界历史：20世纪社会科学》，山东科学技术出版社2017年版。

8. 公丕祥主编：《法理学》（第3版），复旦大学出版社2016年版。

9. 关保英：《行政法的价值定位——效率、程序及其和谐》，中国政法大学出版社1997年版。

10. 李林主编：《全面落实依法治国基本方略》，中国社会科学出版社2009年版。

11. 江平主编：《民法学》（第2版），中国政法大学出版社2011年版。

12. 姜春运：《姜春云调研文集：民主与法制建设卷》，中央文献出版社、新华出版社2010年版。

13. 金国坤：《行政权限冲突解决机制研究——部门协调的法制化路径探寻》，北京大学出版社 2010 年版。
14.《交通部行政史》编委会编:《交通部行政史》,人民交通出版社 2008 年版。
15. 雷磊:《法律体系、法律方法与法治》,中国政法大学出版社 2016 年版。
16. 李光春:《港口行政执法研究》,人民交通出版社 2017 年版。
17. 李光春:《港口法概论》,人民交通出版社 2021 年版。
18. 李龙主编:《良法论》,武汉大学出版社 2001 年版。
19. 李璐玲:《海上货物运输中港口经营人法律责任研究》,中国政法大学出版社 2013 年版。
20. 栗继祖、赵耀江主编:《安全法学》(第 3 版),机械工业出版社 2016 年版。
21. 林鸿潮:《公共应急管理机制的法治化》,华中科技大学出版社 2009 年版。
22. 刘莘主编:《国内法律冲突及立法对策》,中国政法大学出版社 2003 年版。
23. 罗豪才:《为了权利与权力的平衡:法治中国建设与软法之治》,五洲传播出版社 2016 年版。
24. 罗云等:《安全经济学》,化学工业出版社 2010 年版。
25. 罗云主编:《安全学》,科学出版社 2015 年版。
26. 吕世伦、文正邦主编:《法哲学论》,黑龙江美术出版社 2018 年版。
27. 吕世伦主编:《现代西方法学流派》(上卷),黑龙江美术出版社 2018 年版。
28. 吕世伦主编:《西方法律思潮源流论》,西安交通大学出版社 2016 年版。
29. 吕忠梅主编:《环境法原理》(第 2 版),复旦大学出版社 2017 年版。
30. 苗金明:《安全法学导论——风险、理性与安全》,清华大学出版社 2014 年版。
31. 苗延波:《法治的历程》,新华出版社 2016 年版。
32. 乔卫兵、陈光编著:《高危行业安全生产责任保险研究》,中国财政经济出版社 2009 年版。
33. 青岛市史志办公室编:《青岛市志:政权志》,五洲传播出版社 2002 年版。
34. 任成印:《民法方法论》,中国检察出版社 2005 年版。
35. 任广浩:《当代中国国家权力纵向配置问题研究》,中国政法大学出版社 2012 年版。
36. 沈晨光:《深化自然垄断行业改革研究——以港口业为例》,经济管理出版社 2011 年版。
37. 沈立、汪丽莉、徐辉波:《行业安全生产及其综合监管》,东南大学出版社 2010 年版。

38. 石少华主编:《安全法学》,中国劳动社会保障出版社 2010 年版。
39. 史际春、邓峰:《经济法总论》(第 2 版),法律出版社 2008 年版。
40. 孙祁祥:《保险学》(第 5 版),北京大学出版社 2013 年版。
41. 覃有土主编:《商法概论》(第 2 版),武汉大学出版社 2018 年版。
42. 田水承、景国勋主编:《安全管理学》,机械工业出版社 2009 年版。
43. 汪立志主编:《强制保险的国际比较研究》,中国金融出版社 2016 年版。
44. 汪伟民等:《"一带一路"沿线海外港口建设调研报告》,上海社会科学院出版社 2019 年版。
45. 王斌义主编:《港口物流》(第 2 版),机械工业出版社 2018 年版。
46. 王福成、陈宝智主编:《安全工程概论》(第 2 版),煤炭工业出版社 2014 年版。
47. 王洪德、石剑云、潘科编著:《安全管理与安全评价》,清华大学出版社 2010 年版。
48. 王人博、程燎原:《法治论》,广西师范大学出版社出版 2014 年版。
49. 王向清主编:《逻辑学导论》,湘潭大学出版社 2015 年版。
50. 王玉国、钱凯主编:《法理学》,吉林大学出版社 2014 年版。
51. 吴超编著:《安全科学原理》,机械工业出版社 2018 年版。
52. 吴越编著:《走进社会学》,西苑出版社 2018 年版。
53. 肖小芳:《道德与法律——哈特、德沃金与哈贝马斯对法律正当性的三种论证模式》,光明日报出版社 2011 年版。
54. 谢立中主编:《西方社会学名著提要》,江西人民出版社 1998 年版。
55. 颜烨:《安全社会学》(第 2 版),中国政法大学出版社 2013 年版。
56. 杨璟、徐诗举主编:《社会保障概论》,中国海洋大学出版社 2017 年版。
57. 叶红军:《港口法解析》,人民交通出版社、大连海事大学出版社 2003 年版。
58. 叶伟编著:《安全生产行政执法实务》,吉林人民出版社 2013 年版。
59. 余潇枫主编:《非传统安全概论》(第 2 版),北京大学出版社 2015 年版。
60. 张文显:《部门法哲学》,法律出版社 2011 年版。
61. 张文显:《法的概念》,法律出版社 2011 年版。
62. 张文显主编:《法理学》(第 5 版),高等教育出版社 2018 年版。
63. 赵秀娥:《马克思主义整体性研究》,内蒙古大学出版社 2015 年版。
64. 朱耀斌、戴玉鑫主编:《港口文化》,人民交通出版社 2010 年版。
65. 竺乾威主编:《公共行政学》(第 3 版),复旦大学出版社 2008 年版。

66. 卓泽渊:《法的价值论》(第 3 版),法律出版社 2018 年版。
67. 中共中央党史和文献研究院编:《习近平关于总体国家安全观论述摘编》,中央文献出版社 2018 年版。
(二)译著类
1. [德]马克思、[德]恩格斯著,中共中央马克思恩格斯列宁斯大林著作编译局编译:《马克思恩格斯全集》(第 2 版)(第 1 卷),人民出版社 1995 年版。
2. [德]马克思、[德]恩格斯著,中共中央马克思恩格斯列宁斯大林著作编译局编译:《马克思恩格斯文集》(第 5 卷),人民出版社 2009 年版。
3. [德]尼克拉斯·卢曼:《法社会学》,宾凯、赵春燕译,上海人民出版社 2013 年版。
4. [德]卢曼:《社会的法律》,赵伊倩译,人民出版社 2009 年版。
5. [德]卡尔·拉伦茨:《法学方法论》,黄家镇译,商务印书馆 2020 年版。
6. [德]乌尔里希·贝克:《风险社会》,何博闻译,译林出版社 2004 年版。
7. [德]贡塔·托依布纳:《法律:一个自创生系统》,张骐译,北京大学出版社 2004 年版。
8. [法]卢梭:《社会契约论》,何兆武译,商务印书馆 2009 年版。
9. [法]孟德斯鸠:《论法的精神》,夏玲译,红旗出版社 2017 年版。
10. [美]E. 博登海默:《法理学:法律哲学与法律方法》,邓正来译,中国政法大学出版社 2017 年版。
11. [美]罗斯科·庞德:《通过法律的社会控制》,沈宗灵译,商务印书馆出版社 2017 年版。
12. [美]罗斯科·庞德:《通过法律的社会控制 法律的任务》,沈宗灵、董世忠译,商务印书馆 1984 年版。
13. [美]欧文·M. 柯匹、[美]卡尔·科恩:《逻辑学导论》(第 13 版),张建军、潘天群、顿新国等译,中国人民大学出版社 2014 年版。
14. [美]阿诺德·沃尔弗斯:《纷争与协作:国际政治论集》,于铁军译,世界知识出版社 2006 年版。
15. [美]约翰·罗尔斯:《正义论》(修订版),何怀宏、何包钢、廖申白译,中国社会科学出版社 2009 年版。
16. [英]乔纳森·沃尔夫:《政治哲学导论》,王涛、赵荣华、陈任博译,吉林出版集团有限责任公司 2009 年版。

17. [英]安东尼·吉登斯、[英]克里斯多弗·皮尔森:《现代性——吉登斯访谈录》,尹宏毅译,新华出版社 2001 年版。
18. [英]彼得·斯坦、[英]约翰·香德:《西方社会的法律价值》,王献平译,中国法制出版社 2004 年版。
19. [英]巴瑞·布赞等:《新安全论》,朱宁译,浙江人民出版社 2003 年版。

(三)期刊论文类

1. 卜素、李青:《论安全生产责任制监管模式的困境与重塑》,载《中国安全科学学报》2021 年第 11 期。
2. 蔡观:《劫后釜山港》,载《中国港口》2004 年第 2 期。
3. 蔡立辉:《明晰职能:理顺权力纵横关系的关键》,载《学术研究》2008 年第 2 期。
4. 曹鎏:《管好"红头文件"建设法治政府——对推进行政规范性文件法治化的思考》,载《紫光阁》2018 年第 11 期。
5. 陈兵、徐文:《重大突发公共卫生事件下应急交通治理的法治之维》,载《东北师大学报(哲学社会科学版)》2020 年第 4 期。
6. 陈亮和:《浅析港口工程安全技术》,载《经贸实践》2017 年第 12 期。
7. 陈鹏:《〈海上交通安全法(修订草案)〉评析》,载《世界海运》2021 年第 2 期。
8. 成海涛:《将核实载货集装箱总质量新规引入我国内贸集装箱运输的建议》,载《集装箱化》2017 年第 3 期。
9. 初北平、邢厚群:《航运保险创新知识产权保障机制的法律检视与完善路径》,载《政法论丛》2019 年第 2 期。
10. 初北平、曹兴国:《我国涉海法律的体系化完善路径》,载《太平洋学报》2016 年第 9 期。
11. 初北平、薛天赐:《国际组织遭受网络攻击后的刑事管辖权研究》,载《江苏大学学报(社会科学版)》2021 年第 4 期。
12. 戴瑛、吴邦华:《港口防疫的法理分析与国际合作》,载《行政与法》2021 年第 7 期。
13. 丁延龄:《社会治理创新的反思理性法模式——以反思环境法为例》,载《政法论丛》2015 年第 4 期。
14. 冬牛:《安全生产法治体系及其构建逻辑》,载《社会治理》2018 年第 9 期。
15. 杜健荣:《法律与预期——论卢曼对法律之社会属性的重构》,载《云南大学学报(法学版)》2011 年第 3 期。
16. 杜健荣:《法律与社会的共同演化——基于卢曼的社会系统理论反思转型时期法律与社会的关系》,载《法制与社会发展》2009 年第 2 期。
17. 代海军:《突发事件的治理逻辑及法治路径——以新冠肺炎疫情防控为视角》,载《行政法学研究》2021 年第 2 期。
18. 范冠峰:《中国港口安全法律制度探析》,载《山东广播电视大学学报》2009 年第 1 期。
19. 方阁、初北平:《海事网络安全风险保险的法律治理研究》,载《江西社会科学》2020 年第 5 期。
20. 冯威:《法律体系如何可能?——从公理学、价值秩序到原则模式》,载《苏州大学学报(法学版)》2014 年第 1 期。
21. 郭昌盛:《基于立法实践的税收立法目的条款省思》,载《重庆社会科学》2020 年第 2 期。
22. 郭永良、赵启航:《海外利益保护中风险预警防范体系的构建》,载《公安学研究》2020 年第 1 期。
23. 郭为民、刘为民:《"三定"的功能与完善途径》,载《中国行政管理》2011 年第 11 期。
24. 何国强:《风险社会下侵权法的功能变迁与制度建构》,载《政治与法律》2019 年第 7 期。
25. 洪治纲:《论领域法学理论在金融法学中的应用》,载《辽宁大学学报(哲学社会科学版)》2019 年第 1 期。
26. 胡帮达:《中国核安全法制度构建的定位》,载《重庆大学学报(社会科学版)》2014 年第 4 期。
27. 胡帮达:《论核安全法的基本原则》,载《中国地质大学学报(社会科学版)》2017 年第 2 期。
28. 胡帮达、汪劲、吴岳雷:《中国核安全法律制度的构建与完善:初步分析》,载《中国科学:技术科学》2014 年第 3 期。
29. 胡正良等:《〈海商法〉修改应设立港口货物作业合同法律制度》,载《中国港口》2018 年第 6 期。
30. 纪焱、钟照华、李志平:《中国海港检疫的开端:牛庄检疫医院》,载《医学与哲学》2020 年第 13 期。

31. 姜付仁、姜斌、陶韶思:《世界港口城市 21 世纪洪水风险分析》,载《水利发展研究》2008 年第 5 期。
32. 康琳娜:《行政权力清单制度新探》,载《北方法学》2019 年第 2 期。
33. 柯坚:《中国环境与资源保护法体系的若干基本问题——系统论方法的分析与检视》,载《重庆大学学报(社会科学版)》2012 年第 1 期。
34. 李湖生:《新体制下我国安全生产执法队伍改革问题探讨》,载《中国安全生产科学技术》2019 年第 11 期。
35. 李祐梅、邬明权、牛铮等:《中国在海外建设的港口项目数据分析》,载《全球变化数据学报》2019 年第 3 期。
36. 李秋高:《论风险管理法律制度的构建——以预防原则为考察中心》,载《政治与法律》2012 年第 3 期。
37. 李玮:《论我国公共卫生应急法治的完善——基于新冠疫情的思考》,载《苏州大学学报(法学版)》2020 年第 3 期。
38. 李遐桢:《论〈安全生产法〉对运营性道路交通事故的适用》,载《学海》2021 年第 6 期。
39. 李晓玉:《新冠肺炎疫情下我国海港卫生防控机制的完善》,载《中国海事》2021 年第 1 期。
40. 李一行、刘兴业:《自然灾害防治综合立法研究:定位、理念与制度》,载《灾害学》2019 年第 4 期。
41. 李振宁:《地方立法"小切口"特征和要求初探》,载《北京人大》2019 年第 4 期。
42. 梁迎修:《方法论视野中的法律体系与体系思维》,载《政法论坛》2008 年第 1 期。
43. 刘超捷、李明霞:《新〈安全生产法〉立法目的评析》,载《学海》2014 年第 5 期。
44. 刘晨虹:《疫情邮轮的责任困境与海洋法律体系的完善》,载《中国海商法研究》2020 年第 1 期。
45. 刘剑文、胡翔:《"领域法"范式适用:方法提炼与思维模式》,载《法学论坛》2018 年第 4 期。
46. 刘剑文:《论领域法学:一种立足新兴交叉领域的法学研究范式》,载《政法论丛》2016 年第 5 期。
47. 刘剑文、侯卓:《事权划分法治化的中国路径》,载《中国社会科学》2017 年第 2 期。

48. 刘启川:《权力清单推进机构编制法定化的制度建构——兼论与责任清单协同推进》,载《政治与法律》2019 年第 6 期。
49. 刘萧:《港口安全之痛》,载《中国船检》2016 年第 2 期。
50. 刘跃进:《安全领域“传统”“非传统”相关概念与理论辨析》,载《学术论坛》2021 年第 1 期。
51. 刘召成:《安全保障义务的扩展适用与违法性判断标准的发展》,载《法学》2014 年第 5 期。
52. 刘祖云:《论行政权力的双重规定性:权利与义务》,载《汕头大学学报(人文社会科学版)》2004 年第 5 期。
53. 柳经纬、许林波:《法律中的标准——以法律文本为分析对象》,载《比较法研究》2018 年第 2 期。
54. 罗豪才:《人民政协与软法之治》,载《中国政协理论研究》2009 年第 1 期。
55. 吕志奎:《从职能带动到体系驱动:中国政府机构改革的“三次跃迁”》,载《学术研究》2019 年第 11 期。
56. 茅伯科:《〈港口法〉是以法治港的重要文献——访交通部水运司副司长彭翠红》,载《中国港口》2003 年第 7 期。
57. 马姝:《论功能主义思想之于西方法社会学发展的影响》,载《北方法学》2008 年第 2 期。
58. 马英娟:《走出多部门监管的困境——论中国食品安全监管部门间的协调合作》,载《清华法学》2015 年第 3 期。
59. 门中敬、张纪宇:《论〈安全生产法〉在海事安全监管法律体系中的定位》,载《中共青岛市委党校. 青岛行政学院学报》2017 年第 3 期。
60. 倪志平:《内贸集装箱超重现象的治理建议》,载《中国港口》2017 年第 8 期。
61. 彭飞荣:《风险与法律:食品安全责任的分配如何可能》,载《西南政法大学学报》2008 年第 2 期。
62. 钱大军:《当代中国法律体系构建模式之探究》,载《法商研究》2015 年第 2 期。
63. 佘倩影:《“领域法学”:法理视野与话语共建》,载《法学论坛》2018 年第 4 期。
64. 沈岿:《软硬法混合治理的规范化进路》,载《法学》2021 年第 3 期。
65. 沈肖伟、孟高飞:《雇主工伤补偿与侵权赔偿竞合的救济模式选择》,载《山东法官培训学院学报》2020 年第 2 期。

66. 石春玲:《财产权对人格权的积极索取与主动避让》,载《河北法学》2010 年第 9 期。
67. 石东坡:《立法需求的生成与确立问题探究——析〈立法法〉第 72 条第 4 款》,载《法学论坛》2016 年第 1 期。
68. 石佑启、陈可翔:《论互联网公共领域的软法治理》,载《行政法学研究》2018 年第 4 期。
69. 司玉琢、李天生:《论海法》,载《法学研究》2017 年第 6 期。
70. 宋亚辉:《风险立法的公私法融合与体系化构造》,载《法商研究》2021 年第 3 期。
71. 宋亚辉:《社会基础变迁与部门法分立格局的现代发展》,载《法学家》2021 年第 1 期。
72. 孙国平:《论劳动法的域外效力》,载《清华法学》2014 年第 4 期。
73. 孙国庆:《港口安全管理现状分析及对策研究》,载《中国安全科学学报》2005 年第 7 期。
74. 孙笑侠:《论行业法》,载《中国法学》2013 年第 1 期。
75. 谭启平、应建均:《强制性标准对合同效力的影响及规范路径》,载《求是学刊》2017 年第 4 期。
76. 汤黎虹:《社会法的本质:“扶权论”的理论视角》,载《江淮论坛》2015 年第 5 期。
77. 王宏伟:《提升非常规突发事件的应对能力:应急管理体制改革成败的“试金石”》,载《公共管理与政策评论》2018 年第 6 期。
78. 王利明:《民法典的体系化功能及其实现》,载《法商研究》2021 年第 4 期。
79. 王利明:《中国民事立法体系化之路径》,载《法学研究》2008 年第 6 期。
80. 王麟:《比较行政协助制度研究》,载《法律科学(西北政法学院学报)》2005 年第 5 期。
81. 王文东:《论权利和义务关系的对等性和非对等性》,载《首都师范大学学报(社会科学版)》2007 年第 5 期。
82. 魏国兴:《港口行业安全法规体系现状及发展》,载《中国港口》2008 年第 3 期。
83. 魏治勋、汪潇:《论地方立法技术的内涵、功能及科学化路径——基于当前地方立法现状的分析》,载《云南大学学报(社会科学版)》2019 年第 1 期。

84. 吴凯、汪劲:《论作为领域法的环境法:问题辨识与规范建构》,载《辽宁大学学报(哲学社会科学版)》2019 年第 1 期。
85. 邢厚群:《论国际海洋法治视域下我国海上交通安全立法》,载《社会科学》2021 年第 6 期。
86. 邢厚群:《安全社会化治理的法治协调分析:以安责险为例》,载《中国安全科学学报》2021 年第 11 期。
87. 向立力:《地方立法发展的权限困境与出路试探》,载《政治与法律》2015 年第 1 期。
88. 徐杏、郝军:《我国沿海港口管理体制深化改革的思考》,载《中国港口》2014 年第 2 期。
89. 徐以祥:《论我国环境法律的体系化》,载《现代法学》2019 年第 3 期。
90. 许岩松:《供给侧结构性改革视角下的海事安全监管——从船舶进出港签证制度取消谈起》,载《世界海运》2018 年第 7 期。
91. 杨炳霖:《后设监管的中国探索:以落实生产经营单位安全生产主体责任为例》,载《华中师范大学学报(人文社会科学版)》2019 年第 5 期。
92. 杨春福:《风险社会的法理解读》,载《法制与社会发展》2011 年第 6 期。
93. 杨海坤、马迅:《总体国家安全观下的应急法治新视野——以社会安全事件为视角》,载《行政法学研究》2014 年第 4 期。
94. 杨嵘均:《论网络虚拟空间对国家安全治理界限的虚拟化延伸》,载《南京社会科学》2014 年第 8 期。
95. 杨文德:《领域法学崛起因应新兴学科挑战》,载《中国社会科学报》2018 年 11 月 21 日,第 5 版。
96. 于群:《论安全法学理论基础研究的必要性及主要框架内容》,载《甘肃政法学院学报》2007 年第 3 期。
97. 于兆波、刘银平:《风险社会视角下的立法决策观念转变——以权力和权利为中心展开》,载《地方立法研究》2017 年第 1 期。
98. 俞祺:《地方立法适用中的上位法依赖与实用性考量》,载《法学家》2017 年第 6 期。
99. 余少祥:《经济民主的政治经济学意涵:理论框架与实践展开》,载《政治学研究》2013 年第 5 期。
100. 张海波:《新时代国家应急管理体制机制的创新发展》,载《人民论坛·学术前沿》2019 年第 5 期。
101. 张践祚、朱芸:《政府内部上下级间的责任配置互动——以 S 市安全生产管理为例》,载《社会发展研究》2016 年第 3 期。
102. 章强、王学锋:《治理理论视域下中国港口行政管理体制研究》,载《西安电子科技大学学报(社会科学版)》2016 年第 1 期。
103. 赵歌今、吴大明、步连增等:《"一带一路"东盟国家安全生产法律法规研究与对策》,载《中国煤炭》2019 年第 3 期。
104. 赵鹏:《风险社会的自由与安全——风险规制的兴起及其对传统行政法原理的挑战》,载《交大法学》2011 年第 1 期。
105. 赵一归:《部分地区安全监管体制改革综述及建议》,载《劳动保护》2018 年第 12 期。
106. 郑晓玲、郑永玲、朱栩:《港口企业安全生产责任风险与保险实证分析》,载《全国流通经济》2020 年第 8 期。
107. 钟开斌:《风险管理:从被动反应到主动保障》,载《学术论坛》2007 年第 11 期。
108. 周元江:《增强法制观念 促进港口安全生产》,载《交通企业管理》1987 年第 5 期。
109. 周诚友、张伟:《港口企业对非经营业务相对人的安全保障义务》,载《人民司法》2018 年第 8 期。

(四)学位论文

1. 尹德贵:《风险分配的法理论纲》,苏州大学 2016 年博士学位论文。
2. 张文杰:《论安全生产的法治化》,武汉大学 2013 年博士学位论文。
3. 刘超捷:《〈安全生产法〉改进的理论与应用研究》,中国矿业大学 2012 年博士学位论文。

二、外文文献

(一)著作类

1. Barry Buzan, *People, State and Fear: An Agenda for International Security Studies in the Post – Cold War*, Harvester Wheatsheaf, 1991.
2. Baris Soyer & Andrew Tettenborn (eds.), *New Technologies, Artificial Intelligence and Shipping in the 21st Century*, Informa, 2020.

3. Christopher Hood, Henry Rothstein & Robert Baldwin, *The Government of Risk: Understanding Risk Regulation Regime*, Oxford University Press, 2004.

4. Dragan Milovanovic, *Primer in the Sociology of Law*, 2nd ed., Harrow and Heston, 1994.

5. Eric Van Hooydonk, *The EU Seaports Regulation*, Portius Publishing, 2019.

6. Eric Van Hooydonk, *European Seaports Law: The Regime of Ports and Port Services Under European Law and the Ports Package*, Maklu, 2003.

7. Eric Van Hooydonk, *Law Ends Where the Port Area Begins: On the Anomalies of Port Law*, Maklu, 2010.

8. Eric Van Hooydonk, *Places of Refuge*, Informa Law from Routledge, 2010.

9. Eric Van Hooydonk, *Port Labour in the EU*, Portius, 2013.

10. F. E. Bird & R. G. Loftus, *Loss Control Management*, Institute Press, Division of International Loss Control Institute, 1976.

11. M. & Woods H. M., *The Incidence of Industrial Accidents upon Individuals with Special Reference to Multiple Accidents*, HM Stationery Office, 1919.

12. Henry Bienen, *Power Economics and Security*, Westview Press, 1992.

13. Herbert William Heinrich, *Industrial Accident Prevention*, McGraw – Hill, 1931.

14. Rafaela Hillerbrand, Per Sandin & Martin Peterson eds., *Handbook of Risk Theory*, Springer, 2011.

15. James Melville Stewart, *Managing for World Class Safety*, A Wiley Interscience Publication, 2002.

16. John D. Donahue & Mark H. Moore, *Ports in a Storm: Public Management in a Turbulent World*, Brookings Institution Press, 2012.

17. Kenneth Christopher, *Port Security Management*, Auerbach Publications, 2009.

18. L. Hoovestal, *Globalization Contained: The Economic and Strategic Consequences of the Container*, Palgrave Macmillan, 2013.

19. Marco Casagrande, *Seaports in International Law*, Springer, 2017.

20. Major Greenwood & Hilda M. Woods, *The Incidence of Industrial Accidents upon Individuals with Special Reference to Multiple Accidents*, Her Majesty's Stationery Office, 1919.

21. Otto Hagel & Louis Goldblatt, *Men and Machines: A Story about Longshoring on the West Coast Waterfront*, International Longshoremen's & Warehousemen's Union & Pacific Maritime Association, 1963.

22. Richard A. Posner, *Catasrophe: Risk and Response*, Oxford University Press, 2004.

23. Robin Rolf Churchill & Alan Vaughan Lowe, *The Law of the Sea*, Manchester University Press, 1999.

24. Suzette R. Grillot, Rebecca J. Cruise & Valerie J. D' Erman, *Protecting Our Ports: Domestic and International Politics of Containerized Freight Security*, Ashgate, 2010.

25. Terry Terriff, *Security Studies Today*, Polity Press, 1991.

26. Walter B. Connolly Jr. & Donald R. Crowell Ⅱ, *A Practical Guide to the Occupational Safety and Health Act*, 2nd ed., Revised, Law Journal Press, 2017.

27. Wayne K. Talley, *Maritime Safety, Security and Piracy*, Informa Law, 2008.

28. Yarin Eski, *Policing, Port Security and Crime Control: An Ethnography of the Port Securityscape*, Routledge, 2016.

29. Yarin Eski & Romano Buijt, *Dockers in Drugs: Policing the Illegal Drug Trade and Port Employee Corruption in the Port of Rotterdam*, Policing, 2016.

30. Zhang Xufan & Michael Roe, *Maritime Container Port Security: USA and European Perspectives*, Palgrave Macmillan, 2019.

(二)论文类

1. [日]下山宪治:《关于不确定性条件下行政决策的法律控制的一点考察——以德国风险控制理论分析为中心》,载《行政社会论集》2005 年第 17 卷 3 号。

2. Arbia Hlali, *Sami Hammami*, *Seaport Concept and Services Characteristics: Theoretical Test*, 11 The Open Transportation Journal 127 (2017).

3. Ashley Roach, *Container and Port Security: A Bilateral Perspective*, 18 The International Journal of Marine and Coastal Law 341 (2003).

4. Eric W. Orts, *Reflexive Environmental Law*, 89 Northwestern University Law Review 4 1258 (1994 – 1995).

5. Fleming Jr. James & John J. Dickinson, *Accident Proneness and Accident Law*, 63 Harvard Law Review 770 (1950).

6. Gillian S. Davies, *The Stormy Seas of Situs: Reevaluating the Situs Requirement of the Longshore and Harbor Workers' Compensation Act*, 63 American University Law Review 1902 (2014).

7. Gunther Teubner, *Substantive and Reflexive Elements in Modern Law*, 17 Law & Society Review 278 (1983).

8. L. Stephen Cox, *The Advent and Future of International Port Security Law*, 1 National Security Law Journal 77 (2013).

9. Lars Jensen, *Challenges in Maritime Cyber – Resilience*, 5 Technology Innovation Management Review 35 (2015).

10. Lena E. Whitehead, *No Port in a Storm – A Review of Recent History and Legal Concepts Resulting in the Extinction of Ports of Refuge*, 58 Naval Law Review 65 (2009).

11. Mathew D. McCubbins & Thomas Schwartz, *Congressional Oversight Overlooked: Police Patrols versus Fire Alarms*, 1 American Journal of Political Science 166 (1984).

12. Stuart Shapiro, *Agency Oversight as Whac – a – Mole: The Challenge of Restricting Agency Use of Nonlegislative Rules*, 37 Harvard Journal of Law & Public Policy 534 (2014).

13. Scott Szymendera, *The Longshore and Harbor Workers' Compensation Act (LHWCA): Overview of Workers' Compensation for Certain Private – Sector Maritime Workers*, Congressional Research Service Reports 2 (2010).

14. Tasikas, *The Regime of Maritime Port Access: A Relook at Contemporary International and United States Law*, 5 Loyola Maritime Law Journal 1 (2007).

15. Thomas A. Mensah, *The Place of the ISPS Code in the Legal International Regime for the Security of International Shipping*, 3 Wmu Journal of Maritime Affairs 17 (2004).

(三)报告类

1. Bob Patten, *Safety in British Ports: Report of an Investigation into the Present Position and Some Recommendations*, Conservative Political Centre, 1974.

2. Congressional Research Service, *Border Security: Immigration Enforcement Between Ports of Entry*, CreateSpace Independent Publishing Platform, 2015.

3. Dr. Athanasios Drougkas & Anna Sarri et al. ,*Port Cybersecurity*: *Good Practices for Cybersecurity in the Maritime Sector*, The European Union Agency for Cybersecurity, 2019.

4. HSE, *A Quick Guide to Health and Safety in Ports*, Health and Safety Executive, 2001.

5. Hugh Boyes, Roy Isbell & Alexandra Luck, *Good Practice Guide Cyber Security for Ports and Port Systems*, Institution of Engineering and Technology, 2020.

6. International Labour Office, *ILO Code of Practice*: *Safety and Health in Ports* (*Revised* 2016), 2018.

7. International Labour Office, *The Inspection of Occupational Safety and Health in Ports*: *A Review of Existing Guidance and Practice*, 2008.

8. Jenna Ahokas & Tuomas Kiiski, *Cybersecurity in Ports*, HAZARD Project, 2017.

9. Patrick Verhoeven, *European Port Governance*, European Sea Ports Organisation, 2011.

10. Rexford B. Sherman, *Seaport Governance in the United States and Canada*, American Association of Port Authorities, 2012.

11. The Wise Pen Team, *Maritime Surveillance in Support of CSDP*, Wise Pen Final Report, 2010.

12. United Nations Commission on International Trade Law Fortieth Session, *Report of Working Group* Ⅲ (*Transport Law*) *on the Work of its Nineteenth Session*, A/CN. 9/621, 2007, sec. 30.

13. United Nations Conference on Trade and Development Secretariat, *Technical Note*: *Fourth – Generation Port*, Ports Newsletter 19 (1999).

14. United Nations Conference on Trade and Development, *Review of Maritime Transport* 2019, UNCTAD/RMT/2019, 2019.

15. United Nations General Assembly, *Ocean and the Law of the Sea. Report of the Secretary – General*, A/71/74/add. 1, 2016, sec. 20.

三、电子文献

1.《随着海运船舶和港口越来越数字化,是时候关注海运行业的网络安全了!》,载腾讯云网 2018 年 2 月 26 日,https://cloud. tencent. com/developer/news/

118317。

2.《应急管理部就〈安全生产责任保险事故预防技术服务规范〉举行发布会》，载 http://www.gov.cn/xinwen/2019-08/27/content_5424991.htm?utm_source=UfqiNews。

3. *Memorandum of Understanding Between the Health and Safety Executive, the Maritime and Coastguard Agency and the Marine Accident Investigation Branch for Health and Safety Enforcement Activities and Accident Investigation at the Water Margin and Offshore*, Health and Safety Executive, https://assets.publishing.service.gov.uk/media/613f75e18fa8f503bc665858/HSE_MCA_MAIB_MOU_2021.pdf.

4. Rob O'Dwyer, *New Cyber Programme for Port of Amsterdam*, Smart Maritime Network (Jan. 30, 2019), https://smartmaritimenetwork.com/2019/01/30/new-cyber-programme-for-port-of-amsterdam/.